# フーコーの闘争

〈統治する主体〉の誕生

箱田 徹
Tetz Hakoda

慶應義塾大学出版会

『フーコーの闘争』目次

# 序　章

# フーコー統治論をめぐる状況

## 1　はじめに

本書は、二〇世紀後半のフランスを代表する思想家の一人ミシェル・フーコー（一九二六－一九八四年）について、一九七〇年代半ばから一九八四年の思索に焦点をあて、この時期のフーコー思想を〈統治〉概念の展開として考察した思想史研究である。

フーコーに〈統治〉の問題設定があることは、一九七七－七八年度のコレージュ・ド・フランス講義『安全・領土・人口』*1と、翌七八－七九年度講義『生政治の誕生』*2の刊行によって、広く知られるようになった。しかし『安全・領土・人口』を読み出せば、議論の内容と当初の計画とのずれに気づかされる。最初の予定では、一七世紀のウェストファリア体制成立後から二〇世紀までの、西ヨーロッパ諸国家に固有の〈統治性〉、すなわち領域国家内の住民《ポピュレーション》＝人口を、すべての人を、個別に管理する国家運営のあり方が、自由主義《リベラリズム》の展開とともに考察されることになっていた。だが講義が始まったとたん、フーコーは統治概念の「系譜」を考察し始める。そしてこの概念が「国家の統治」という、今日的な意味にはとどまらないことを指摘したうえで、古代オリエントに、統治的な発想のはじまりを見る。〈統治〉とは、自己が自己と他者にはたらきかけ、自己と他者を導く営みのことだった。以後フーコーは、一九八四年六月にＡＩＤＳ関連症候群で死去するまで、この統治なる概念を軸に研究を進めつつ、過去の作業を捉え返す。一九七九－八〇年度講義『生者の統治』の冒頭では、〈権力－知〉から〈真理による統治〉への移行が宣言されており、[3]終章で触れるように、〈パレーシア〉をめぐる八〇年代の議論では、勇気を持って真理を表明することが、自己と他者の統治と関わるとされる。後期フーコーを全体として貫くテーマは〈統治〉ではないのか。これが本書の作業仮説である。

本書は「後期フーコー」という表現を用いて、『監獄の誕生』（一九七五年）[4]と『知への意志』（一九七六年）[5]の刊行時点である一九七〇年代半ばから、フーコーが亡くなる八四年までの時期を指す。この点を、著作の刊行年と思想の時代区分という、二つの観点から確認しておきたい。上記二冊を刊行した後のフーコーは、その後八年にわたり単著を出版せず、『快楽の活用』[6]と『自己への配慮』[7]（共に一九八四年）の出版とほぼ同時にこの世を去る。するとまもなく、単著のなかったこの時期が「沈黙の八年」などと呼ばれるようになった。だが九〇年代半ばから、事情は大きく変化する。九四年には *Dits et écrits*（邦訳『ミシェル・フーコー思考集成』[8]）が刊行され、九七年にはコレージュ・ド・フランス講義録の刊行が始まったからだ。コーパスの整備に伴い、七〇年代後半のフーコー思想に大きな展開があったことが、次第に明らかになっていった。

次に時代区分についての議論を見ておこう。フーコー思想の展開を三つの時期で区分するのは、定説と言ってよい。最も有力なのは、ドゥルーズの議論だろう。彼は著書『フーコー』（一九八六年）[9]で、フーコーの思索を『狂気の歴史』（一九六一年）[10]から『言葉と物』（一九六六年）[11]の時期、『知の考古学』（一九六九年）[12]から『知への意志』の時期、そして『知への意志』刊行後から八四年までの時期に分けた。そして、これらを知・権力・倫理、または考古学・系譜学・主体（化）という三つの軸に分割した。この分割は、刊行時期から明らかなように、後期フーコーの全体像をふまえて行われたものではない。ただし八二年にはすでに、ドレイファスとラビノーによる『ミシェル・フーコー　構造主義と解釈学を超えて』[*13]が刊行されていた。同書は英語圏の読者に対して、八〇年代初頭時点での、フーコー思想の全体像を紹介し、英米でのフーコー・ブームに道を開いたことで名高い。しかしいまの時点から見た同書の重要性とは、フーコー自身が過去の作業を総括的に振り返った論文「主体と権力」[*14]が初版に収録されていること、また編者二人によるインタヴュー「倫理の系譜学　進行中の作業について」[*15]が、八三年刊の第二版に追加されていることだ。[*16]ドゥルーズはこの点に着目しており、同書をフランス語の関係資料とともに利用して「権力から倫理」という図式で、フーコーの問題設定の展開を整理している。

本書では以上のような事情を踏まえて「後期フーコー」という表現を用いる。[*17]しかし、後述するように、この表現を使う際には、一九七〇年代後半のフーコーが、自らの過去の作業を統治という角度から捉え直し、新たな地平を切り開こうとしている点、ならびに、この時期のフーコーの思索には、知・権力・倫理という三つのテーマが共存する点を踏まえるべきと考える。本書で言う「後期」とは、統治概念の登場を契機としたフーコー思想の展開を扱う、との意味であり、時代区分によって考察対象をただ限定することを意図したものではない。

## 2　後期フーコーと統治論はいかに論じられてきたのか

統治概念は、フーコー研究の文脈で、どのように扱われてきたのだろうか。後期フーコーと統治論が今日的な意味で大きく注目されるのは、一九九〇年代に入ってからだ。この点を知るには『安全・領土・人口』の編者スネラールの「講義の位置づけ」と、邦訳者である高桑和巳の「訳者解説」が有益である。[*18] いずれも二〇〇〇年代の動向も視野に入れた研究史のサーベイであり、その方向性には筆者も基本的に同意する。両者を踏まえたうえで、本書の内容とのかかわりから先行研究を検討しよう。

### 統治論の受容過程——英語圏、フランス語圏、日本

スネラールと高桑が共に指摘するように、一九八〇年代の時点では、統治あるいは統治性の問題系が、後期フーコー思想の中心になりうるとの認識はほぼなかった。そうした状況のなかでは、高桑が触れるように、日本の事情は若干特殊である。フーコーは七八年に二度目の来日を果たし、講演やインタヴューなどで〈司牧権力〉について詳細に述べた。しかも日本では、それらの邦訳がほとんど時間を置かずに刊行されている。[*19]

この司牧権力という概念はフーコーの造語だ。後述するように、彼はキリスト教の信徒と聖職者＝司牧とのあいだに、霊的、つまり宗教的な救済に関する独特の関係性を認めた。キリスト教司牧は、己の救済のために、個々の信徒と信徒集団全体とを同時に配慮の対象とし、もれなく救済に導かなくてはならない。この構図を、西洋社会に特徴的な権力関係のタイプとしてモデル化したのが、司牧権力論だ。たとえばフーコーは、朝日講堂での来日講演「政治の分析哲学」の結論部でこう述べる。「権力は個人化作用を強めるほど、逆説的なことに、官僚化と国家管理化の度合いを強める。司牧は、厳密に宗教的

な観点から言えば、その権力の大半を失ったものの、今度は国家のなかに、新たな支えと変換規則とを見出したのだ」[20]。権力の司牧モデルは初期近代以降、実践の舞台を世俗国家の政治的統治に見出すことになる。

来日の翌年、一九七九年一〇月に、スタンフォード大学で行われた講義[21]では、『安全・領土・人口』で展開された、司牧権力論と西洋近代社会の統治理性をめぐる議論が要約される。この講義は後に、最もよく知られるフーコーのテキストの一つとなった。英語での公開は八一年、フランス語での刊行は八六年[22]なので、司牧権力概念の日本での紹介は、かなり早い。そのことを裏づけるのは、九〇年代半ばに刊行された『ミシェル・フーコー　批判的検討』[23]の内容だ。この七巻本のアンソロジーには、九〇年代前半までの主要な二次文献が、英語またはフランス語で収録されている。執筆当時の議論状況自体を包括的に知ることはできないものの、編纂時点から振り返って、重要と思われる文献をピックアップしているので、その当時における関心のあり方を知ることができる。収録された論文のうち、司牧権力の語が最も早く登場するのは、管見のかぎりでは、キーナンの一九八二年の論文「統治を語るフーコー」である[24]。司牧権力論を扱った論文が目につくようになるのは、八〇年代後半以降だ。なお、日本での紹介が一歩先んじていたからと言って、司牧権力論が統治論の一部をなすという認識が、日本でいち早く生じたわけではない。この概念は、他の言語圏と同様に、キリスト教の告解モデルを通じた、従属的な主体の形成（臣従化 assujettissement）に関する議論を深めるものとして受容された[25]。

一九七〇年代末に行われた二年分の講義、『安全・領土・人口』と『生政治の誕生』は合わせて「統治性講義」と呼ばれる。フランスでは、後にこの講義の編者となるスネラールら、早くからフーコーの統治性研究に注目する政治思想史の研究者がおり、一九九二年には論文集『国家理性 政治と合理性』が刊行されている。このなかでスネラールは、統治性講義などを参照しながら、マキャベリと国家理性との関係を考察している。またセグラールも同様の素材を使いながら、統治概念の成立を、国家理性論からポリス論を経て古典派政治経済学へと通じる、政治思想史の展開に重ねて、詳細に検討している。[*26] 両者は研究史上では先駆的なものではあるが、テーマが専門的であること、フランス語で出版されたこともあり、それほど注目されなかった。

他方で一九七〇年代後半からは、フーコーに近い研究者のあいだから、一八世紀から一九世紀にいたるフランス政治・社会思想史を「社会的なもの」の統治という観点から、考察し直す研究が生まれていた。[*27] コレージュ・ド・フランスで、フーコーの助手を務めていたエヴァルドは、著書『福祉国家』(一九八六年)で、一九世紀におけるフランスでの社会権の成立を、個人の権利の問題ではなく、社会によるリスクの管理とその補償という発想に求めて、ここに新しい政治的合理性の誕生を見ている。[*28] またドンズロは、一九世紀における家族の役割強化の目的は、私的領域の拡張ではなく、家庭を社会的な規律訓練装置の領域として再編することだった、と論じている。[*29] このほか、フーコーと同世代の研究者としては、精神医学を社会統制や管理という観点から論じていた、カステルがいる。[*30]

ところで、最初は司牧権力論と平行して、現在ではそれ以上に注目を集める、フーコーの概念は〈生権力〉と〈生政治〉である。生政治と生権力の語は、『知への意志』の最終章「死に対する権利と生に対する権力」と、同書刊行直前の、一九七五年-七六年度のコレージュ・ド・フランス講義『社会は防衛しなければならない』(一九九七年)の最終回(一九七六年三月一七日)で、ある程度の分量で論じられている。[*31] 生権力とは、主権型権力とは区別される、新たな権力の種別的なありようを指す。すなわち、一八世紀半ば頃から、産業資本主義の発達と平行して、ヨーロッパに出現する「生に対する」権力のことだ。また生政治とは、生権力の行使を担う、技術や手続きの総体、つまり〈権力‐知〉の編成のありよう、生権力の実践のことだ。二つの権力モデルの違いは、生と死の扱い方にある。

法‐主権型権力においては、主権者である君主や国家なりが、人々の生殺与奪の権利を握り、その死をほしいままにすることで、生に対する権力が確保される。これに対して生権力は、領域内の人々を、個人（個体）ではなく、人口《ポピュレーション》（＝住民、個体群）として、集合的に把握し、管理する。そこでの中心的な関心は、個々の生死や健康状態ではない。群としての住民の健康度――死亡率や平均余命、罹患率など、統計的に把握された数値――をいかに管理し、その「改善」のために、群が作り、住まう「環境」にいかに介入するかにある。前者が「殺してしまうか、生かせておくか」する権力ならば、後者は「生かしめるか、死なせておくか（死へと締め出すか――『知への意志』では、『社会は防衛しなければならない』と異なり、この表現が用いられる）」する権力である。

しかし、「生」が標的ならば、いわゆる規律訓練権力と生権力とは、どう違うのか。たしかに、この二つは、ともに人の生に関わるものの、用いられる権力技術の目標は異なっている。規律訓練権力の目標は、個人の身体の訓育・管理だが、生権力では、人口という群の調整・管理が目標だからだ。そして、一九七六年の段階では、両者は〈規範《ノルム》〉なる概念で結ばれて、法‐主権型権力と対比される。規範とは、規律訓練権力にあっては、身体への「解剖学的」アプローチが設定する「標準値《ノーマルな》」であり、個々の身体への訓育＝はたらきかけは、この値によって行われる。他方で生権力では、人口への「生物学的」アプローチから浮かび上がる標準値が指標となり、個体群全体へのはたらきかけが行われる。別の言い方をすれば、生権力の権力技術である生政治は「科学的かつ、政治的な問題として、生物学の問題として、また権力の問題としての人口」に関わっている。[*32]

司牧権力論と生権力論を権力論の展開として受け取る傾向は、一九九〇年代に入って決定的となった。英語圏でこの動きをはっきりと意義づけたのは、『フーコー・エフェクト』（一九九一年）であった。[*33]この本には、イタリア語で七九年に出版された『安全・領土・人口』の講義二時間分の英語版（抄訳）が収録された。また編者の一人であるゴードンは、同書の冒頭に長文の解説を寄せ、七〇年代後半から八〇年代にかけてのフーコーの思想の営みを、権力論という観点から詳細に説明し、この意味での統治概念の意義を明らかにしている。

このようにして、フーコーの思想のなかに〈統治〉なる概念が存在することが、狭義のフーコー研究者以外にも伝わり始めた。特に大きかったのは、フーコーが『生政治の誕生』で、西洋近代の統治理性のあり方を、新自由主義《ネオリベラリズム》と結びつけて論じたことが知られるようになったことだ。周知のように一九九〇年代初頭の欧米先進国では、レーガン＝サッチャー型の「小さい政府」を目指す政権運営が常態化していた。こうした状況への批判的介入を考えていた英語圏の研究者にとって、フーコーが〈統治性〉という語を用い、西洋近代の統治実践を自由主義の展開と関連づけて論じたことは、現状分析を進めるうえで大きな弾みになったことは想像にかたくない。[*34]こうした流れは、文学研究や歴史学、社会学において、フーコーの方法論的受容が中心だった時代とは大きく異なる。[*35]

一九九〇年代半ば以降になると、こんにち「統治性研究」と呼ばれる分野が活気づくことになる。この時期の代表的な研究書には、ローズらが編集したアンソロジー『フーコーと政治理性』（一九九六年[*36]）や、ディーンの『統治性』（一九九九年[*37]）がある。統治性研究の現状について、インダは『移民を標的にすること』（二〇〇六年[*38]）の序章と第一章で、七〇年代後半以降の新自由主義型〈安全〉装置の機能を、法－主権装置と規律訓練装置を包括した「ポスト社会的」（福祉国家の基盤にある〈社会的なもの〉ではなく、新自由主義な市場原理を機軸とした）統治性を問題化し、考察するものだとまとめている。なおローズはその後、生命への介入や操作の今日的なあり方を論じるという意味での「生政治」に関する研究を複数著しており、日本でも言及される機会が増えている。[*39]

こうした英語圏でのフーコーに対する関心の高まりは、フランス語圏の研究者や読者にとっては当初は意外なものであり、もう一つのフーコーの姿があるとさえ言われた。[*40]また、国際関係論や経営学、会計学、政治学などで定着した「ガバナンス」の概念と関わるかたちで、フーコー由来の概念として〈統治〉が用いられることは驚きをもって迎えられた。フランスでは、良くも悪くも英語圏らしい「自由な」フーコーの読み方は、あまり行われていなかった。またフーコーが、既存の大学制度の枠組みからは外れたコレージュ・ド・フランスに長年属していたことは、アカデミズムのなかでフーコーの位置を微妙なものにしていた部分もある。

英米圏での関心の高まりは、二つの経路から日本にも持ち込まれる。一つは『知への意志』と「主体と権力」に「全体的かつ個別的に」の内容をあわせて要約し、フーコーの司牧権力論を提示するもので、もう一つは『フーコー・エフェクト』の内容に示唆されて、統治論の把握に向かうものだ。前者については山本哲士らの研究があった。[*41]後者については、重田（米谷）園江の研究が代表的だ。[*42]市野川容孝は早くから生権力論に着目し、医療社会学の立場から、優生学批判や社会的なものの概念についての再検討を行ってきた[*43]。こうした流れを踏まえたうえで、英語圏の統治性研究の流れを紹介し、日本国内の状況と結びつけるきっかけとなったのは、二〇〇〇年代に刊行された、酒井隆史や渋谷望の著作だったと言える[*44]。一方、社会思想史研究では、阪上孝がフーコーの議論を踏まえ、一八世紀から一九世紀にかけてのフランス史を、社会的領域の生成と認識という角度から検討している[*45]。前述の二つの経路のうち、社会学関連分野での統治性研究の出現は、文学研究や文芸批評との関わりが深かった、一九八〇年代までの研究とは、大きく異なる方向に道を開いた。こうした内外の流れを受けて、近年では人類学や社会学などでも「生権力論」への関心が高まっている[*46]。

### 主体論への評価――自己への回帰?

統治性研究、生権力論への注目の高まりとは対照的に、一九七〇年代後半以降のフーコーの主要な関心であった主体論が深められるまでには、多少の時間がかかった。フーコーが亡くなった八四年の段階を簡単に振り返ってみたい。彼の死の直前には『快楽の活用』と『自己への配慮』の出版によって、研究対象が古代ギリシア・ローマであったことが知られるようになった。そして『マガジン・リテレール』誌の八四年五月号には、カントの小論「啓蒙とは何か」を扱った、八三年のコレージュ・ド・フランス講義『自己と他者の統治』の第一回講義の抜粋が、「啓蒙とは何か」というタイトルで掲載された[*47]。また英語圏では、ラビノーが編者となった『フーコー読本』が出版され、論文「啓蒙とは何か」が収録された[*48]。

こうした主題と素材の大幅な変更は、大方の読者にとって青天の霹靂であった。したがって、フーコーの議論の展開が「ギリシアへの回帰」と呼ばれたのは、無理もない面もあるだろう。『言葉と物』で西洋近代の「人間の死」を宣告し、『監獄の誕生』では啓蒙主義の展開と市民的自由の成立、そして規律訓練権力の展開と社会の刑務所化の動きを表裏一体と喝破し、近代批判の急先鋒と目された人物が、主要な批判の対象であったカントを、しかもその啓蒙論を肯定的に取り上げたことは驚きをもって受け止められた。一九八〇年代フーコーの全体像が明らかになる前の段階では、八四年刊行の二冊への立ち入った評価はたしかに難しかった。この「転回」をどう捉えるべきかが、八〇年代以降のフーコー解釈の一大争点を形成している。後期フーコーでは、主体と権力の問題はいまだに関連づけられていると言えるのか、それとも、権力論が放棄された後に主体論が登場し、二つの問題は切り離されてしまったのだろうか。

主体と権力の問題の関連性を、早くから指摘した論者は、ドゥルーズである。彼の著書『フーコー』については、当時からハイデガー的なカントに引きつけてフーコーを読んでいるとの評価が優勢であった。[*49] しかし一九八六年の時点で、後期フーコーの問題系を大きく捉えるなど、独創的な議論を展開したことから、依然として大きな影響力を持つ。フーコーには「他者」という〈襞〉の折り込みという「第三の軸」が、一貫して存在しており、晩年には、この襞の主題が前面化するとドゥルーズは主張する。[*50] そして、後期フーコーの特徴を、倫理と主体化という概念で捉え、フーコーは最後まで権力と主体の問題を切り離すことはなかったとする。執筆が行われた時期には、フーコーは権力論に行き詰まり「ギリシアへの回帰」を行った、つまり、エリート的な自由な主体の実践を評価した、という理解が一部で広まっていたが、ドゥルーズの議論は、こうした読解の傾向を強く批判したものでもある。

なお後期フーコーを主題とする哲学・思想研究については、日本語の類書もいくつか刊行されてはいるが、その多くが後期思想の紹介にとどまっている。ただし、佐藤嘉幸『新自由主義と権力』は、ドゥルーズ＝ガタリや、バトラーらの現代社会哲学とフーコー統治性論の接点を探る点に特徴があり、示唆に富むものだ。本書第3章では触れるにとどめた、シカゴ学派の人的資本理論に関する考察も展開されている。[*51] また、廣瀬浩司『後期フーコー』は、コレージュ・ド・フランス講義録を中心にして、一九七〇年代半ば以降のフーコーの知的歩みを「権力から主体へ」という見通しのもとで提示する。本書はこの点で、廣瀬と関心を共有するが、統治概念が後期フーコーの要であるとする点で、大きく異なる。[*52] このほか市田良彦の論稿は、後期フーコーの主体論をドゥルーズ、アルチュセール、ランシエールらの議論と交錯させて論じており、本書の中心的な問題設定と重なる。[*53]

ドゥルーズとは別に、フーコーの啓蒙論に、権力論と主体論の接合という、難点の存在を見てとったのがハーバーマスである。彼のフーコー追悼文「現代の心臓に矢を打ち込む」（一九八四年）は、フーコーを二重の矛盾を抱えた存在として描き出す。[*54] 一方にあるのは、実存的な矛盾である。これは学者としての冷静な観察眼と、具体的な政治状況への情熱的な働きかけとのあいだの相克のことだ。また他方には、論理的な矛盾が存在する。すなわち、フーコーは、ものごとの真偽の普遍的な判断基準を探究する「真理分析」の立場を、激しく批判するが、その主張の根拠を支えるためには、何らかの真理分析に依拠せざるをえない、という矛盾である。これはハーバーマスが「権力論のアポリア」（一九八六年）で述べた、フーコーは「隠れ規範主義」の誤謬に陥っている、との批判の繰り返しだ。[*55] すなわち、フーコーの権力論を近代合理性批判として捉えたとき、そのプロジェクト自体は、権力の当否に関する規範的な価値判断に、必ず支えられていなければならない。だとすれば、権力は「批判すべき」という判断が、研究の動機になっているはずだ。だが、フーコーが常々「権力はそれ自体では良くも悪くもない」と語っているように、その権力論の特徴は、権力についての規範的な基礎づけを、一切拒否するところにある。したがって、この矛盾した立場が成立するためには、何らかの規範が、理論の外部に密かに設定されているはずだ。つまり後期フーコーには、権力と主体に関する問いを矛盾なく両立させる、理論的枠組みが欠如している、というわけだ。

以上が、後期フーコー評価に関する二つの代表的な立場だ。さらにここから、フーコーはカントをふたたび参照することで、近代を再評価したという、ハーバーマスの議論を補完する見解が派生する。[*56] これに関連して、一九六〇年代までのカントをめぐるフーコーの議論と、後期の議論とのあいだに連続性を見出すものも存在する。たとえばアレンは、フーコーは『言葉と物』で「人間の死」を論じたときでも、ある時代の主体の成立条件を問題にしていたのであり、それは自己の実践という後期のテーマと通底すると論じる。そして、後期とそれ以前との違いは、あるエピステーメーなり〈権力‐知〉内部での、自己自身のあり方にたいする「批判的」な関わり方、すなわち、自己変容の可能性を積極的に認めた点にある、と考えることができるとする。[*57]

### アガンベン、ネグリ、リベラル派——フーコー受容のタイポロジー

ハーバーマス的なフーコー理解への批判的応答としては、いくつかの立論がある。その一つは権力‐

知による〈臣従化〉と、自己の〈主体化〉を対比させ、後者を抵抗論の一種として理解するものだ。また〈生の美学〉[*58]や〈自己への配慮〉、パレーシアといった概念群に注目した、抵抗論への関心も根強い。権力による臣従化作用を限界づけようとする研究のことだ。たとえば、酒井は前掲書で、今日的な新自由主義型の統治実践を最小化するような公共性のあり方を、後期フーコーの問題系から構想しようと試みた[*59]。たしかにこうした議論は、後期フーコー思想に、主体論の前景化という傾向を認めている。ただその一方で、この事態と従来の権力概念とのつながりを、はっきりと捉えられていないところに難点があるだろう。むしろ両者は、一九七〇年代半ばまでのフーコーの権力論に、何らかの「限界」を認める点では、それほど変わらないようにも思われる。だが『知への意志』の記述でよく知られるように、権力は遍在的な「関係」であり、そこに「外部」はない。したがって、主体化の場となる自己を、臣従化から相対的に自律的に定位することは、フーコーの権力論に内在的なかたちでは、行いえないはずではないか[*60]。

先ほど触れたドゥルーズの読解に強い影響を受けた議論のひとつに、ネグリの社会哲学がある。ネグリは、生権力と生政治という近年の鍵概念をフーコーに負っている。この二つの語はアガンベン『ホモ・サケル』と、ネグリ＝ハート『〈帝国〉』の二冊により、広く知られるようになった[*61]。アガンベンによれば、生政治とは、主権の今日的な形態であり、人はそこでは生物学的な存在、剝き出しの生という極限状態へと還元されている。そのことを端的に表しているのが、優生学やナチによる強制収容所とユダヤ人の虐殺である[*62]。他方でネグリは、現代をポスト規律訓練社会＝〈管理社会〉と名づけた、ドゥルーズの論考「追伸　管理社会について」[*63]などを下敷きに、生権力とは、規律訓練権力が全面化し、生に対する管理統制の様相をますます強める、権力の今日的あり方のことを指すという。この意味で〈帝国〉とは生権力的でグローバルな主権である。

しかし、こうした用語法は、事実と概念規定の両面でフーコーのものとは大きく異なる。先ほど見たように、フーコーは生政治と生権力をはっきりと区別してはいなかった（少なくとも、その区別に強い関心を示してはいない）。じっさい生権力の語が用いられた時期は、一九七六年にほぼ限られており、『思考集成』全体のなかでは、七六年のイタリアでの講演「権力の網の目」で一度登場したきりである。[*64] 統治性講義をあたっても、『安全・領土・人口』に一度登場するだけで『生政治の誕生』では用いられていない。[*65] フーコーの理論的枠組には、生権力は固有の概念としては存在せず、生政治と〈安全《セキュリティ》〉に包摂あるいは代替されていると言えるだろう。

たしかに『社会は防衛しなければならない』の最終回で、フーコーは近代的な「国家人種主義」と、生政治との関係を論じている。[*66] そしてこのくだりには、シュミットの友敵理論を思わせるところもある。集団への生政治的管理は、その維持・改良を目指すだけではない。集団の生存を脅かす「敵」に対しては、「戦争」という形態によって、文字どおりの殲滅を企てるとともに、その殲滅戦に個人を参加させて、集団の維持のために死ぬことも求めるからだ。このときナチズムは「自民族」そのものの消滅すら意図した点で、生権力のリミットに位置する、こうフーコーは述べる。生政治という「生」への権力が、主権的な「死」への権力と結びつくのは、まさにこの国家人種主義においてなのだ。ここで「人種」とは、集団としての「われわれ」の生存を、「あいつら」が脅かしているという形で設定される。「あいつら」の側に、なんらかの同質性が見いだされて出現する、国内外の「集団」のことだ。したがって、いわゆるエスニック・グループに限らず、さまざまなものが「人種主義〔差別〕」の対象となる。けれどもこの議論は、その後、大きな展開を見せることはなかった。このときフーコーの念頭にあったのは、社会の規範化という、生政治の作用が名付けた「異常者」のことだろう。その同定は、とりわけセクシュアリティをめぐって行われた。したがってここでは、「異常」を設定し、その殲滅によって、集団の「健全」な正常性を保つという、西洋近代の正常性の生産システムが、ナチズムや社会主義〔階級対立もまた、他の階級の「殲滅」を構想する〕を顕著な例として、論じられていると捉えるべきだ〔ナチズムの殺戮対象は「アーリア民族」なるものの生存を脅かす、あらゆる敵性集団であり、狭義の人種にとどまらなかった〕。

さて、アガンベンの『ホモ・サケル』での議論は、フーコーに主権についての理論が存在しないことに注目し、そこから独自の政治哲学を構想した点では独創的なものである。だがフーコーが、主権理論として権力論を構想しなかった大きな理由は、主権ないし主権者＝立法者による支配として、権力概念を捉える、法的権力観への批判とともに、主権の語を、近世あるいは古典主義時代に特徴的な権力関係のあり方として、限定的に用いる点にあった。この点を踏まえれば、生政治概念を主権概念と接続しながら、フーコーの権力論を現代的な「支配」の問題へと展開していくことは、フーコーの問題設定とは大きく隔たっている。

この点を、二〇〇六年の論考「装置とは何か*[67]」を例に取って考えてみよう。アガンベンは、フーコーの〈装置 dispositif〉から話を起こし、この概念を諸要素のネットワークとしてはたらく権力と知の結びつきとして提示する。ここで装置とは「言語的なもの、非言語的なもののほとんどあらゆるものを同一の表題のもとにふくむ異種混交的な集合であり〔……〕、具体的な戦略的機能をつねに備え、権力関係のなかにつねに位置づいており〔……〕、権力関係と知の関係との交点に表れる」ものとされる。[*68] そしてアガンベンは、これを統治概念の一種の定義と言ってもよい、と述べる。なぜなら、統治という営みは、広く言えば、管理・配分・調整、すなわちギリシア語の〈オイコノミア〉（経綸）にかかわるからだ。統治とは、キリスト教神学によるオイコノミア概念の受容に注目するなら、オイコノミアのラテン語訳としての dispositio（配分）すなわち〈装置〉のことでもあるからだ。

アガンベンにとって、今日の資本主義社会の根本的な特徴の一つは、主体性の生産や主体化が行われることではない。主体化と脱主体化とが互いに見分けがつかなくなり、新しい主体の再構成が未成熟なかたちでしかなされない（生政治的な）状況にある。なぜなら「資本主義の現段階にあって、われわれが問題とすべき装置に特徴的な事実とは、それがもはや主体の生産をとおしては機能しておらず、脱主体化とでも呼ぶ過程をとおして機能している」からだ。[*69] したがって、成功裏に動作する福祉国家＝恩寵型統治機械は、それがうまくいっているがゆえに、人類を救済ではなく危機へと導く。こうした論の運びには、フーコーの統治論を現代社会分析に適用する際の難点が、典型的に表れている。この論理に従うかぎり、〈統治〉とは、マネジメントや調整の意味での「政治」ないしは、政治的対立や不和をまとめあげ解消したと宣言する「政治」、あるいは「待機」的姿勢を指すことになる。こうして〈統治性〉をめぐる議論は、国家や社会に存在する、支配の類型を論じることに等しくなる。[*70]

他方でネグリは、主権を生権力の側に見出したうえで、生権力と生政治のあいだにある、本質的な非対称性を把握する。すなわち生権力とは、グローバルに行使される、主権の〈帝国〉的形態であり、生政治とは、マルチチュードの政治的かつ経済的な生産活動を指す。この枠組のもとで、ネグリは、〈帝国〉とマルチチュードの、あるいは資本とプロレタリアートの、今日的な敵対性の争点が「生そのもの」であることを描き出す。そして「一者の統治」を奉じ、主権に関する争いを政治的事柄に限定する主権理論が、「全員の全員による統治」という絶対民主主義の理念と、多でありかつ種別的なマルチチュードの構成的権力を、つねに封じ込めてきたと論じる。[*71] もちろん〈帝国〉に中心はなく、生権力にしても、何者かがこれを独占し、行使できるような性格のものではもちろんない。とはいうものの、脱中心化した権力概念を得るために、フーコーがわざわざ相対化した主権概念を分析の中心に据え、生権力をとおして現在の世界を考察することは、この概念を、アガンベンの描く「一九七六年のフーコー」にある意味で忠実な、生政治観に接近させる可能性を排除しない。それがネグリの議論に終末論的な調子を与えることにつながっているのではないだろうか。[*72]

しかし、ネグリ的なフーコー読解は、フランス内外の社会運動に関わる文脈で、フーコー思想の捉え直しが行われる際に、大きな参照軸となっていることも事実だ。[*73] というのも、一九八〇年代の英語圏では、統治性論が「左」からの新自由主義批判として受容されたのに対し、フランス語圏では、「リベラル」なフーコー受容の傾向が存在しているからだ。最もよく知られているのは、コレージュ・ド・フランスでフーコーの助手を務めていた前出のエヴァルドの「転身」だ。エヴァルドは保険社会の誕生とリスク概念の登場を扱った『福祉国家』を著した後、ベックのリスク社会論などに関心の方向を展開させていく。そして二〇〇〇年には、雑誌『デバ』誌上にフランス経団連首脳D・ケスレールとの共著論文「リスクと政治の結婚[*74]」を発表し、社会保障改革プログラムを共同提案するに至る。ここに見られるのは、福祉国家体制をとる現代資本主義社会での、個人と社会に対する管理・統制のあり方(＝統治性)への批判が、積極的なリスクテイクによって、「自己の統治」を実践する個人(＝新自由主義的な個人モデル)の礼賛へと横滑りする道筋だ。じっさい、このケスレール＝エヴァルド論文は「リスク人民戦線」と形容されるような、フーコーの新自由主義的受容の一例として、注目を集めた。[*75]

ただしこうした一連の動向は、特定の個人の資質にかかわる問題としてではなく、左翼の「中道化」という、一九八〇年代以降に全面化する傾向のなかで捉えるべきだろう。たとえば、二〇〇一年からコレージュ・ド・フランス教授を務める、政治思想家ロザンヴァロンの関心の推移にも、こうした流れを見てとることができる。ロザンヴァロンはフーコーと個人的に親しかったわけではないにせよ、七〇年代末に統治性論と近い関心から、一八世紀の政治経済学の誕生を市場概念の生成として論じる。[*76]そして九〇年代前半には、一九世紀から二〇世紀初頭におけるフランス政治思想史を、行政管理の理論と実践という観点から再構成した。[*77]最近の日本では、田中拓道の研究がこの関心の延長線上にあるだろう。[*78]より広く見れば、宇野重規によるフランス政治哲学に関するサーベイ[*79]の出発点にもなったように、七〇年代後半以降のフランスには、自由主義の「復興」を意図する政治思想史研究の潮流と、非共産党系左翼勢力の「現実路線」化という政治的動きが平行して見られる。ロザンヴァロンが一九八二年の創設から九九年の解散まで事務局長を務めた、サン＝シモン財団への評価と批判は、この点に集中してきた。[*80]

これをフーコーの議論に即して言い換えれば、ロザンヴァロンらに見られる潮流は〈統治〉の問題系を、契約論とリベラリズムとの対立、すなわち社会的なものの一元性と政治的なものの多元性との対立として捉え返したうえで、リベラリズムによる統治性の多元性を評価する側に回る。これを社会革命と政治革命という対立図式と重ねてみれば、社会的なものの一元性とは、ルソーからジャコバン独裁を経て「全体主義」へと至る系譜のことだと言ってよい。ロザンヴァロン本人はこうした「反全体主義」の立場をとることになったきっかけに、一九七〇年代前半のソルジェニーツィン問題を挙げているが、この流れ自体は、フーコーが一貫して東側世界での反体制運動に関心を寄せていたことや、民主化支援や人道支援といった問題を介して、アンリ＝レヴィやグリュックスマンら新哲学派とつきあいがあったこととも、ある程度は重なる。*81

こうした傾向の存在は、フーコーの議論にはらまれる、両義性の反映と受け止めた方がよいだろう。生政治論は福祉国家と新自由主義（後で見るように、フーコーはこの二つの連続性を強調する）への批判的な視点を導入する。たしかに、その図式は強力だ。だがフーコーの統治論の目的は、現代社会の仕組みをつまびらかにすることだけではない。いまここでの己の行動＝振る舞いの仕方、統治のあり方を、この現実から出発して、どのように変えることができるのか？　フーコーの問いはこの周りを回っている。逆に言えば、生政治論を現代社会論として受け止めるだけでは、現在の社会体制をどのような立場から批判するにせよ、そこから出てくる答えは「よりよい」あるいは「よりましな」統治術を提案する以上のものにはならず、しかも「言わずもがな」のレベルにとどまるのではないか。*82

さらに言えば、そうしたテクノクラート的、改良主義的な見方こそが「罠」ではなかったか。フーコーが監獄情報グループの活動を行っていた際に述べたように「改革は官僚の仕事」なのであり、知識人にそんなことをいまさら言われなくても「人々はよくわかっている」のだ。ハート＝ネグリは『コモンウェルス』（二〇〇九年）で、上述したエヴァルドやエスポジットが、生政治を管理統制という観点からのみ捉えていると批判し、他方で、抵抗実践を極限的で希少なものとして提示する、アガンベン的な立場を退ける。加えて、個人に何らかの本質を指定する立場もとらない。そして〈権力〉の対にあるのは〈抵抗〉ではなく〈主体性のオルタナティブな生産〉であり、それは「権力に抵抗するだけでなく、権力からの自律を探求する」ことだと論じる。[*83] 本書が明らかにする統治の枠組は、権力と抵抗という、二元論的な構図から距離を置く点で、ネグリの主張と部分的に重なる。だが抵抗という言葉からも離れて、統治という一元的な観点から、後期フーコーの問題設定を明らかにする点では異なる。

## 3　本書の構成

後期フーコー思想における統治論の展開により、抵抗と権力は統治概念のもとで一元的に把握される。このとき、権力と主体の二概念を基礎づけるのが、「自己と他者の統治」を担う〈統治する主体〉だ。この主体は、自己の導きと他者の導きが交錯する、権力関係の戦略的場に身を置く。そして、自らを導き、他者を導き、他者から導かれる存在として、己を主体化する。構造主義登場後のフランス思想には「構造か主体か」という係争点がある。統治論は、この議論に「構造も主体も」の立場から切り込むものでもある。

本書は、以下の各章からなる。

第1章「誘惑される権力――抵抗の先行性と不可能性をめぐって」は、フーコーに抵抗の概念はないとの仮説から、権力 - 抵抗の「行き詰まり」論を検証する。人々は権力関係のなかで、一見「些細な」ミクロな闘争を行う一方で、権力を下から「誘惑」して、己の生に介入させる。このとき「権力のあるところに抵抗はある」(『知への意志』)とは、人々と権力との複雑な関係に対する、フーコーの強い関心を表すものだ。

第2章「規律訓練とエロスの技法――〈導き〉のキリスト教型権力モデル」は、「導き」の概念を軸に、規律訓練権力論の展開を考察する。キリスト教の「魂の導き」の概念は、個人についての真理の生産による、従属的主体化(臣従化)のモデルに至ると同時に、真理の体得による主体化という「もう一つの」主体化モデルを示唆する。この点で『知への意志』の「エロスの技法」論は、一九八〇年代の自己の主体化論を先取りしていた。

第3章「司牧権力の系譜学――新自由主義批判から自己と他者の統治へ」は、統治性講義における、統治概念の生成と展開を展望する。統治する主体の出現は、キリスト教以前に遡る。だが「人の統治」としての政治 - 宗教的統治は、キリスト教に固有の発想だ。西洋的な司牧の統治は、一六世紀以降に、他者の統治の世俗的な思想 - 技術となる。国家理性論から新自由主義に至るその展開を、統治と自由の観点から考察する。

第4章「イスラーム的統治は存在しない――政治的霊性としての〈対抗導き〉」は、一九七〇年代末のイラン情勢を論じたテキストを、〈対抗導き〉の観点から読む。そして主体を導く統治の構図に、既存の導きとは「別の」導きを求める運動があることを示す。このとき「霊性」とは、真理を通じた、反省的な自己変容を指す。一連の議論は、カントの啓蒙論のフーコーによる読解を介して、自己の統治論に通じる。

第5章「用いる者と用いられるものは別である――一九八〇年代統治論の展開」では、八〇年代の自己の統治論の鍵概念である〈自己への配慮〉の特徴を明らかにした。統治の議論では、かねてより、非キリスト教的な自己の統治が意識されていた。その一般形態として八〇年代に提示されるのが、古代ギリシア・ローマでの自己への配慮だ。それは自己の統治の範型として、統治論の土台に据えられた。

フーコーは晩年、権力関係の戦略的場として定義された統治空間には、関係の可変性を確保する「自由」が不可欠だと述べていた。終章「抵抗と権力から統治する主体へ」は、統治的な関係性の「変更」という観点から、フーコーの啓蒙論とパレーシア論を考察する。自己の主体化とは、統治する主体が自己と他者との権力関係において、現実を診断し、真理を実践して己を導き、構成するプロセスを指す。

なお、本書の表題にある「闘争」について、記録映画作家の土本典昭の言葉を借りて説明したい。土本は晩年のインタビューで、過去の作品や現場との関係を振り返り、己の「戦い」を振り返る。そしてそこで重要なのは、勝敗ではなく、さまざまな戦線を見出し、構築し、戦うことなのだと述べる。

われわれ民衆にそもそも勝ち戦はないんです。勝ったときには世の中は変わっちゃうわけ。だから負けていいんです。なぜ負けたかを摑めればいいんです。だけど、負けるからもう戦わないとなったら、人間として失格なんです。内面的な戦い、精神的な戦いでもいいけれど、戦いというのはいっぱいあるわけ。*84

闘争とは己の想像力を豊かにし、新しいものを作り出す。このとき自己は、己と他者と新たな関係を結び、自己に別の導きを与える。統治論を紡ぎ出した「フーコーの闘争」とは、闘争における想像力、創造性、永続性、遍在性への信のことであり、われわれに、その「闘争」の主体になるよう誘う。

# 第 *1* 章

# 誘惑される権力

## 抵抗の先行性と不可能性をめぐって

フーコー権力論において、抵抗が権力に先立つとはどういう意味なのか？　本章では、この問いを軸として、フーコーの一九七〇年代前半の刑務所運動への参加と、七〇年代後半のテキスト、特に「汚辱に塗れた人々の生」を読む。ポスト「六八年五月」の左翼主義運動（日本語で言う「新左翼」に近い）とのかかわりから、『監獄の誕生』と『知への意志』での権力の遍在性の主張、そして権力論の「行き詰まり」へ――フーコーの七〇年代は、権力論を軸に、しばしばこう整理されてきた。また、こうした展開を経るからこそ、八〇年代の生に関する議論が際立つのだ、とも言われている。けれども「生すなわち抵抗である」と主張すれば、「出口」に向かうことができるわけでもない。遍在する権力に対する抵抗の可能性にこだわるのではなく、関係としての権力というフーコー権力論の基本的な論点を浮かび上がらせることが、本章の課題である。

## 1　概念としての抵抗の不在

フーコーの思想に〈抵抗〉なる概念ははたしてあるのか――この問いを立てることから始めたい。奇をてらった問いかけだろうか。たしかに『知への意志』の最も知られた箇所の一つでフーコーは次のように述べている。

権力とは、制度でも、構造でも、一部の人々に備わる力のことでもない。ある社会における、錯綜した戦略的状況の呼び名なのだ〔……〕。この線に沿って、いくつかの命題を提示することができるだろう〔……〕。権力のあるところには抵抗がある、また、むしろそうであるがために、抵抗は権力に対して外部に位置することはない*1。

こう述べたフーコーは、抵抗が権力と同じく中心を持たず、ネットワーク状に広がるイメージを描いていく。

抵抗は権力関係のもう一方の項であり、そこには還元できないものとして、そのなかに含まれている。したがって、抵抗もまた規則性なく広がる。抵抗の諸点・結節点・焦点は、時間と空間にある程度の密度で広がっており、ときには、集団や個人を決定的なかたちで馴致し、身体のある部分、生のある時点、ある種の振る舞いを強く刺激する。根本的な切断、二項間への、大規模な分割があるのだろうか。そうであることも多い。だが最も頻繁に生じるのは、流動的かつ一時的な抵抗点だ。これは移動する断層を社会内部に生じさせ、統一体を破壊し、再編成を促す。また個人そのものの上を、縦横に走り、解体し、新たにかたちを与えることで、個人のなかに、その身体と魂に、取り除くことのできない部分を描く。権力関係のネットワークが、装置と制度を貫く分厚い組織を最終的に形成しつつ、それらの内部にぴったり収まらないのとちょうど同じように、抵抗点は群をなして、社会層と、単位としての個人とを貫く。おそらく、抵抗点の戦略的コード化によってこそ、革命が可能となるのだ。権力関係の制度的統合の上に、国家が成立しているのと若干似たように。[*2]

この記述は抵抗の本質ではなく、そのはたらきを論ずる。その目的は、権力が関係として機能するとはどういう意味なのかを提示することにある。権力とは、物理的な強制力の行使による支配のことではなく、社会全体に広がる関係のことだ。ただし権力装置の作用、つまり集団や個人へのはたらきかけは、粛々と進行するわけではない。それは反感を買い、反発を招く。こうした動きのイメージを喚起するために「抵抗」という語は用いられたのだ。フーコーは先ほどの引用の直前でこう述べている。

権力関係は、多種多様な抵抗点のはたらきなしには存在しえない。抵抗点は、権力関係のなかで、敵や目標、支点、攻略の手がかりといった役割を果たすからだ。こうした抵抗点は、権力ネットワークに遍在する。したがって、権力に対して、大文字の「拒否」を担う、唯一の場所（反抗の核心や、反乱総体の焦点、革命家が従うべき基本法則）などは存在しない。種別的なケースとしての、複数の抵抗こそが存在する。こうした抵抗とは、起きても不思議ではないとか、起きて当然なこともあれば、起こりそうにないこともあり、自然発生的で無秩序で、バラバラに起きるときもあれば、集中的に起きることもあり、静かに起きることもあれば、荒々しくなることもあり、非和解的なこともあれば、すすんで妥協することもあり、利害まみれのこともあれば、自己犠牲的でもありうる。

したがって当然ながら、抵抗は、権力関係の戦略的な場のなかにしか存在しえないのだ。[*3]

こうした一連の記述は、『監獄の誕生』での規律訓練権力論と相まって、フーコー権力論において、抵抗は可能なのか、そもそもフーコーは抵抗に意味を見出しているのか、といった反応を読み手の側に引き起こした。権力のあるところに抵抗があり、抵抗は権力関係の戦略的な場のなかにしか存在しない――ならば、資本や国家権力による支配や抑圧からの解放は、永久に実現されないのか、抵抗という営みは、どうせ無駄なのか。そうではない、という前に、こうした「国家=暴力装置」論や、性的抑圧を資本主義の抑圧と結びつけ、そこから「解放」を唱える立場が、フーコーの批判の対象であったことを確認しておこう。

フーコーの議論への関心の背景には、より大きな文脈がある。権力と抵抗という主題は、社会学や歴史学などの学問と、社会運動の現場の双方の関心を、長年にわたって強く引きつけてきた。特に一九七〇年代後半のフランスでは、「六八年五月」が象徴する「異議申立」の運動が、後退局面にあった。こうした政治社会状況のなかで、「抵抗」の可能性に関する問いは、運動と、それにかかわる理論の営みにとって切実なものだった、と言えるだろう。ここで念頭に置かれる「抵抗」とは、国家権力などの支配に何らかのかたちで抗するものであり、支配と抵抗の二項対立の一方として規定される。だがフーコーは、抵抗が権力と外延を同じくし、権力の「支え」になっていると論じることで、こうした伝統的な抵抗観とは一線を画そうと試みる。

『知への意志』での抵抗に関する議論の真意が、理解されにくかった理由は主にここだ。抵抗の「可能性」という問いは存在しない。なぜなら、権力メカニズム分析の目的は、権力の滑らかなはたらきではなく、権力がいかにうまくいかないかを、示すものだったからだ。抵抗の存在の有無ではなく、抵抗のありようをこそ問わなければならない。この点について、フーコーが、自分に近しい歴史家のペロー、加えてサルトルに近かった編集者・作家のバルと行った、鼎談「権力の眼」（一九七七年）を見てみよう。フーコーは、権力と抵抗の関係について、こう述べている。

> つまり、パノプティック〔一望監視的〕なものへの抵抗の総体を、戦術と戦略という観点から――一方からの攻撃はいかなるものでも、相手方の反撃の拠点になるという意味ですが――分析すべきなのです。権力メカニズムの分析は、権力は匿名で常勝であることを示そうとしているのではない。反対に、それぞれの立場や行動のあり方を、また一方から他方に対する、抵抗と反撃の可能性を、見出そうとしているのです。[*4]

しかし、抵抗が「反撃」であるならば、あくまで「反作用」に留まるのだろうか。われわれは、権力につねに「囚われて」いることに、なるのだろうか。バルはこの点を問う。

> 戦争、作用・反作用、攻撃・反撃とは戦略家のような語り口ですね。権力への抵抗とは、本質的に物的なものだということですか。そうなると、個々の闘争の内実や、そこに表れる強い願望は、どうなってしまうのでしょう。

フーコーはこれに対して、闘争の語が、政治の文脈で頻繁に用いられはするが、そこでの中身は、あまりはっきりしていないのではないか、と述べたうえで、この語の無限定な使用に懐疑的だ。

とりあえず私が思うのは、〈闘争〉をただ素朴に肯定してみても、権力関係の分析に関する、決定的な説明にはならないのではないか、ということです。この闘争という主題は、具体的に、つまり個々の事例について、だれが闘争しており、何が争点であり、どのように闘争が展開しているのかを、それはどこで起きているのかを、またそこで用いられる道具や、合理性を明らかにしてこそ、意味を持つのです。別の言い方をします。闘争は権力関係の中心にあるとの命題を重視するのなら、あの素晴らしく古びた、矛盾の〈論理〔学〕〉では、現在進行中のプロセスを解明するには、とうてい力不足であることを、わきまえておくべきなのです。[*5]

闘争を、一方の他方に対する勝利が最終的に止揚するものとして、目的論的に捉えるのではなく、具体的な力関係の表出として捉えよ。そして、そこではたらく権力関係を注視せよ。闘争や抵抗という言葉にこだわることには意味がない。むしろ個々の闘争を、戦争や階級対立といった大きな対立軸の一部として捉えたり、個々の抵抗を、「権力と抵抗の存在論的な対立[*6]」のなかで捉えることをこそ避けよ。権力「関係」という観点を導入し、用語を一切合切置き換えることでこそ、抵抗や闘争とひとまず呼ばれる、個別具体的な状況のなかで、何が起きているかが明らかになるのだ。以上の引用からうかがえるフーコーの理論的立場は、このように要約できるだろう。

ところでフーコーは、抵抗と権力関係との一般的なあり方について、自分からはあまりすすんで語ってはいない。『知への意志』の該当箇所が、最初で最後と言ってもよいほどだ。この著作以前では、抵抗という語そのものが、限られた場面でしか登場しておらず、『監獄の誕生』を含め、一九七〇年から七六年にかけて発表された著作と、コレージュ・ド・フランス講義以外の部分では、抵抗という言葉がわずかしか見あたらない。講義録についてはどうだろうか。一九七三－七四年度講義『精神医学の権力』では、ヒステリー患者が、シャルコーが確立したとフーコーが考える、精神医学の規律訓練的な権力装置への抵抗とされた。[*7] また翌一九七四－七五年度講義『異常者たち』では、近世の悪魔憑き〔憑依〕やそれに伴う身体の痙攣が、身体レベルでの、キリスト教化への抵抗だと論じられている。[*8] これらは広い意味で、規律訓練権力の規範《ノルム》＝正常化に抗するものとして位置づけられる。『監獄の誕生』と『知への意志』に直結する論点だ。なお翌年の『社会は防衛しなければならない』では、講義中に一度もこの語は登場していない。『知への意志』以降について言えば、この語が登場する箇所の大半は、インタヴューや座談会での応答であった。「抵抗と権力」という問題は外部から投げかけられていたのだ。

だがフーコーにとって、己の権力論が「抵抗」を軽視しているとか、権力の遍在性を唱えることで、「抵抗」の不可能性を唱えているなどという批判は、信じがたいものだっただろう。彼は一九八二年に次のように述べている。

じっさい、権力関係と闘争戦略のあいだには、相互に引き合い、際限なくつながり、つねに反転するような関係が存在している。権力関係は、敵対者間の対立へとつねに変化しうるし、ある点では、実際に変化している。また敵対者間の関係は、社会のなかで、つねに権力メカニズムの作動因となっている。したがって、こうした不安定さによって、同一のプロセス、同一の出来事、同一の変容を、闘争の歴史の内部と同様に、権力関係と権力装置の歴史にも読み取ることができるのだ。[*9]

フーコーには「抵抗」という概念はない。しかもそのことは、本人がさまざまな社会運動に関わっていたことと矛盾しない。むしろ、個々の現場での問題の固有性に着目するからこそ、その議論は「抵抗と権力」の図式から必然的に離れていく。

論争史をひもとけば、抵抗の問題は、主に二つの経路をとおして、後期フーコーを論じるうえでの中心的な主題となったことがわかる。生前はマルクス主義と歴史学が、また没後は、ドゥルーズのフーコー論が大きな契機となった。前者による批判を簡単に整理しておきたい。[*10] 一九六〇年代のフーコーの議論は、当時主流だった現象学とマルクス主義（サルトル、メルロ・ポンティ）への批判として提示され、そのように受容されてきた。このことは『言葉と物』が、サルトルによって「ブルジョワジーの最後の防波堤」と評されたという、センセーショナルな事情も作用した。[*11] サルトル派の苛立ちは、先ほどの鼎談での、バルの発言によく表れている。抵抗を物的なものとして扱い、戦争の比喩で語ってしまっては、自らの実存を抵抗へと投企した、生身の人間の主体性や個人史を、ゲームの駒へと還元してしまうことにならないか、というものだ。

他方、公式的マルクス主義の側は、フーコーの議論を強い反発をもって迎えた。当時フランス共産党の公式哲学者だったガロディは、一九六七年に党の理論誌『パンセ』で、フーコーの議論を批判し、理論と実践、ないし過去によって、構造化された諸条件としての「歴史」と、階級意識を持ち、固有の歴史を作る役割を自覚した「人間」との関係を破壊する「抽象的かつ教条的構造主義」と形容した[*12]。イタリアでは、共産党の代表的知識人であるカッチャーリが一九七七年に、フーコー、ドゥルーズ、ガタリの著作が、イタリアの議会外左翼運動であるアウトノミアや、その理論的支柱の一つである、ネグリの理論、ひいては左翼の武装闘争に正当性を与えた、と批判する[*13]。もっともこうした受容だけではなかったことは付け加えておくべきだろう。六〇年代後半以降の、ヨーロッパ新左翼のマルクス主義受容には、さまざまな流れがあったからだ。たとえばプーランツァスは、アルチュセールの理論的影響を受けつつ、フーコーと批判的に対峙しながら、マルクス主義国家論の再構築に取り組んだことで知られる。こうした流れが、七〇年代の英国では、カルチュラル・スタディーズの潮流を形成する人々のあいだなどで、広く受容されることになった[*14]。

歴史学では、アナール学派との関係がある。ブローデルが『狂気の歴史』を高く評価したことはつとに知られている[*15]。ブローデルは「歴史家が取り組んだ、集団心理についての、類いまれであり、かつフェーヴル以来の、待ち望まれていた研究」と評したうえで、こう記した。

この見事な書物では、狂気という固有の現象をめぐり、ある文明が持つ、心性の諸構造の謎めいた歩みが、いかなるものになりうるのかについて、またその文明が、その一部をいかにして切り離したうえで、己の過去が提示するものに関して、保持しようとするものと、拒否し、無視し、忘れてしまおうとするものとを、いかに〈分割〉するのかについての、探究が試みられている。[*16]

だがフーコー自身にとって「狂気」は「社会のなかにしか存在しない」[*17]ものであり、安定した実体的な概念ではなかった。さらにアナール学派の側が、フーコーに示した強い興味とは裏腹に、長期的な〈持続〉に着目するアナール学派と、己の仕事とのあいだに、フーコーは一定の距離を置いていた。こうした姿勢は、たとえば『知の考古学』の冒頭に見られる。すなわち、歴史の安定的な連続性を強調する歴史学の方法論に対して、ある種の中断や断絶を持ち込んだことが、バシュラールとカンギレーム以降の、思想史の方法論におけるオリジナリティだという記述だ。[*18]他方で『監獄の誕生』をめぐっては、フーコーの論述への批判が、歴史学者の側から提示され、『不可能な監獄』（一九八〇年[*19]）が編まれることにもつながるが、フーコーの側の応答にカントの啓蒙論についての言及が見られる点（後述）などを除けば、話はかみ合わないままであった。

この点について、『家族の騒動　一八世紀のバスティーユ文書館の封印令状』（一九八二年[*20]）における共著者のファルジュは、当時の研究動向を念頭に置いて、次のように述べている。

『監獄の誕生』でフーコーは、今度は、社会的行為者のほとんど見えない、不可避で、非常に閉じた体系を設定していると非難されます。この頃になると、社会の周辺に生きる人々や、異常者を研究する歴史家たちは、反逆や抵抗を研究対象にするようになっていました。しかし〔……〕ミシェル・フーコーのねらいは、彼ら歴史家のねらいとは違っています。したがってそこには、進歩を疑い、直線的な過程を拒否し、言表装置と、打ち立てられたメカニズムを選ぶ態度が表れている。出来事の歴史〔年代に沿って起きたことを並べる歴史記述という意味―引用者〕ではないわけです。[*21]

さらにファルジュは、アリエスやペロー、ルヴェルなど、フーコーに近い少数の例外を別とすると、フーコーの議論は、歴史家のあいだでほぼ無視に近い扱いだった、と付け加えている。フーコーは『狂気の歴史』以降の「考古学的」手法によって、時系列的な事件史を離れ、権力の技術とその実践の歴史へと向かう。この点で、一九七五年に出版された『監獄の誕生』は、急進的な社会運動が高揚する、七〇年代前半の雰囲気を残している。しかしその反面、運動の退潮と平行して、民衆文化や地域史に関心が向けられる七〇年代後半の状況のなかで、広く読まれることになるのだった。歴史学と同じく「叛乱」や「抵抗」を扱うといっても、同書の関心の中心は、権力–知としての権力関係における、主体のはたらきの問題へと向けられていた。

## 2　監獄情報グループと〈耐えがたさ〉の政治性

『監獄の誕生』が「非常に閉じた体系」を描いているという批判は、フーコーの意識するところでもあった。後に「権力は全知全能ではない」と、わざわざ断りを入れたことには、そうした理解への苛立ちも見てとれる。[*22] しかしそれ以上に、権力と「支配」の区別を強調したのは、「抵抗」への関心からであった。フーコーは「抵抗」と呼ばれる事象について、具体的な動きに注意を払うだけでなく、そこに関わってもいた。『監獄の誕生』の背景には、フーコーが中心的役割も務めた、監獄情報グループ（GIP）というユニークな組織の活動や、刑務所の現状や囚人の処遇をめぐる、内外の社会運動があった。[*23] 『監獄の誕生』第一部第一章の最後にはこうある。

刑罰一般と刑務所は、身体に関する政治技術に属している。そのことを私に教えてくれたのは、おそらく過去よりも現在である。近年、刑務所での反乱が、世界のほとんどあらゆる地域で生じた。目的やスローガン、展開の仕方には、たしかに奇異なところがある。それは、一世紀以上も続く、物質面での相当な劣悪さへの反乱だった〔……〕。しかし同時に、模範的な刑務所、精神安定剤、独房、医療・教育サービスへの反乱でもあった〔……〕。じっさい、こうした運動の総体のなかで問われているのは、まさに身体であり、具体的な事物であったのだが、それらは、一九世紀初め以来、刑務所が生み出してきた幾多の言説を通じて、問われてきたことでもあった。これらの言説や反乱、記憶や罵倒を生み出してきたのは、まさしく、あの些細な事柄であり、微細な物質性なのだ。ここに、無分別な要求しか認めようとしない向きや、外部からの策略を疑ってかかる向きは放っておこう。

しかしまさしく問題は、身体のレベルでの、刑務所の体質そのものへの、反乱だった。争点となったのは、あまりに雑然としながらも、あまりに衛生的であり、あまりに簡素でありながらも、あまりに整った刑務所の環境ではなく、権力の道具であり、かつその運び屋であるかぎりで存在する、刑務所の物質性だった。しかもそれは、身体に対する権力の技術、すなわち、権力の道具の一つに過ぎないという、もっともな理由で、〈魂〉に対する技術――教育者や心理学者、精神医学者の技術――が隠すことも、埋め合わすこともできていない技術にほかならなかった。

この意味での刑務所について、刑務所が、その閉じた建造物の内部に集める、身体の政治的攻囲のあらゆるあり方も含めて、私はその歴史を記そうと思う。純然たるアナクロニズムからだろうか？　否である――もしその語を、現在の言葉遣いによって、過去の歴史を記すことと捉えるのならば。然りである――もしその語を、現在の歴史を記すことと捉えるのならば。*24

フーコーの具体的な状況への関心は、ＧＩＰが、拘禁施設の処遇面での〈耐えがたさ〉をキーワードとしたことによく表れている。この語は、『耐えがたいこと』と題されたグループの出版物の創刊号（一九七一年）で、政治闘争の文脈に位置づけられている。

裁判所、刑務所、病院、精神病院、産業保健、大学、マスコミ――こうした施設・制度のすべてで、さまざまな意匠をとって、政治的抑圧に端を発する抑圧が行われている。

こうした抑圧を、被搾取階級はつねに認識してきた。抵抗を続けてはいるものの、従うこともまた、実際に余儀なくされてきた。だがいまや、この抑圧は、新たな社会層――知識人、技術者、法律家、医者、ジャーナリストなど――にとって、耐えがたいものとなっている。抑圧はつねに、こうした人々を通して、その助けや共謀によって、行使されているように装ってきたが、その利害、とりわけイデオロギーを、もはや考慮に入れてはいない。正義、健康、知、情報を伝達する役割の人々は、己の行為のうちに、政治権力による抑圧を感じ始めている。この新たな耐えがたさが、プロレタリアートによる長年の戦い、闘争と出会った。そして、これら二つの耐えがたさが結びつくことで、プロレタリアートが一九世紀に作り上げた道具が、再発見される。それはまず、労働者自身による、労働条件の調査《アンケート》だった。現在実施中の「耐えがたさについての調査」は、このように位置づけられる。*25

政治的抑圧という言葉が繰り返し使われる政治文書であり、一見すると「フーコー的」とされるテキストとは遠そうだ。しかしここで興味深いのは、すぐ後でフーコーが「種別的知識人」と呼ぶことになる、知識労働者層*26への認識だ。こうした「正義や健康、知、情報を伝達する役割の人々」が、自らが身を置く権力と知をめぐる関係を捉え返すことで、「新たな耐えがたさ」を自覚すると論じられている。GIPは、被抑圧階級またはプロレタリアートが、これまでつねに感じ、抗い続けてきた政治的抑圧を、こうした新しい社会層もまた感じていると宣言することをとおして、新たなかたちの政治を模索していた。

ここで「政治」とは、見えない問題を見えるようにすることだ。革命情勢後に秩序化の動きが一気に強まるのは、いつどこでも同じだが、フランスでも一九六八年五‐六月の政治的高揚の後には、「正常化」の季節が訪れた。そのなかでも、工場前での情宣だけでなく、工場潜入《エタブリッスマン》と呼ばれるオルグ活動によって労働者への浸透に取り組んだプロレタリア左派[*27]は、次々と活動家が逮捕され、街頭での機関紙販売が難しくなるほどの厳しい弾圧にさらされた。救援活動が始まり、獄中活動家は数度のハンガーストライキを行った。活動への支援が広がるなかで、活動家の関心は「政治囚」の救援だけでなく、刑務所の処遇全般や、囚人を生み出すシステム（貧困や人種差別など）に向かった。ＧＩＰは、こうした背景のもとで結成され、特徴的な目標を掲げていた。

ＧＩＰは、外部からの囚人の組織化ではなく、被収容者や家族・関係者といった当事者が、処遇条件などに関して何が耐えがたいかを明確にする作業を支援した。それは、上述の「調査」（中国革命での農村調査が踏まえられている）として行われた。もちろん、これまでも不満の声はあった。だがマスコミや議会はこうした訴えを、まともに取り合ってこなかった。当時、プロレタリア左派に関わっていたランシエールが、後年に政治哲学批判をとおして提起した議論を用いれば、当事者は「市民」としてカウントされていないため、その声は、そもそも「声」だとすら見なされていなかった[*28]。ＧＩＰが介入したのは、こうした状況だった。かれらの「調査」では、刑務所に面会に訪れた人々に用紙を渡し、囚人や面会者に記述してもらったものを集め、それをそのまま編集することなく刊行する、というスタイルが採用された。当事者に刑務所の内情や問題点、己の訴えを書くように求め、手を加えずに出版して、刑務所と被収容者、関係者を取り巻く知的状況を争点化しようとした。

同時期に、フーコーは、ドゥルーズとのあいだで、対談「知識人と権力」（一九七二年）を行っている。大衆は、己の状況をよくわかっているのだから、知識人が代弁する必要はない、というフーコーの発言に対し、ドゥルーズは、他人の代弁をすることの不道徳性をフーコーから学んだ、と応じている。スピヴァックは論文「サバルタンは語ることができるか」(一九八八年[*29])で、二人の発言を批判し、大きな注目を浴びた。だがフーコーとドゥルーズの発言は、GIPでの活動などを踏まえたものであり、「西洋知識人」の無責任な放言と受け取るのはいささか乱暴だ。『監獄の誕生』と『知への意志』に結実する一九七〇年代前半の作業は、特定の社会状況を背景としていた。たとえば、『監獄の誕生』刊行時の『マガジン・リテレール』誌の特集には、ドゥフェールとドンズロによるGIP紹介記事があわせて掲載されていた。そこに添えられたのは、トゥール刑務所での囚人蜂起の際、所内を占拠した囚人たちが屋根に上っている、有名な写真だ。[*30]

ところで、〈耐えがたさ〉が政治的であるためには、意見の表明や不服従といった行動が、集団的に実践されるだけでなく、他の運動とつながる必要がある。この点についてフーコーは、インタヴュー「監獄と監獄内での反抗」(一九七三年)のなかで、一九世紀までの政治革命には、刑務所襲撃と囚人解放がつきものだったが、二〇世紀にはこのつながりが切れてしまった、と指摘する(ただし二一世紀の非ヨーロッパ世界での反体制運動には、往々にして見出される)。だからこそ刑務所内の運動が、政治的意識を獲得したうえで、所外の政治運動とつながることに意義があると考えたのだ。

こうした一連の現象、つまり毛沢東主義者(プロレタリア左派の活動家のこと—引用者)による、それ以前には、アルジェリア人による、刑務所内部での政治化(アルジェリア戦争時代のFLN(民族解放戦線)の政治囚のこと—引用者)、また刑務所外からの、刑務所問題の政治化ということですが、これによって、ある状況が具体化してきました。GIPのキャンペーンによって、政府は史上初めて、囚人に新聞を読む権利を認めたのです〔……〕。一九七一年九月に、囚人たちはアッティカ刑務所での反乱[*31]を知ることになります。そして、それが己の問題であり、政治的な性格をもつことを理解しました。刑務所外の支援者は、こうした反乱が世の中にあることを理解したのです。このことの衝撃は非常に大きいものがありましたし、問題の政治的側面と意義は、当時、明確に意識されていました。

刑務所問題の可視化と具体的な処遇改善要求という、GIPの取り組みは、刑務所内の問題を外部へ知らせることにとどまらない。いったん外に出た情報は、あらゆる方向へと広がるからだ。被収容者とその関係者にとっては、他の刑務所や外部の情報を知ることで、己の状況の客観的な把握が可能になる。他方、刑務所外の人間は、刑務所の問題が、家庭や職場、学校など、生活のさまざまな場面で、己が直面している問題と、直接つながることを知る。情報の伝達によって可視化されるのは、声を上げている当事者の問題だけではなく、それを受け取る、塀の内外の人々の置かれた状況でもあり、ひいては、両者のあいだの関係性でもあるのだ。情報の流通は、たんなる事実の伝達よりも、はるかに強いインパクトをもつ。情報の送り手と受け手が、己の立場を捉え返し、他者の問題を知ることで、己の問題とのあいだにつながりを見出す、ひとつのプロセスを起動させるからだ。そして囚人や関係者は、情報の伝達をとおして、現状を白日のもとにさらすことで、自分たちの要求を、現実政治の舞台に押し上げることさえできるのだ。

どのような具体的な運動がそこから生まれるのかを、この「政治」は教えない。現状を知れば、人はそれに反抗するという発想は、主観的な日和見主義に過ぎず、組織化の理論や、外部のはたらきかけのないところに政治運動は生まれない――こうした批判は当然存在する。だがこうは言えないだろうか。先ほども触れたように、われわれは、問題のありかを外から教えられる必要はない[*32]。具体的な状況のもとで人々は、何が問題であるかをよく知っている。しかも実際に声は上がっているのだ。抵抗の存在は、争う余地のない事実であって、外からの指導や介入がなければ発生しないようなものではない。そしてその規模や結末は「やってみなければわからない」ものだ。したがって、抵抗の可能性や現実性の当否を論じるよりも、あらゆる当事者が、己の状況を、より広い立場から捉え返し、その認識を表現し、見えるようにする実践こそが求められる。これが「抵抗」をめぐる、フーコーの基本的な立場である。

この点について一九七八年の来日時の講演「政治の分析哲学」で、フーコーは「哲学」という一般的な表現を用いて、自らの作業を次のように規定している。

> おそらく、哲学には、権力と関わるにあたり、一つの役割を担う可能性が、権力の基礎づけや再構成ではないかたちで、存在することを理解できるでしょう。おそらく哲学は、対抗権力の側で役割を担いうるのです。ただそれが可能になるためには〔……〕、哲学が、権力に対して行われる闘争を、また権力関係の内部で対立するものたちの戦略を、そこで用いられている戦術を、さらには抵抗の焦点を分析し、解明し、可視化し、したがって、その強化を担うことが条件となる。つまり哲学は、権力を善悪の見地から扱うのではなく、その存在のありようから、扱わなくてはならないのです[*33]。

関係としての権力を、そのありようから問題にすることは、目下起きている抵抗や闘争が、改良や改善を目指すものではなく、具体的な事柄への「拒否」として展開している事実を承認することでもある。こうした闘争は、政治体制や社会構造を問わず、普遍的に認められる。フーコーは、権力関係には、拒否と普遍性という二つの特徴があるとしたうえで、第三の特徴は「耐えがたさ」だと述べる。

こうした抵抗や闘争は、搾取や不平等といったことよりも、権力が存在するという事実そのものを対象としています。これらの闘争が問題とするのは、ある権力が行使されているという事実なのです。権力の行使そのものが耐え難いという事実こそが、問題なのです。*34

経済的次元（＝搾取）でもなければ、政治的次元（＝不平等）でもない次元とは、権力行使とその〈耐えがたさ〉を問う領域のことだ。そしてこうした認識は、革命運動のような大文字の政治が、国家権力や制度そのものを対象にするのとはまったく異なり、非当事者から見れば、「些細」としか思えないことへの耐えがたさを、問題化することにつながる。

この引用に続いて、フーコーは「お笑いになるでしょうが、真剣に受け止めていただきたい」と断ったうえで、あるエピソードを紹介する。彼はある日、スウェーデン人の女性学生活動家の訪問を受け、同国の刑務所での「ファシズム」を糾弾に協力してほしいとの要請を受けた。具体的に何が「ファシズム」なのかと尋ねたところ、被収容者とそのパートナーが面会し、性交渉もできる部屋に、鍵が掛からないことだという、答えが返ってきた。刑務所側は、保安上の理由を持ち出して、面会室に内側から鍵を掛けることを認めない。しかし当事者にとっては、貴重な面会時間に、自らのプライヴァシーを守れないことは屈辱にほかならない。それが愛を交わす機会であれば、なおさらのことだろう。当局は、そのことをよく理解している。だからこそ、「管理」を口実として、鍵を掛けさせないのであり、そのことが強烈な反発を招く。

『監獄の誕生』で論じられたように、近代の刑務所の基本的な機能は、受刑者の「矯正」ではない。あらゆる自由を奪い、詳細な規則と、看守への絶対的な服従を強い、屈辱を味わわせることで、受刑者を規律訓練的な権力関係のもとに置くことだ。したがって、一笑に付されかねないこのような些細な事柄をとおしてこそ、すべての当事者は、己がどのような権力関係の下に日々置かれているのかを、最もよく感じることになる。些細なことにまつわる耐えがたさこそ、権力関係が細部に存在することの証なのだ。したがって、こうした耐えがたさを問う行為は「政治」の次元に属する。抵抗とは、こうした権力関係のなかで作用する、権力のあり方にたいする、一つの、しかし有力な反応である。

### 3　誘惑する権力――「汚辱に塗れた生」の権力論

フーコー権力論への関心は、当時の政治的コンテクストに位置づけられるにしても、学問的な分析枠組として取り出され、論じられるにしても、権力の遍在性と関係性というテーゼに集中する。こうして「権力のあるところには必ず抵抗はある」という表現が独り歩きする。ドゥルーズは、フーコーの権力論の受容と、本人の考えとのあいだには、ずれがあったのではないかと言う。

フーコーは、この本〔＝『知への意志』〕に関して、ある種の誤解があるという印象をもっていただろう。それは「彼は権力諸関係のなかに、閉じこめられてしまったのではないか」というものだった。[*35]

ドゥルーズはまた、『監獄の誕生』刊行後にフーコーに宛てた、一九七五年の書簡をもとにしたとされるテキスト「欲望と快楽」（一九八四年）で、「もし権力装置が、何らかの仕方で構成的なものなら、それに対しては、〈抵抗〉という現象しか存在しえないことになり、今度はその位置づけが問題となる」と記した。権力装置の作用による主体の構成を基礎とした、フーコーの当時の理論構成では、抵抗の可能性は論じえないのではないか、との批判である。[*36] 他方、ランシエールは『不和』で、フーコー的な権力論の受容に強い違和感を示す。そして「権力の遍在」というテーゼからは、ランシエールが〈ポリス〉あるいは〈感性的なものの布置《パルタージュ》〉と呼ぶ、現行の統治体制の特徴、またその恣意性や偶然性を捉えることができず、ニヒリズムか英雄主義、あるいはポストモダン的な現状肯定しか出てこないのではないか、と批判する。

政治は、あらゆる場所でポリスに出会う。それでもやはり、この出会いを、異質なものとの出会いと考えなければならない。そのためには、この二つの領域のあいだの通路を、前もって確保するような、ある種の概念を使うことを断念しなければならない。権力概念とは、その最たるものだ。この概念のせいで、少し前まで、活動家がある種の善意から、あらゆる場所に権力関係があるのだから、「すべては政治的である」と断言できたのだ。この主張からおそらく、権力はあらゆるところ、あらゆる瞬間に存在するという、重苦しい見方と、抵抗としての政治という英雄的な見方や、政治とその権力ゲームに背を向けた人々によって作られる、肯定的空間という、ゲーム的な見方が枝分かれしていく。権力概念によって「すべてはポリス的である」から、「すべては政治的である」が、結論できるのだ。[*37]

ランシエールにとって、権力関係の存在は「政治」の必要十分条件ではない。平等の論理とポリスの論理という異質な論理が、突如としてぶつからなければならないからだ。では「すべては権力であるのなら、何も政治ではないではないか」という疑問に、フーコー自身は、ランシエールを先取りするかたちで、どのように応えていたのか。フーコーは一九七七年に発表した「汚辱に塗れた人々の生」で、自身によく向けられた批判を、やや戯画的な調子で描いてみせる。

人々からはこう言われるだろう。「またですか。線を越えて、向こう側に行くことも、別のところから、下から生じる言葉を聞くことも、声に出すことも、またもやできずにいる。いつも同じ選択だ。権力の側から、権力が語り、語らせる側からだ。なぜ、こうした生が、自ら語る場所に行き、耳を傾けようとしないのですか」と。[*38]

ドゥルーズは、抵抗と権力をめぐってフーコーが、「深刻な」問いに直面しているとし、それを「危機」と呼ぶ。そしていくつかのテキストで、この「汚辱に塗れた人々の生」に、権力から倫理への移行の契機を認める。フーコーの言う「線を越える」営みを、ドゥルーズは「力の線をまたぎ、権力を乗り越えること」と読み直す。

> 力を自らにはたらきかけさせること、それは「襞」であり、フーコーのいう、力の自己との関係です。つまり力の関係を「二重化すること」、抵抗し、かわし、生や死を権力に差し向けることを可能にする自己との関係〔……〕。芸術作品としての生を作り出す任意の規則が、生のあり方、あるいは生の様式を構成する、倫理と美にともにかかわる規則が問題なのです。*39

フーコーは、こうした規則なるものの一般的なあり方を探求してはいない。また、古代ギリシア・ローマに限って、生を美的につくりあげるための規則が認められると考えていたわけでもなかった。しかし、時代や地域で異なる「文化」のあり方やその変遷を、分類整理して満足することもなかったのだ。その代わりに、「任意の規則」を備えた個人が置かれた、権力関係のありよう、そこでの個人の振る舞いに関心を寄せた。フーコーの「審美主義」があるとすれば、司法や医学などの〈権力－知〉複合体と個人が接触することで生じた「生」への並々ならぬ関心のことだろう。「汚辱に塗れた人々の生」は、その意味で「美しい」。だがあるテキストを美的と呼ぶだけで、権力の遍在性や抵抗といった問題系の

「向こう側」に到達できるわけでもない。まず、このテキストの内容と位置づけを明らかにし、権力の問いに対する、一九七〇年代末のフーコーの構えを見ることにしよう。

「汚辱に塗れた人々の生」は、フーコーが出版を構想していた、同名の本の序論である。バスティーユの国立文書館には、勅令封印令状によって、監禁施設に収容された人々に関する、記録文書が存在する。フーコーは当初、これを分類して、そのまま出版しようと考えていた。前述のファルジュとの共著『家族の騒動』は、その構想の一端が実現したものである。[*40]

ところで、封印令状とは、どういった性格の文書だったのか。その始まりははっきりしないが、一六世紀以降になると個人の逮捕や追放を行うだけでなく、日常的な権力行使のなかで、主権者が個人的で直接的な意志表示を行う一般的な手段となった。[*41]したがって旧体制下の国王は、封印令状を通じて、臣民に対して、およそあらゆることを直接命じることができた。特に、この令状で拘束・収容された革命派は、封印令状を、絶対王政における専制的な権力行使の最たるものと見なした。[*42]じっさいに大革命直後に封印令状による収容が禁止され、一七九〇年には被収容者が解放されている。

だがフーコーは、『狂気の歴史』以来、封印令状を専制的支配の道具として見なすことに異を唱えていた。封印令状に基づく収容は、パリ警視総監職が設置された一七世紀半ば以降に活発化する。そして収容は、臣民、なかでも市井の人々が、国王や行政に請願書を提出し、行政《ポリス》による調査を経て行われた。収容する側と収容される側の関係は、一筋縄ではいかない。封印令状という制度の興味深さはここにある。[*43]

『狂気の歴史』は、封印令状による収容が、「法」的なものから「社会」的なものへと動機を移すことに注目する。社会の秩序の維持、非理性の排除が、次第に収容の目的となる。

西洋的恋愛の、昔ながらのスタイルが、新しい感覚に取って代わられる。家族から、また家族のなかで生じるのだ。この感覚は、己の次元に属さず、その利害に合致しないものすべてを、非理性の次元に属するものとして、排除する〔……〕。司法には一切属さず、宗教にも正確には属さない、この抑圧する権力――王権と直接結びついたこの権力が表しているのは、実のところ、専制支配の恣意性ではなく、これ以後に厳しさを増す、家族からの要求のありようなのだ。*44

この議論は、近代家族と規律訓練権力との関係、社会管理装置としての精神医学の確立と、「狂人」や「病者」の収容の近代的な展開、ならびに刑罰としての収容の確立といった、フーコーの長年のテーマに直接関わる。*45

だが、封印令状をめぐる議論の焦点はやがて、狂気や収容との関係よりも、一七世紀以降の行政権力の展開に移動する。一九七二―七三年度講義『懲罰社会』の講義要旨を見てみよう。封印令状による収容における権力作用は、「下から上」の要請を前提に発生するものとして、捉えられている。

封印令状を（その機能と動機について）調査したところ、その大部分が、家長や下位の有力者、地域や宗教、職能に基づく集団が、自分たちの手を煩わせたり、迷惑をかけたりする個人に出されるように、請願していたことが明らかになった。封印令状は、下から上に（要請というかたちで）まずのぼり、それから王璽つきの命令として、権力機構を下ってくる。封印令状とは、局所的な、いわば毛管型の管理の道具なのだ[*46]。

この毛管的な権力作用への注目は、『監獄の誕生』において、行政《ポリス》権力の権力作用の議論とつながる。

こうしたポリス的管理とは、全面的に「王の手中に」あるにしても、一方向にだけ、はたらくものではない。ここには二重の入口がある。法的機構を回避して、王の直々の意思に応えつつ、下からの請願にも応じなければならない〔……〕。要するに一八世紀のポリスには〔……〕、規律訓練の機能が新たに加わったのだ[*47]。

転換の兆候はフランス革命以前に見られる、とするフーコーが持ち出すのは、ブルトゥーイユ国務卿による一七八四年三月の通達だ。家庭問題を理由とした封印令状による収容を、控えるようにとの要請だ。『家族の騒動』は、一九世紀以降の規律訓練権力の展開のなかに、この通達を位置づける。

この通達は重要だ。ここに見られるのは、あれほど長期に渡り、伝統的な紐帯を理由にした収容を機能させていただろう、名誉、放蕩、浪費、騒動といった、大きなカテゴリーの解体であり、収容という実践を、個人の権利という、一般的な枠組のもとに置き直す試みだ。収容については、親権がまだ及んでいる子どもに特に定めるべきとの考え方が、次第にはっきりすることも見てとれる。

投獄が、法的処罰の選択肢に組み入れられ始めた時代とはいえ、ブルトゥーイユ通達は、特別な勾留という発想に固執していた。この通達の目的は、行為の処罰よりも、個人の修正にあった。[*48]

封印令状による収容は、一七世紀後半から大革命直後までの約一世紀という短い期間に、フランスでのみ実施された。だがここには、人々が発した権力への「誘惑」が伴われていた。人々は封印令状という制度をとおして、人間関係のなかに強大な権力を導き入れる。これこそが、社会全体にポリスの権力が浸透する契機だったのだ。封印令状が時代を画する制度だったとフーコーが考えるのは、この意味でのことだ。この時期は、権力の「そそのかし、刺激し、生産する」機能が全面化する時代として捉えられる。

重要な契機だった。社会が、名もなき大衆に対して、自分自身について——公に、かつ、次の三重の条件のもとで、語ることができるように、単語や表現、言い回し、つまり儀礼的な言葉づかいを提供したのだ。三重の条件とは、かれらの言説が、明確に規定された、権力装置の内部で発せられ、流布すること、そうした言説によって、それまでほとんど認識されていなかった人々の生活の奥底が、明らかになること、さらに、さまざまな情熱と利害関心のあいだの、些細な戦いに基づき、そうした言説が主権を介入させる可能性を、権力に与えることだ。ディオニュシオスの耳は、これに比べれば、なんとも初歩的でささやかな仕掛けだった。権力の解体は、おそらくいともたやすいことだろう。それが監視し、見張り、見破り、禁止し、罰するだけならば。だが権力はそそのかし、かき立て、生み出す。権力は目と耳であるだけではない。行動させ、語らせるのだ。

おそらくこの仕掛けは、新たな知が構築されるにあたって重要なものだった。この仕掛けは、文学の新たな体制の総体ともはや無縁ではない。ただし封印礼状が、それまで存在しなかった、文学の諸形態の起源だ、という意味ではない。一七世紀から一八世紀への転換点に、言説と権力、日常生活、真理との関係が、文学自体も加わる新たな様式の下で成立する、という意味である。[*49]

庶民は、家庭内暴力や酒乱の夫、道楽息子への対処から、隣人との争いといった、日常のいざこざまでを、臣民の不品行を国王に上訴するという大仰な形式によって、解決しようとした。[*50]ここで興味深いのは、権力行使をとおした君主と臣民との関係の二重性だ。君主の主権は、臣民からの自発的な求めに基づき、嘆願者の親族、近所や職場の人間に、権力を行使する。その権力の効果は、人々の自由を奪い、収容する点では、たしかに否定的だ。しかし、行使のあり方そのものは、無名な人々の「下からの」要請によって生じる点で、肯定的となる。「汚辱に塗れた人々の生」に見られる権力観は、一九七〇年代フーコーの権力論として知られる図式そのものでもある。[*51]

国王への嘆願書、行政文書、封印令状は、実在の人々を扱うという共通点がある。したがって、こうした文書を読み解くことは、「世に知られることのない人々の伝説のために、かれらが不幸、あるいは激しい怒りのなかで、権力と交わした言説から出発して、若干の基礎を集める」ことだ。[*52]史料からかいま見える、汚辱に塗れた人々の生とは、記録に残されなければ忘れ去られてしまう、無名の人々の現実の生を指す。だが、ここには一つの「偉大さ」がある、とフーコーは主張する。汚辱（不名誉）には、無名な人々の不名誉と、英雄的な人々の不名誉という二つの種類があるからだ。英雄的な不名誉の例として、サドの名前が挙がる。彼は醜聞を起こした後に、親族が誓願した封印礼状で、バスティーユ監獄に収容された。しかし、不名誉と汚辱は、サドに沈黙を強い、暗黒に追いやるのではなく、むしろ道徳的反抗者としての栄誉を与えた。その人生は、汚辱に塗れ、暗闇に沈んで二度と輝くことのなかった無名の人々とは、対称的なものだ。

汚辱に塗れた生は、書くという行為により、権力の効果として生じる。「英雄」の生とはほど遠い、粒子や塵にたとえられる生のことだ。この粒子には、大きさが小さいほど、生が凝縮されている。しかし、われわれがこれを目にするには、少なくとも一瞬、どこからか光が差してこなければならない。粒子をきらめかせ、その存在を知らせる光、それこそが権力なのだ。この権力は「生を監視し、追跡し、ほんの一瞬に過ぎないにしても、人々のうめき声や、卑小なざわめきに耳を貸し、人々の生に引っかき傷を残す*53」。そして、わずかな記述のみが、権力作用が人々に記させた文書というかたちで、いまに残されている。

あらゆる言説に触れることなく、その下方を通り過ぎていき、一度も語られることなく、消え去っていくことを運命づけられていた、これらの生は、権力との、この一瞬の接触によってのみ、短い、切り込むような、そしてしばしば謎めいた痕跡を残しえた。*54

権力と、無名な人々の生が瞬間的に交わることで、「痕跡」は生まれる。そして、そこに記された人物が、実在したことを教えてくれる。ただしその記録は、有名人への顕彰とは異なる。その名と人生を讃えて、後世に残すためのものではない。無名な人々から自由を奪い、ときには死を与える、行政手続きのなかで行われる。わずかな、しかし決定的な数行の記述が、権力装置の効果として現れる。

実在の生がこうした数行に「賭けられて」いた。それは、人々の生が、そこで「演じられた」という意味ではなく、現実には、かれらの自由、不幸、しばしば死や運命が、少なくとも部分的には、この数行で決定されていた、という意味でのことだ。これらの言説は、実際に、こうした人々の人生と交差した。そしてその人生は、一連の語によって、実際に脅かされ、そこに消え去っていった。[*55]

汚辱に塗れた人々と、現在のわれわれとの関係には、出口がないようにも思われる。痕跡と言ってみたところで、権力作用の一つではないか？　はじめに権力ありきとしては、権力のロジックからはどうやっても抜け出せないのではないか？　フーコーが自問自答したのはこの点だった。たしかに権力の遍在という立場をとるなら、「逃れる」可能性を議論することは意味をなさない。だからこそ、ここでの問題は、人々が権力と最も深く関わるときに、どのような関係を結んでいるのか、なのだ。

フーコーはこの点について、今日の社会の、最も基本的な特徴の一つが「運命が、権力との関係、すなわち権力とともに、あるいはそれに抗して行う、戦いというかたち」にあるのでは、と問いかける。[*56]

先ほど見たように、ドゥルーズはこの論考を手放しで賞賛するのではない。「傑作」と評する一方で、当時のフーコーが「抵抗の拠点」という観点を、十分に示唆していながらも、提示はできなかったと批判する。[57] ところがフーコーが問題としているのは、「抵抗と権力」の二項対立を追認してしまう、「抵抗」でも「権力」でもないのだ。

記録と監禁によって、人々は主体に「なる」。しかし、その同じ記録を通して、われわれは、かれらに行使された権力のあり方以外のことも知る。文書として残された個人の痕跡には、対象者の告発と監禁というあからさまな目的に反して、読み取りうる生が「賭けられて」いるからだ。手がかりはテキストの冒頭に示唆される。フーコーは、この来るべき「アンソロジー」を、押葉標本になぞらえる。というのも、「その特異な生は、ある偶然によって、不思議な詩になった」のであり、そこには、「文学」よりも、心を揺さぶるものがあるからだ。

請願とともに、それを「申し開きをする」文言が告訴人自身の言葉で書かれています。かれらの要求、恨み辛み、罵倒、訴えなどです。それで、ルイ一四世風の仰々しいお役所言葉の合間に「こいつめは最低の尻軽女でありまして」といった表現が出てくるのです。[58]

市井の人々の請願書は、国王への上訴であることを意識して、仰々しくつづられる一方で、日常的な言葉遣いが混在する、風変わりな文書だった。一方で、裁定の結果を記した行政文書は、人々の行状や決定を簡潔に記録したものであり、決まった書式に必要事項を書き入れれば、それですべてが終わりだ。文書から伝わってくるのは、権力が人々をどのような記述で捉えたか、だけではない。権力作用によって主体化された、実在した市井の人々の、多様な生きざまも垣間見える。フーコー＝ファルジュは、警察文書から読み取れる、こうした人々の暮らしぶりを「夜のパリ」と呼ぶ。「そこに集団として見出せるのは、生活のために、ほとんどの時間を犯罪に割く人々であり、警察署にその反映が見出せる、午前や昼下がりのパリとは、似ても似つかないものなのだ[*59]」。それは例外でもなんでもない、ごくありふれた生活だった。権力は、主体化された人々の実在を消去することはできない。人々は権力を相手に、誘い、誘われるという駆け引きをしながら、日々をすごす。封印令状という「不思議な詩」は、ここから生まれている。

たしかに「誘惑的な」関係性は両義的だ。抵抗や反乱につながるとは、かならずしも言えない。多くの場合は「反射的」なものだ。第2節で取りあげた、フーコーの発言、「大衆は実にはっきりと知っている」は、「痕跡」という観点から考えると興味深い。フーコーは、知識人の役割を、人々を表象・代弁することではなく、権力のあり方に闘争を挑むことと規定したうえで、次のようにも述べている。

> 一般大衆は、完璧に、明確に、知識人よりも、はるかによくものを知っています。しかもその事実を、実にしっかりと言明してもいる。しかし、かれらの言説と知とを遮断し、禁じ、無効にする権力のシステムが存在しているのです[*60]。

人々は知っているだけでなく、じっさいに発言している。その知を知とは認めず、発言を発言と受け取らないのが、権力である。知や発言の正当性が問題ではないのだ。そもそも、知を持ち、発言することの正統性が、人々には認められていない。だとすれば、己の知を示し、発言を行うにあたっては、知と発言の資格を定める仕組みそのものをこそ、問わなければならない。権力に「黙っていろ」と言わせるには、己が発言していることを、まず認めさせなければならない。このとき「権力」とは、日常生活における不当な行為を公然の秘密とするような、制度と、そのはたらきのことだと言ってもよい。たとえば囚人たちは、権力の焦点をある一人の看守というかたちで定め、その人物の行いが気に入らないと指摘する。それが「闘争」だとフーコーは言う。社会のさまざまな場面で、人々はたたかう。権力がどのようにはたらくのかを、身をもって知っているからだ。

闘争が問題なのだ。とはいっても、権力関係の分析を、抑圧者と被抑圧者、指導者と被指導者といった静的で固定的な二項対立へと帰着させるために、ではない。それぞれの闘争に固有の位置づけを与えることで、支配・指導・統治・権力集団・国家装置といった、権力にまつわる一連の用語法の問い直しを提起するために、闘争を問題とするのだ[*61]。人々は語ろうと欲する。それゆえに障害にぶつかり、それを乗り越えようとする。「哲学者」は、種別的知識人として、この点に関与する。

こうした権力の作用を「汚辱に塗れた人々の生」と重ねてみると、主体は、二重のはたらきに置かれていることがわかる。主体は、語らせまいとする権力と、語らせようとする権力とが、同時に作用する場を生きる。無名の人々が書き、語るという行為に、フーコーが注目するのは、その主体化作用をとおして、権力関係の戦略性が姿を現すからだった[*62]。人々と王権は、それぞれが属する権力関係のなかで、影響しあう。当時の社会で働いていた、そうした権力関係のありようを、封印令状はあらわにしてくれる。人々は書き、あるいは書くことによって己のうちに権力を招き入れる。しかし同時に、己が発動させた、強大な権力に文字どおり呑み込まれる。

かれらの生き方は、ある種の美しさとともに残される。ただしその美しさは、人々の権力との接触によって生じた語りが、ある人物への権力行使を誘うことで、テキストにとどめたものだ。すなわち、われわれが「痕跡」として見出すのは、権力作用の冷酷さだけでなく、権力との摩擦によって生じた生であり、自ら書き、語ろうとする固有の主体化のありようである。だが、ここに美しさを認めることは、権力に関する運命論的な立場とは異なる。なぜなら、主体化を可能にする人々の語る行為こそが、権力の行使を基礎づけているからだ。人々の語る行為はときには権力を誘発するし、ときにはまったく違うことを書き記す。このことを、人々はつねに抵抗するわけではないという、消極的な言明と受け止めては、重要な観点を見過ごすことになる。

ここでのポイントは、権力に抵抗するにせよ、それを呼び寄せるにせよ、人々が用いる能力は同じである、ということだ。語り、書く能力は権力の源泉としてはたらくこともあれば、（フーコーはこのテキストで明示的に述べていないにせよ）権力関係に軋轢を生じさせる、抵抗の源泉にもなりうる。したがって、後世に残された課題は、人々が残した語りを悲惨な運命としてではなく、語る力そのものが残した「痕跡」として受け取ることにあるだろう。だからこそ記述される出来事と文体のアンバランスさは、ドゥルーズ風に言えば「笑い」を誘うものであり、フーコーはそこに「固有の美しさ」を認めもする。またそうした効果が、まじめくさった権力作用や具体的な制度のなかに、亀裂や中断をもたらすことになるのだ。

## 4　抵抗と権力から導きへ

フーコーにとって権力の具体的なはたらきを問うことは、権力関係の内部で起きている闘争のあり方を描き出すことであった。しかし、フーコーはそれをすすんで「抵抗」とは呼ばない。それは「抵抗と権力」という図式から遠ざかる動きではないのか。ドゥルーズは、この点を理解していただろう。だが彼は、フーコーが「抵抗」の問いに終始こだわっていたことと、その問いを、抵抗と権力という枠組の外で捉えようとしていたこととを、はっきり区別していないように思われる。*63『フーコー』での次のような議論は、フーコー解釈を、抵抗と権力という問題系のなかに、置き直してしまっているように思われるのだ。

> 力のダイアグラムは、権力関係に対応する、権力の特異性のかたわらに（むしろ「真向かいに」）、「点、結節点、焦点」のような抵抗の特異性を現わし、今度はそれらが地層に対して、その変更が可能になるようなかたちで、はたらきかける。そのうえ、権力の決定的な言葉とは、抵抗が初めにある、なのだ。権力関係がまるごとダイアグラムのなかに収まっているのに対して、抵抗は必然的に、ダイアグラムが由来する、外と直接関係をもつからだ。したがって社会的領野は、戦略化する以上に抵抗するのである。そして外の思考は、抵抗の思考となる。*64

フーコーはたしかに「抵抗が初めにある」という言い方を認める。それは「汚辱に塗れた人々の生」

で言えば、人々の語り、書く力を元手にしてしか、王権は作動しないのであり、しかもその力は、王権に抗しても用いられるからだ。『監獄の誕生』で言えば、近世の刑場に集まって罪人に罵声を浴びせかける人々と、刑の執行に抗議して罪人を解放してしまう人々は同じである。つまり「抵抗と権力」という二項関係において、抵抗が権力に先行するというより、フーコーが便宜的に抵抗と呼ぶある種の「力」が、権力と抵抗という関係自体を成り立たせていると読むべきだろう。

一九八二年に行われた、カナダのゲイ雑誌によるインタヴュー「性、権力、同一性の政治」には、フーコーが抵抗について語る箇所がある。聞き手は、『知への意志』を踏まえながら、抵抗は権力に外的には存在しえないというテーゼの意味を尋ねている。フーコーの答えは次のようなものだった。

じっさい、「囚われている」というのは、適切な言葉ではないと思います。闘争が問題なのですから。ともかく私が言いたいのは、私が権力関係と言うときには、われわれはお互いに戦略的な状況にあることを指しているということです〔……〕。ある人はある人よりも優位に立っているわけでして、こうした権力のあり方の延長線上で、相手のすべき振る舞いを決定し、相手がどう振る舞うか、または振る舞わないかに影響を与えている〔……〕。われわれはこうした状況の「外部」に身を置くことはできませんし、どこまでいっても、こうした権力関係からは、決して自由にはなれない。しかし、つねに状況を変えることはできるのです。したがって、私が言いたいのは、われわれはいつでも身動きが取れない〔＝囚われている〕ということではなく、われわれはいつでも自由だ、ということなのです。つまり、状況を変えることは、いつでも可能なのです。[*65]

権力関係は、権力を行使する側とされる側双方の、自由度を動作の要件とする。こうした「自由」の概念についての肯定的な評価は、一九八〇年代に入って登場するものであり、本書の後半部でふたたび取り上げる。差し当たりここでは、自由の存在が権力の前提条件であり、状況の変更可能性を有する主体の振る舞いが、「抵抗」と呼ばれていることに注目しておきたい。というのは、われわれが権力関係のなかに、つねにすでに存在しているという事実そのものが、既存の関係のあり方を変える可能性と不可分であるからだ。だからこそ、フーコーはすすんでこう語る。

抵抗はこうしたプロセスのあらゆる力に対して優位にある。抵抗は、その効果によって、権力関係に変更を強いるのです。したがって、私は「抵抗」という言葉がこの力学のなかで最も重要な言葉、キーワードだと考えています[*66]。

インタビュアーはこの話を引き取って、政治的な文脈に当てはめてみせる。

抵抗の概念化というのは、これまで否定的なものばかりでした。しかしフーコーさんの考えによれば、抵抗とは否定とは限らない。それは創造のプロセスです。創造と再創造を行うこと、状況を変えること、そのプロセスにすすんで参加すること、それが抵抗だということになります。

フーコーはこの発言に同意する。抵抗が、権力との関係のなかで「権力に対する抵抗」という否定的なものとしてではなく、権力関係が構成される前提であり、その変更を迫る肯定的なものとして位置づけられるからだ。

ところで、ドゥルーズにとって「汚辱に塗れた人々の生」とは、『知への意志』以降のフーコーにおける「危機」の表れでもあった。彼は、この時期の「行き詰まり」とは、次のようなものではないかと論じている。

もし『知への意志』を書き終えて、フーコーが行き詰まったとすれば、それは、権力についての彼の考え方が理由なのではない。むしろ、権力そのものがわれわれを追い込む行き詰まりを、彼が発見したからである。われわれは生においても、思考においても、己の最も微細な真実のなかで、権力と衝突するのだ。出口があるとすれば、それは、外が、己を真空から引き離す運動において、己を死から遠ざける運動の場で、捉えられたときだけだろう。それは、知の軸とも、権力の軸とも区別される、新たな軸に似ているだろう。ある静けさが勝ち取られる軸だろうか。生のほんとうの肯定だろうか。いずれにしても、それは他の軸を無効にするものではなく、すでに他の軸と同時にはたらいていて、それらが行き詰まらないようにしていた軸だ。おそらくこの第三の軸は、フーコーの中に最初からあったのだ（権力が知の中に最初からあったのと同様に）[*67]。

二重の意味が読み取れる。「権力には外部はない」というテーゼによって、フーコーが誤解に囚われたという見方が、否定的な側面だとすれば、このテキストが、権力から倫理と主体化への問題設定を移行させる転換点を示しているとの評価は、肯定的な側面となる。ドゥルーズの指摘は、フーコーが意識した、権力関係の相対性と不均質性を捉えている。

だがこの議論は、「生」が権力に先行するという方向へと、フーコーの議論を敷衍する傾向もはらんでいる。たとえば、「権力が生を目標とするとき、生が権力への抵抗になる」[*68]という記述は、序章で触れたように、ネグリ＝ハートが『〈帝国〉』で行った、生権力と生政治を区別し、生政治を抵抗へとなぞらえる議論と直に結びつく。とはいえ、権力関係の影響から自由な生のあり方なるものが取り出しえない以上、「権力に先行した生」を仮定することは、フーコーの読みとしては、やはり行き過ぎと言うべきだ。

こうすると問いは一巡する。やはり権力から始めるしかないのだろうか？ ここにあるのは、フーコーの権力観の限界ではなく、権力と、生あるいは抵抗のどちらが先かという、問いの立て方のまずさである。フーコーは、具体的な場で持ち上がる、一見「些細な」不満や振る舞いのなかに、そこではたらく権力関係の鋭い問題化を見ようとした。それが「権力のあるところに抵抗はある」の意味だった。この命題は、時間的・論理的順序を述べたものではなく、権力関係の具体的なはたらきを問題化するための作業仮説である。しかし同時に、一九七〇年代半ばのフーコーは、権力のはたらきへの関心と、抵抗の先行性という論点を、より一般的に捉えようとする。次章で扱う〈導き conduite〉概念への注目は、こうした関心の表れである。

第2章

# 規律訓練とエロスの技法

## 〈導き〉のキリスト教型権力モデル

権力論における抵抗と権力のジレンマは、抵抗の先行性だけでは解決できない。西洋近代社会の権力行使にあたっては、権力を誘うという「下から」の働きかけが大きな鍵となる。こうして、第1章で取り上げた「汚辱に塗れた人々の生」では、人々の命運を左右する、行政機構の主権的な権力行使と、人々の語りとの関係が考察された。抵抗と権力が等しく広がるのではない。抵抗を可能にする主体の力は、権力行使という現象よりも深いところにあるのだ。権力と主体の関係をめぐるフーコーの問いは、一九七〇年代半ばに登場する、〈導き〉なる概念に注目することで、はっきり捉えられるだろう。規律訓練権力論は、この概念を経て、「キリスト教型権力モデル」として把握される。規律は、導きの概念、そして〈統治〉と不可分である。規律訓練権力論の行き詰まりゆえに、統治概念が登場したのではない。このモデルもまた、統治の一つのあり方として捉えられるべきなのだ。本章では『精神医学の権力』から『異常者たち』『社会は防衛しなければならない』を経て『知への意志』へと至る時期のテキストを読み、キリスト教型権力モデルの形成を考察する。ここで手がかりとなるのは、『知への意志』第三章「性の科学」に登場する、〈エロスの技法〉と〈性の科学〉という二つの表現である。

## 1　権力装置のタイポロジーとその特徴

一般に「フーコー的」とされる権力、すなわち規律訓練権力は、個人の身体に働きかけ、その人を主体化＝臣従化する権力として規定される。なかでもセクシュアリティは、「告白」の図式を通してその核の一つとされた。この権力の中心には、教権から俗権へと徐々に引き継がれた、主体化のはたらきがあるからだ。主体は、己についての〈真理〉（ほんとうのこと）を語ることで、主体に「なる」のだ。こうした議論の過程で注目されるのが、規律訓練の深部にある、キリスト教由来の〈魂の導き〉なる概念だ。ただし、〈導き〉のはたらきそのものは「中立的」である。キリスト教の司牧と信徒、霊的指導をする側とされる側との関係に擬せられるモデルが、歴史的に唯一の導きの姿では決してない。じっさい、『知への意志』には、非キリスト教的なモデルが登場する。キリスト教西洋の〈性の科学〉とは異なる、〈エロスの技法〉の主体化モデルだ。一見二元論的な対立軸の設定にも思える。だが興味深いことに、『知への意志』では、この真理の体得による主体化プロセスが、〈性の科学〉に先行する、と論じられているのだ。フーコーの問題関心は、権力関係内部での抵抗のはたらきだけでなく、権力関係を成立させている、導き＝統治にも向けられている。

一九九〇年代以降のフーコー受容を振り返ると、統治性、生政治、司牧権力は、あまり区別されずに用いられることも多い。たとえば、英語圏で行われている統治性研究とは、基本的には七〇年代以降の新自由主義的な政策や立法のあり方を対象としている。他方で、今日ネグリが代表するタイプの生政治論は、本人も認めるように、ドゥルーズ的な管理社会論と、フーコー的な規律訓練社会論を掛け合わせたもので、ドゥルーズの議論からフーコーを読み込んでいる。*1

ドゥルーズは「追伸　管理社会について」の前半で、次のように述べている。

フーコーは、規律訓練社会を一八－一九世紀に位置づけた。規律訓練社会は、二〇世紀初頭に頂点に達する。規律訓練社会は、大々的に監禁の環境を組織する〔……〕。しかし規律訓練もやがて危機をむかえ、その結果、新たな力がゆっくりと整えられるが、それも第二次世界大戦後には、壊滅する。*2

規律訓練が、主権的な権力を根底的なところで引き継いだ、殺す権力だとすれば、新たな権力は生かしめる権力である。この権力を元にした、二〇世紀後半から世紀末にかけての社会が、一九九〇年の時点で〈管理社会〉として描写される。この二つは、どう異なるのか。規律訓練社会とは、世俗的な〈司牧〉社会である。人を個人かつ集団として、二重かつ一体的に管理する。この社会において、個人は、ある固有名を持った人物として「署名」を持つが、同時に集団内での位置を表す「数《ナンバー》」も持っている。ここでは、まだ人は個人としてのアイデンティティを失ってはいない。個人は、社会における最小の構成単位にとどまっている。号令によって人数を数えるとき、注意の対象は、全部で何人いるかであり、かつ、いない場合には、それは誰なのかである。生産と消費の主体である個人は、配慮の対象である。

しかし管理社会では、こうした個人と集団との「数的な」関係は、まったく様相を異にしている、とドゥルーズは言う。そもそも個人が、社会の最小の構成単位ではなくなるのだ。管理社会は、個人を情報の集合体として扱い、個々の情報や属性をまとめたデータを、部分的な集合として扱う。

規律訓練社会が土台とした、個人と集団の実体性や固有性は、管理社会にあっては問題とされないのだ。管理社会では、署名や数でなく数字が重要となる（たとえばパスワード）〔……〕。管理のデジタルな言語は、情報へのアクセスの可否を示す数字の並びからなる。集団と個人という組み合わせはわれわれの眼前から消えてしまった。分割しえないものとしての個人は〈分割可能なもの〉となり、集団《マス》はサンプル、データ、マーケットか「データバンク」に化けてしまう。*3

この文章が書かれた当時は、一九八七年のブラック・マンデーの記憶も新しかった。カジノ資本主義と呼ばれる国際金融取引の急拡大は、世界的な金融規制の緩和と金余りを背景にする一方で、テクノロジーの面では、金融工学の発展とコンピューターの普及に支えられた。おそらくこの動きは、資本主義の新たな金融的展開として、情報化社会の進展とともに、ドゥルーズの注意を引いていただろう。ともあれドゥルーズは、司牧権力社会としての規律訓練社会を、過去のものと捉えることで、管理社会の新しさを強調しようとする。別の言い方をすれば、このとき考えられていた管理社会とは、いわゆるレーガン＝サッチャー的な「新自由主義」社会のことだろう。フーコーの新自由主義観は次章での主題だが、ドゥルーズの区分との関係で言えば、フーコーの「司牧」、すなわち統治の概念は、ドゥルーズによる西洋近代の三区分――主権、規律訓練、管理――の三つを貫いている。したがって管理社会は、安全型権力装置としての、リベラリズムの展開のうちに捉えることができる。とはいえ、フーコーもドゥルーズも、今日的なＩＴ社会が訪れるはるか以前に亡くなっている。ゆえに二人の議論を組み合わせるようにして、現代資本主義社会のありようをめぐる議論が登場することには、一定の必然性がある。じっさいネグリ＝ハートは一連の著作で、蓄積体制の転換という己のパースペクティブに、こうした議論を引きつけてみせる。

ミシェル・フーコーの著作は、多くの点で、〈帝国〉型支配の本質的機能を検討する地平を準備した〔……〕。資本蓄積の第一段階全体が、この〔規律訓練―引用者〕権力パラダイムのもとで行われたということもできるだろう〔……〕。管理社会とは、次のような社会として理解されるべきだ。命令系統がこれまで以上に「民主的」となり、社会的領野に対して、これまで以上に内在的となり、市民の脳と身体を通して伝達されていく（近代の遠端で発展し、ポスト近代へと通じる）社会である。[*4]

管理社会では、規律訓練社会が基盤とする規範化作用は、以前よりも強くはたらいている。けれども新たな管理は、学校や工場、家庭といった、施設や制度を媒介とする以上に、社会の隅々にまで、ネットワーク的に作用する。こうして〈帝国〉の生権力は、グローバル化する管理社会として捉えられ、〈生政治〉は、生に対する管理への抵抗として構想される。しかしこうした論理展開は、ネグリ固有の読解である。管理社会を、規律訓練社会の全面化と質的変容として定義すること一つを取っても、他の二人との論の違いは明らかだ。[*5]

こうした一連の概念規定について、フーコーの見解を確認しておきたい。フーコーには「管理」なる概念はない。それに近いものは『安全・領土・人口』で大きく扱われる〈安全《セキュリティ》〉だ。この安全とは、権力メカニズムに関する、三つ目の分析概念である。『監獄の誕生』までに提出されたメカニズムとは、懲罰や法による抑止で問題解決を行う〈法－主権〉型と、技術を用いて現象の根絶を目指す〈規律訓練〉型であった。法や規律訓練のメカニズムは、過酷な身体刑の行使や、身体への執ような訓練、詳細な時間割の作成などをとおして、個人に介入し、ある種の行動や現象を根絶、規制または奨励する。他方で安全型のメカニズムは、こうした努力を放棄し、現象の制御を目的とするところに特徴がある。

> 非常に包括的な言い方をすれば、安全装置によって、第一に、当該の現象（つまり盗み）が蓋然的な出来事の系列のなかに組み込みまれます。第二に、この現象に対する権力の反応が、ある種の計算に組み込まれる。コスト計算のことです。そして最後に第三に、許可と禁止の二分法の代わりに、最適とみなされた平均値が定められ、次に超えてはならない許容限度が設定されるのです。[*6]

フーコーの挙げる例に従えば、伝染病に対して、病人の排除（ハンセン病の場合）や隔離（ペストの場合）を行うのは、法的あるいは規律訓練的発想である。他方で安全は、伝染病の発生自体を不可避と捉え、ワクチン接種（天然痘の場合）などの公衆衛生的な手法で、疾病の蔓延を防ぐ。安全型メカニズムは、リスク・コントロールの発想に基づくのだ。安全装置は、個人ではなく「環境」に介入する。こうした発想は、近代生物学と結びつき、人を生物学的対象（種としてのヒト）として扱う、管理メカニズムとなる。[*7] この観点は、序章で見たように生政治概念が論じられる、『知への意志』や『社会は防衛しなければならない』にすでに登場していた。[*8] 刊行された資料で確認できる範囲での、この語の初出は、一九七四年一〇月のリオ・デ・ジャネイロでの連続講義の第二回「社会医学の誕生」だ。一九世紀には、疾病や健康と、社会的要因との関係を扱う分野が発達した。フーコーはこれを、身体への介入によって、個人を「社会化」するプロセスの一環として捉える。

一八世紀末から一九世紀初頭に発展した資本主義は、まず身体という主たる対象を、生産力と労働力の面から社会化した。社会による個人管理は、意識やイデオロギーだけではなく、身体内部で、また身体をとおしても行われるのです。資本主義社会には、何より生政治が重要となる。生物学的なもの、身体的なもの、肉体的なものこそが重要なのです。身体とは、生政治的現実です。医学とは、生政治という戦略なのです。[*9]

「生政治」の「生」とは、生物学的な存在として把握された、ヒトの身体の生である。生気論的な生を指すのではない。

加えて注意すべきなのは、生政治や安全が、キータームとして登場したとはいえ、じっさいの疫病対策において、ワクチン接種と防疫が同時に行われるように、現実には、複数の権力装置が同時に作動していることだ。法・規律・安全の三者が、全体として、社会管理のメカニズムを形成する。フーコーは統治に関して、主権の問題が消滅したとは言わないのはこのためだ。たとえば政治経済学が、一八世紀に領域国家の統治術として姿を現す際に抱えた問題とは、主権から統治術を導き出すことではなかった。問題は、統治術をうまく駆動させるために、どう主権を位置づけるかにあった。主権が基礎づける体制から、統治が基礎づける体制への移行である。

人口・領土・富のあいだの関係からなる、連続的で多様なネットワークを捉えることで、構成されるものこそ、まさに「政治経済学」と呼ばれる学であり、統治に特徴的なタイプの介入なのです〔……〕。主権構造に支配される体制から、統治術に支配される体制への移行が、一八世紀に人口をめぐって――したがって、政治経済学の誕生をめぐって――なされています。[*10]

だが、その移行の過程では、法的・制度的枠組としての主権を、統治の内部に組みこまなければならない。契約説が直面する問題とは、主権をいかに構成するかではなくて、法と主権にかかわる概念との関係で、近代国家の統治術をいかに位置づけるのかなのだ。

〔『社会契約論』での問題とは―引用者〕どのようにして、〈自然〉〈契約〉〈一般意志〉といった概念を用いて、統治の一般原理（主権という法的原理と、統治術を定義し、特徴づけることのできる諸要素とを、一挙にもたらしてくれるような原理）を生み出すことができるか、なのです。つまり主権は、新たな統治術――政治学への敷居を乗り越えた統治術――が出現したからといって、抹消されたわけではまったくない。主権をめぐる問題は抹消されたわけではない。それどころか、この問題は、かつてないほど先鋭化されたのです。[*11]

ルソー自身は『社会契約論』（第二編第四章）で、国家を法的人格を有する生命体になぞらえ、その自己保存を至上命題とする。このとき国家に課せられた任務は、己の構成要素を最も適切なかたちで動かし、配分することだ。ルソーの時代になると、統治の目的は、君主の利害や公共善の実現ではすでになかった。マキャベリをめぐる論争から国家理性論の展開、そして初期近代の行政国家の発達を経て、統治の目的は再定義された。いまやその目的とは、国家の必要を満たすことであり、国家の生存のために、物的資源と人的資源を最大限開発することである。[*12] 主権の問題が、統治の問題によって乗り越えられるわけではない。統治術が、主権の問題から自律し、主権の行使と区別されるようになるからこそ、主権があらためて問題となるのだ。

したがってフーコーは、主権・規律訓練・安全という三つのパラダイムについて、社会形態と権力装置が一意対応するという観点にも、社会形態の漸進的な移行という観点にも立たない。関心の中心は、三つが並存する権力メカニズムの特徴、ならびに相互関係の分析にあるからだ。「主権社会の代わりに、規律社会が出てきたとか、規律社会の代わりに統治社会というようなものが登場した、などと事態を解釈してはならない。じっさい、ここにあるのは、主権・規律・統治的管理という三角形」というわけだ。[*13] さらに言えば、これらの権力装置は、いわば中身のない容器であり、特定の真理体制（権力と主体との関係で、真理＝知を生産するメカニズムのこと）と結びつくことによって作動する。

政治経済学に関するフーコーの議論や、自由主義観と統治論との関係については、次章で検討するとして、以下では統治一般の問題系の核となる〈導き〉の概念が姿を現す過程を、『知への意志』での性の科学とエロスの技法をめぐる議論をとおして考察する。

## 2　性の科学とエロスの技法――二つの真理モデルと二つの主体化

『知への意志』第三章「性の科学」では、近代的な「生産する」権力装置の成立過程が、セクシュアリティを軸に検討されている。フーコーは一九七〇年代前半から、一九世紀以降の西洋での権力の特徴が、キリスト教の告解技術と近代的な学知が接合する点にあることを、繰り返し指摘している。じじつ、同書刊行直前のコレージュ・ド・フランス講義『異常者たち』の大きなねらいは、医学による宗教的な告解技術の領有の歩みと、社会管理の技術としての精神医学の確立過程とを示すことだった。[*14] 精神医学は『監獄の誕生』で詳細に検討された、規律訓練メカニズムの一部として機能する。個人の行動を規定すると同時に、その挙動についての詳細なデータを収集するのだ。この二重のはたらき、いわば「世俗化[*15]」された告解が、近代的個人を生産する。

セクシュアリティに働きかける〈権力－知〉の作用の呼び名は、ここで〈性の科学〉と呼ばれる。その対概念が〈エロスの技法〉だ。後者は、「もう一つの真理の生産方法」と規定される。[*16]〈性の科学〉と〈エロス（恋）の技法〉は、権力と抵抗のアナロジーにも見えるが、過去の研究ではあまり関心が払われてこなかった。性の科学への言及は決して少なくない反面、エロスの技法はほとんど取り上げられることがない。たしかにエロスの技法に関する記述は、量的に限られてはいる。だがより大きく影を落としているのは、第1章でも触れた「行き詰まり」論の存在だろう。権力論に限界を感じたフーコーは、西洋キリスト教「文明」の外部に抵抗を求めた結果、キリスト教西洋、非（前）キリスト教西洋、あるいは東洋対西洋という二項対立に接近したという見立てである。

とはいえ、フーコーの非西洋近代に関する議論を「オリエンタリズム」と断定するのも性急だろう。エロスの技法とは、非キリスト教社会（たとえば古代ギリシア・ローマや東洋世界）における、セクシュアリティと真理との関係性を示す概念である。だが『快楽の活用』の序文にもあるように、フーコーが古代ギリシア・ローマからヘレニズム期にかけての社会や哲学を論じた目的は、古代の道徳哲学と初期キリスト教倫理とのあいだの「直接的な借用や固い結びつき」を示すためだった[*17]。フーコーは西洋近代を歴史的に相対化して見せたがために、かえって西洋近代の「実体化」を招いてしまい、非西洋の近代世界を、異質で均質な「文化」と描くことにつながったのではないか、との批判は踏まえておく必要がある[*18]。けれども他方で、性の科学とエロスの技法を権力と抵抗の二項対立に当てはめると、主要な論点を逃してしまうことになる。なぜなら、性の科学とエロスの技法は、歴史上に存在する「性についての真理を生み出す二つの大きなプロセス」と定義されるにもかかわらず、相互に異質なものとも見なされてはいないからだ。では、ここからどのような「真理」と主体のモデルが生じるのか。性の科学から検討しよう。

〈性の科学〉とは個々人の秘密を告白させ、記録する技術と知の複合体を指す。この「科学」は、キリスト教の告解実践の制度化に始まり、一九世紀後半の精神医学の確立を経て、二〇世紀の精神分析に至る、臣従化のプロセスと呼んでもいいだろう。その中心に位置する告白レジームの役割は、フーコーによれば次のようなものだ。

> 少なくとも中世以来、西洋社会では、告解というものを、そこから真理の生産が期待される主要な儀礼の一つに位置づけてきた〔……〕。これらすべて〔キリスト教の告解技術の整備や、司法の場での真理と有罪無罪の判定との関係の変化─引用者〕の存在も手伝って、世俗的ならびに宗教的権力の次元で、告白には〔真理の生産に関して─引用者〕中心的な役割が与えられてきた。そもそも「告白」という語、ならびにこの語が指し示してきた法的機能の変遷は、それ自体特徴的である。他者によってある人間に与えられる、地位、身分、価値の保証としての「告白」から、ある人間による自分自身の行為や考えの認知としての「告白」へと移ったのである〔……〕。真実を告白することが、権力による個人の形成過程の中心となったのだ。[*19]

性の科学は「真実を生産する二つの様式、すなわち告解の手続きと科学的言説のあり方との結びつき」として成立し、機能する。このためその作用は、己の性に関する真実を明かす「個人的な」行為の次元にとどまらない。影響範囲は「司法、医学、教育、家族関係や恋愛へと、最も卑近な次元から、最も厳かな儀礼に至るまで」及んでいく。[*20] 西洋人は「告白する生き物」であり、西洋社会は「告白する社会」へと変貌する。自己についての真理は、世俗化された告解実践によって、「科学的」に生産される。

ここでの「真理」とは、超越論的な、あるいは普遍的かつ価値中立に存在する、認識や知のことではない。権力関係や対立の結果によって生じる、限定的で状況的なものだ。たとえば、一九七三年五月下句にリオ・デ・ジャネイロで行われた連続講演「真理と裁判形態」の前半では、「あるタイプの認識主体、ある種の真理秩序、ある種の知の領域が存在するには、主体と知の諸領域、真理のあいだの関係が形成される土台となる、政治的条件がまず求められる」[*21]という表現が見られる。認識主体は、把握されるべき真理と客観的な関係にはない。それが依拠する知の枠組みは、権力と知の関係によって決まるからだ。ある言説を、イデオロギーと真理とに振り分けるような「科学」も存在しない。とはいえ、こうした議論のねらいは、真理をめぐる相対主義的な視点を導入することではない。真理とされるものが、争いのなかで決定されるとの論点を強調することにある。翌七四年度の講義『精神医学の権力』では、そうした真理のあり方が「出来事としての真理」として、いわゆる科学的な知見に基づく「論証に基づく真理」と対比されている。後者が主体と客体とのあいだの認識的関係によるのに対し、前者は「雷ないし稲妻の次元に関する関係〔……〕、支配と勝利の関係であり、したがって、認識の関係ではなく、権力の関係」とされる。[*22]また一九七五‐七六年度講義『社会は防衛しなければならない』では、同じ見解が戦争の図式として提示されてもいた。[*23]

このような真理観に基づく「性の科学」に関する議論には、権力論内部での展開が見てとれる。『監獄の誕生』と『知への意志』の議論の連続と発展である。フーコーの「行き詰まり」に触れたドゥルーズ本人が指摘するように、『知への意志』を中心とした議論の大きな特徴は、権力には規律訓練装置の規範化作用[*24]だけでなく、主体についての真理を生産する作用がある、と論じた点にあった。[*25]個人は告解実践の世俗化により、キリスト教聖職者だけでなく、世俗の専門家（精神医学者など）に対し、己の行動や考えをくまなく話すことが求められる。この実践を通じて生産される真理は、二重の作用をもたらす。

個人は自己の内面や行動を語る行為によって、己についての真実を「発見」する。他方で、今度はその「真実」が、科学的言説により、個人の社会的地位や行動に関する詳細なデータに加工される。専門家や行政の手で集積、分析されることで、社会管理の主要な手段として用いられるのだ。性の科学が参照する真理モデルでは、個人は真理生産の主体であり、かつ管理の客体として把握される。

　ではエロスの技法は、どのような意味で、性についての真理の「もう一つのあり方」と呼ばれるのか。その特徴は、「真理」は、個人が己のうちに探し求めるものではなく、自分より上位にある他者からもたらされる点にある。真理は「人が実践をとおして知り、経験的に集めた快楽そのものから引き出される」[*26]のだ。それゆえ真理は、師から弟子へと伝授される「秘技」として、体得した者に変容をもたらす。ここで念頭に置かれていたのは、教育《パイディア》と恋《エロス》の働きであることは想像に難くない。じっさい、フーコーは古代ギリシアと現代を対比的に論じている。

> ギリシアでは、真理と性とが結ばれていたのは、教育においてであり、貴重な知を身体から身体へと伝承することによってであった。性は知識の伝授を支える役割を果たしていたのである。現代の我々にとっては、真理と性とが結ばれているのは、まさに告白においてであり、個人の秘密を義務として包み隠さず表すことによってである。[*27]

もしフーコーが記述をこの点に集中していれば「エロス」の語が性行為にのみ関わるものだと理解さ

れることはなかったはずだ。しかし、彼はこの語を用いて「日本、中国、インド、ローマ、アラブ・イスラーム社会」といった「エロスの技法を備えた社会」を、「性の科学を実践しているおそらく唯一の文明」としてのキリスト教西洋と対比させてしまう。[*28]つまりプラトン的なエロス（恋）と教育から、性行為をとおした「東洋」的なエロスへと橋を渡し、キリスト教の〈欲望〉の倫理を、非西洋に偏在する〈快楽〉の倫理で包囲しようとする。しかしこれはいささか大風呂敷に過ぎた。後に本人が「倫理の系譜学」（一九八二年）で認めるように、西洋の負荷の掛かった語彙によって、それ以外の文化を一度に語ろうとすることには、当然ながら無理があった。[*29]なお『知への意志』との脈絡で、エロスの技法にフーコーが言及した機会はこの他に二度しかない。このインタヴューはその一つである。

フーコーがここで批判しているのは、快楽を性行為中心に捉える発想そのものであった。この点で、エロスの技法に言及したもう一つのインタヴュー「性と政治を語る」（一九七八年）での渡辺守章とのやりとりは興味深い。[*30]フーコーも二回観たという大島渚の『愛のコリーダ』の話題を枕にしながら、渡辺は『知への意志』の内容と現代日本の風俗とを関連づけて、現代社会ではエロスの技法と性の科学の分別がたいへん難しくなっていると水を向ける。するとフーコーは、日本の話題には反応せずに、オルガスムを快楽の唯一の指標とするライヒのような立場を「性のエセ科学」と呼び、こうした「〈性の科学〉とは、〈エロスの技法〉のとても未発達な一要素」と批判するのだ。

話はその後、フーコーが体験したばかりの禅と身体といった、それだけを取り出せばオリエンタリズム風のテーマに向かうが、理論的な関心は最後まで快楽と身体の関係へと向けられていた。途中でフーコーは言う。「『欲望の解放』という性解放運動のスローガンには、説得力がないだけでなく、いささか危険であるようにも思われます。ここで解放しようとする欲望とは、セクシュアリティの構成要素のひとつにすぎませんし、カトリック教会の規律と良心の導きの技法から、肉欲というかたちで、他のものと区別されてきたものにほかならないからです」[*31]。快楽の「脱欲望化」とも表現できる態度ではないだろうか。欲望という言葉が単純に退けられているのではなく、快楽を精神分析的な欲望との関係で扱うことが批判されているからだ。エロスの技法に関するこうした議論から伺えるように、この言葉で示唆される「快楽」とは、古代ギリシアのエロスの実践がそうであったように、エロス的な関係による、自己自身の変容で得られる「真理」と結びついたものなのだ。

## 3　エロスの技法と自己の主体化

真理をとおした自己の主体化をめぐる議論は、一九七〇年代末に本格化する。議論の対象が古代ギリシア・ローマへと移動するのも、この時期だった。このときも問題の中心となるのは、真理と主体に関する二つの関係性、二つの真理概念のありようだ。自己についての真理と、自己を変革する真理――一九八一年-八二年度講義『主体の解釈学』は冒頭からこの問いを取り上げる。そして一般的な理解とは対照的に、当時の社会にあっては、「汝自身を知れ」というデルポイの神殿に掲げられた警句よりも、あまり知られていない「自己への配慮」という命題の方が倫理的な態度としては根源的なものであると主張する。[*32] フーコーは汝自身を知れと自己への配慮という二つの命題に、異なるタイプの真理と「哲学[*33]」とを認める。その区別は、前節で述べた〈性の科学〉と〈エロスの技法〉の区別の基準となる、真理モデルの分割とよく似ている。真理の獲得が主体の変容を条件とするか否かが分かれ目になるからだ。「汝自身を知れ」すなわち自己認識が前提とする真理とは、近代科学が想定する客観的認識を指す。一定の手続きに従えば、誰でも真理に到達できるのだから、主体の変容は不要である。一方で「自己への配慮」の真理とは、魂に安らぎをもたらすものと真理を捉えたうえで、主体の自己変容を真理到達の条件とする。例として取り上げられるのは、古代ギリシア・ローマやヘレニズム期の哲学諸派、初期キリスト教、キリスト教神秘主義などに見られる自己修養の実践と教義だ。フーコーは、自己への配慮がもたらす「真理」を軸とする哲学的言説を〈霊性〉と呼ぶとともに、その特徴として、エロスとアスケーシス（鍛錬、修養）によって、主体自身に己を高める運動を要求する点を挙げる。[*34]ここでエロスとは、師が弟子を真理へといざない、導いていく一連の働きかけのことだ。[*35]

もっとも、こうしたフーコーの古代倫理の真理観には、個人化の側面を強調しすぎとの批判がある。ディヴィッドソンも指摘するように、コレージュ・ド・フランスでのフーコーの同僚で、新プラトン主義の著名な研究者であるアドは、このような「真理」の体得を目的とした古代哲学の〈自己の技法（技術[*36]）〉に関して、フーコーの解釈の方向性に留保を付す。自己の技法とは、己を普遍的なものへと導く実践のことでもある。しかし、フーコーはこの点を軽視する一方で、個人化の側面を強調する。このため議論が「美学的」に過ぎていると批判するのだ。[*37]この批判は、アドが発言した一九八九年当時の文脈を踏まえれば妥当なものだろう。じじつ、フーコーの言う「倫理」については、〈生の美学〉という表現に注目が集まり、個人主義的で非社会的な実践として解される傾向があったからだ。だが、普遍的なものとの関わりに力点を置くこともまた、図式的に言えば、キリスト教的な倫理、すなわち〔フーコーにとっては〕告白を軸とした自己認識型主体化作用と、自己への配慮を軸とした、古代哲学の自己の主体化との連続性を強調することにならないだろうか。

この点についてフーコーは、インタヴュー「道徳の回帰」〔一九八四年〕で、古代の倫理は一般化と個別化の要請に同時に応えようとしたがゆえに、キリスト教的な普遍化の倫理へと流れ着いてしまったのではないかと語る[*38]。

古代ギリシア人はすぐに、私に言わせれば、古代の道徳が抱える矛盾にぶつかりました。ある生のスタイル〔＝生き方〕を執拗に探し求める一方で、そのスタイルを皆に共通のものとしようとしたからです。そのスタイルとは、ギリシア人がセネカやエピクテトスを、おそらく多少なりとも曖昧なかたちで参照しながら、接近したにもかかわらず、宗教的なスタイルの内部にしか、十全なかたちで実現できる場が見いだせたなかったものでした。

古代ギリシアでは「スタイル」をめぐる問いは、ある程度の地位にある自由人の成人男性に限っての関心事だった。こうした人々は己の社会的ステータスにふさわしく振る舞わなければ、その地位に適した人物とはみなされなかったからだ。しかしこの命題は、一般化と同時に自己矛盾におちいる。社会の流動性が強まり、人格の固有性や社会的地位と、スタイルとの結びつきが弱くなったとき、「スタイル」は、自分と他人との表面的な違いを示す、曖昧な目印程度のものに変わる。こうした状況から、自己と他者の違いを自己の内面に求める、「汝自身を知れ」という命題への距離はきわめて近い。「汝自身を知れ」と「自己への配慮」との線引きはそれほどはっきりしてもいない。主体化をめぐる普遍化と個別化という二つの軸は、二元論的というよりも、表裏一体の関係にあるからだ。

古代ギリシアのエロスの技法もまた、エリート間に限られた実践だった。とはいえ、当時の社会にとって問題がないわけではなかった。これをフーコーが論じたのは『快楽の活用』第四章「恋愛観」と第五章「真の恋」から『自己への配慮』第六章「少年」へと続く、古代世界の少年愛とエロスに関する箇所である。[*39] 当時の少年愛と少年の身体的な快楽とのあいだには、特有のジレンマがあった。ギリシアの少年愛は、教育実践や哲学教育と密接に結びついていると考えられてきたが、性行為での受動的な快楽を味わうことは禁じられていた。自由人男性が、他者の支配を受け入れることになってしまうからだ。[*40] この問題は、未成年者は他者を支配する立場にはないことを理由として、さらにまた、将来的には支配する側に立つことを担保として、正当化されていた。

『知への意志』の主題は、権力の抑圧仮説への批判だった。この点に大きな制約を受けたことが、エロスの技法の真理モデルに見られる、快楽やエロスという語の曖昧な用い方に反映されていることは否めない。とはいうものの、他方でフーコーが、エロスの技法という表現をとおして、後の自己への配慮の問題系につながる真理モデルを構想しつつあったことは見逃すべきでない。フーコーは「倫理の系譜学」において、『知への意志』で古代ギリシア・ローマを取り上げる際には、〈エロスの技法〉でなく〈生の技法〉という表現を使うべきだったと述べている。[*41] 後年の議論から振り返ってみれば、『知への意志』でのエロスの技法論には、自分より知識を持つ者との関係をとおして（主体の側の自己変容を伴って）

獲得される知を指す、「自己への配慮」型の真理モデルが萌芽的に姿を見せている、と言えるだろう。これに対して「性の科学」の真理とは「汝自身を知れ」のモデルだと言ってよい。そこで取り出される「真理」とは、キリスト教の告解形式を母体として、真理を語る側が自己の内面に生み出す「秘密」やデータを指すからだ。近代人は性の科学のもとで、「告白に基づく真理によって」主体となり、「快楽をもたらす知的秘儀や、そのための技法、神秘体験から最も遠いところ」に至る。[*42]

標準的な解釈では、性の科学とエロスの技法は対立する概念だと受け止められている。たとえばドレイファス＝ラビノーは、エロスの技法を取り上げたフーコーについて「性への関心が、自己の技術と権力関係とにつねに囚われていると主張してはいない」というものの、最終的には「西洋は性の科学というもう片方の道を歩む」のだとまとめる。[*43] なるほど、『知への意志』の構成からもそうした図式がうかがえよう。第三章「性の科学」での議論は、続く第四章「セクシュアリティの装置」で、非抑圧仮説に基づく権力分析へと展開する。ここでも焦点は「言説、知、快楽と権力の微細なネットワークの作動」や「奔放な性を事物と身体の表面に拡散させるプロセス」に絞られている。[*44]

しかし、最終章である第五章「死の権利と生への権力」では、生権力と抵抗の議論が交錯し、「セクシュアリティの装置への反撃の拠点は、性－欲望ではなく、身体と快楽でなければならない[*45]」という見解が唐突に表明されている。こうした欲望と快楽、セクシュアリティ、あるいは肉欲と身体が対比される『知への意志』の結論部から見ると、〈性の科学〉対〈エロスの技法〉の構図もまた、権力と抵抗の構図に接近しているようだ。一方には、性の科学と結びつく規律訓練権力の臣従化があり、他方には、エロスの技法と快楽、自己のテクノロジーによる主体化があるようにも思える。だがフーコーは、両者を二元論的にではなく、一元的な関係として把握する。性の科学とエロスの技法を、二元的な真理と主体のモデルと捉えるのは性急であろう。

## 4　規律訓練権力論から〈導き〉へ

一九八〇年代のフーコーは統治を「自己と他者の統治」と定義する。権力論と主体論を一元的に論じる統治論を支えるのは、この意味で捉えられた統治概念だ。しかし統治概念は、当初「他者の統治」として規定されていたため、統治論の成立には、自己の統治が統治概念に読み込まれ、固有のパースペクティブとして確立されることが必要だった。自己の統治についての議論は次章以降に譲るとして、ここでは統治と導きが「他者の統治」の意味で捉えられる過程を見ておきたい。

一九七〇年代前半の統治概念は、主にキリスト教と精神医学の二側面から把握されていた。この点については『精神医学の権力』と『異常者たち』が参考になる。『知への意志』に通じる七〇年代半ばの講義では、一九世紀における精神医学の展開とは、「狂気」を治療する医学の一分野の発展ではなく、行動や精神の異常や障害、逸脱を規定し、それらを判断する、社会管理の装置として確立するプロセスであると論じられていた。ところで本章の冒頭で触れたように、安全型権力装置は、規律訓練型権力装置の「次」のメカニズムだという理解が支配的である。この見解からすれば意外なことかもしれないが、統治と導きは、規律訓練権力の原型であり、その実践の一形態として提示されている。この点について、キリスト教と精神医学の関係はどのように提示されていたのだろうか。

『精神医学の権力』には、中世の宗教共同体に、規律訓練装置の発端を求める箇所がある。例として取り上げられるのは、共同生活兄弟会だ。設立者であるフローテは、一四世紀の信仰革新運動の中心人物として知られる。時間割や年齢別学級の編成、軍隊モデルといった一連の身体統制の技術が宗教共同体で確立され、教育施設や作業場をとおして世俗化した過程については、『監獄の誕生』（第三部第一章「従順な身体」）に同様の記述がある。[*46] ここで注目したいのは、同会のある特徴にフーコーが示した関心だ。この共同体には、各人が禁欲的な修養に励む際には、つねに指導役による霊的な導きを得るべし、というルールが存在した。[*47] 霊的修養に大きな役割を果たすのは、「講義」という一方通行型の知の伝達形式ではなく、「導き（＝指導）」という形式に表われる、個々への配慮なのだという新たな発想が、ここには顔を出している。この「絶えざる導き」という発想こそが、時代を大きく隔てた一九世紀後半に「宗教実践に関わる諸々の含意」を備えつつ、精神医学によって取り上げられる。規律訓練権力メカニズムの典型としての精神医学の中心的な理念もまた〈導き〉にほかならない。

精神医学の権力のはたらきに一番ぴったりな語〔……〕とは〈導き〉〔指導・監督 direction〕という用語なのです。この概念については、その来歴を明らかにする必要があるでしょう、というのはこの概念は、精神医学に由来するのではまったくないからです。この語は、一九世紀には宗教実践にまつわる、一通りの含意を持っていました。〈魂の導き〉〔良心の指導＝監督〕は、一九世紀に先立つ三－四世紀のあいだずっと、技術と対象の全体的な領域を定めていました。[*48]

精神医学者の導きとは、自らを中心とした院内の秩序を「現実」として被収容者に強い、従属させることである。宗教共同体で霊的修養に専心する若者への指導役が、若者から決して目を離さなかったように、精神医学者もまた「病院の機能と個人を統率する人物」として、被収容者から決して目を離さない。一九世紀フランスの代表的な精神医学者エスキロールによれば、当時の精神病院とは「狂気の支配者」たる医師が狂気と対決し、対立と闘争、支配のプロセスが展開する場である。[*49] たしかに『精神医学の権力』では、まだ〈統治〉の語が用いられていない。それに、宗教的実践と精神医学とでは、導きの目的も異なる。だが理念型としての「他者の導き」が、キリスト教の霊的実践から精神医学へと移行した点に注目すれば、フーコーがこの語を、実践的な意味において、規律訓練との関係で捉えていることがわかる。

では、中世の宗教共同体と近代の精神医学とのあいだの、数百年の隔たりをつなぐものは何か。それが『異常者たち』以降で扱われる司牧神学 pastorale の制度化の動きである。司牧神学は、神学生の教育とともに、聖職者が教会内外で担う日常的な活動内容をも規定する、実践神学の一分野である。そして一六世紀半ばのトリエント公会議以降に、カトリック教会と神学者によって整備された。このなかでは司牧としての聖職者にとって告解聴取が主要な役割であることはもちろんだが、魂の導きも役割の一つに数え上げられている。フーコーは司牧神学を「魂の統治技術」と形容する。エリート養成機関としての神学校に実践が事実上留まっていたとはいえ、その内容が実践的なものであることに注目するからだ。[*50]
聖職者は良心の指導役ないし導き手として、信徒の救済を実現するために、告解聴取や良心の究明をとおして、個々の内面を仔細に把握する役目を担うと定められていた。[*51]

このことは、悪魔憑き（憑依）という概念が次第に肥大化していく過程を扱った『異常者たち』での記述と結びつく。[*52]魔女と悪魔憑きは、一五世紀末以降にキリスト教の内部で取り上げられる現象であるが、二つには大きな違いがあるとフーコーは言う。魔女はキリスト教化の進んでいない地方部で、望ましくないキリスト教徒の女性を魔女に仕立て、異端審問を行うというプロセスを踏む。しかし、悪魔憑きは、都会に住む信仰熱心で位の高い修道女の身に起きる。告解を熱心に実践し、教会による魂の新たな導きの実践に忠実な女性たちに、悪魔憑きは発生するのだ。

魔女狩りはキリスト教の外的な境界に現れますが、悪魔憑きはその中枢に現れます。キリスト教が権力と管理のメカニズムをたたき込む地点、言語化の義務をたたき込む地点、すなわち個人の身体のうちに現れるのです。キリスト教が、個人化を行う義務化された管理と言語化のメカニズムを機能させようとするまさにそのときに、悪魔憑きが出現するのです。[*53]

魔女の身体とは、悪魔との契約によって魔力を授かると同時に、何らかの身体的特徴（たとえばあざ）を帯びている。しかし、憑依された女性の身体には、本人や悪魔、エクソシスト、司祭といった複数の人物の意思が交錯する。これは「詳細に把握された新しい身体、常に動揺し痙攣する新しい身体、さまざまなたたかいの逸話を目にすることのできる身体、消化し、はき出す身体、飲み込み、拒否する身体」として「生理学的－神学的な劇場」を構成する。[*54]

こうした悪魔憑きの身体をフーコーは、告解と良心の導きという、セクシュアリティの新たな管理に対する、個人の身体のレベルでの抵抗とみなす。これをフーコーが「抵抗」と呼ぶのは、教会の側に対して、痙攣を回避しながら告解を実践させるという課題を突きつけるからだ。こうした抵抗の一つには、医学的な知に接近することで、痙攣という現象を、告解の枠組から完全に外すというもくろみがあった。キリスト教の文脈では、痙攣の原因は、信者の細部に存在する色欲が統御できないことにある。だが一九世紀精神医学は、この同じ現象を、自動的で不随意な「発作」と定義する。痙攣は、信仰と身体という宗教的・神学的な問題設定を離れて、本能と身体という精神医学的・生理学的な問題設定のなかに移される。フーコーにとってこの事態とは、「痙攣が狂気の原型そのものとなる」ことだ。[*55] 当時の精神医学は、それまでとは異なり、妄想や痴呆ではなく、「本能」というずっと広いものの混乱や、規則からの逸脱として、異常性や異常行動を捉え直す。[*56] このプロセスと、痙攣の病理化が歩調を合わせることで、キリスト教における告解と導きの問題が、世俗的な社会管理の問題へと通じていく。

この議論は『知への意志』での告解と司牧に関する記述に直接つながる。一七世紀の司牧神学とサドの文学、そして英国のヴィクトリア朝時代に出版された性遍歴の告白小説は、セクシュアリティについてすべてを語るよう仕向ける点で連続しているという、性に関する抑圧仮説への批判だ。

> すべてを語ることだ、と精神の指導に携わる者は繰り返す。「単に実行された行動だけでなく、官能を刺激する触れ合い、すべての不純な眼差し、すべての猥雑な言葉を……進んで受け入れてしまった想念のすべてを」と。サドは、精神指導の手引きから引き写したような言葉遣いで、ふたたび

その要請を主張する〔……〕。そして一九世紀末の『我が秘密の生涯』の匿名の著者も、相変わらず同じ要請に従っていた〔……〕。／彼の女王陛下〔ヴィクトリア女王―引用者〕よりもこの正体不明の英国人の方が、その重要な部分が、キリスト教司牧神学によってすでに作られていた近代のセクシュアリティというものの歴史にとって、中心的な人物となりうるだろう。[*57]

他方でフーコーは、この時期の司牧神学が、罪としての肉欲の問題を、自慰をとおして問題化したことを取り上げる。ここにもまた、キリスト教に代わって精神医学が、セクシュアリティを管理する学問として登場する歴史のはじまりがある。[*58]『異常者たち』での叙述も、統治と導きの問題の発端を、司牧神学の形成に求め、規律権力の起源と見なしているのだ。こうして司牧神学の主題は、規律訓練の原型として、他者の統治あるいは性の科学に接続される。

## 5　性の科学とエロスの技法の不可分性から統治概念へ

性の科学の提出する告解モデルは、司牧権力論と生政治論の要に位置づけられるだけでなく、西洋社会が「片方の道を歩む」プロセスを担っている。他方「もう一つの道」としてのエロスの技法のモデルは、生と快楽が政治の舞台に登場することをとおして「美学的な」自己への配慮としての主体化へと連なるように見える。だとすれば、性の科学とエロスの技法もまた、権力と抵抗の「二元論」なのか。そうではない。なぜなら両者はともに、〈導き〉あるいは〈統治〉の構図のもとにあるからだ。フーコーは、性の科学とエロスの技法に対比的な関係があることそのものは、「おそらくそうかもしれない」と認める。だが続けてこのように言う。

エロスの技法が西洋文明から消え去ってしまったわけではないことに留意すべきだ。性の科学を作り出そうとしてきた動きのなかで、この技法がつねに不在だったわけではない。キリスト教の告解のなかに、しかしとりわけ良心の導きと究明のなかに、霊的結合と神の愛とを求めるプロセスに、エロスの技法に属する一連の手続きがあった。[*59]

性に関する二つの真理の語り方とは、キリスト教化された西洋とその外部の二項間に別々に存在しているのではない。西洋の経験につねに孕まれているのだ。だがそれだけではない。フーコーは、一九世紀以降の性の科学は「少なくともある部分については、エロスの技法として機能しているのではないかと問うべきだ」とさえ主張する。[*60]

なぜか。それは性の科学の権力は、内面についての真理を語る側が感じる、「新たな快楽」に根拠を置くからだ。フーコーは後年、同性愛について「問題とすべきなのは、自らの性に関する真理を己のうちに発見することではなく、むしろ多様な関係をつくりだすために、己のセクシュアリティをこれから用いることなのです」とも述べる。[*61]性と自己との関係が、こうした意味での「快楽」や、アイデンティティの探求を通した、自己の「発見」に留まるのであれば、抑圧と解放の図式から抜け出すことはできないからだ。

だが、こうした快楽の性格づけをめぐる議論は、どうしても「抵抗は権力に対して外部に位置することはない」という言明を想起させる。この権力と抵抗の議論を、性の科学とエロスの技法に引きつければ、両者のどちらかが根源的かという問いを避けることはできない。フーコーは次のように自問自答してもいる。

今日の性の科学とは、エロスの技法のとりわけ繊細な一形態にすぎないと結論づけるべきなのか。失われてしまったように思われるこの伝統の、西洋型の純化された形態なのか。それとも、これらの快楽はすべて性の科学の副産物、その無数の努力を保つ利潤にほかならないと考えるべきなのか。[*62]

この問いに答えは最後まで与えられない。フーコーにしてみれば、セクシュアリティに関する「解放」の言説や権力の抑圧仮説を退けるためには、両者の不可分なあり方を示唆すれば十分だということなのだろう。そしてそうした選択がまた、権力への抵抗の拠点として、快楽と身体を用いることができるという主張にも反映している。

エロスの技法は、はじめから自己変容を可能にする〈生の技法〉と呼ぶべきだったと、フーコーが考えるのは、この意味であろう。そしてこの点が〈欲望〉を権力の領土化プロセスに先行させるドゥルーズの議論との大きな隔たりでもある。[*63] とはいうものの、フーコーの問題設定に対して、欲望か快楽か、または権力か抵抗かという問いを読み込んでは、導きと統治の一元的な性格を見失うことにもなりかねない。エロスの技法には、なにより真理を生産するはたらきがある。そしてこれは、性の科学の権力、すなわちキリスト教と近代科学が結びついた〈権力‐知〉のあり方と結びつくこともある。なぜなら、エロスの技法とはある種の技術であり、〈統治〉に基礎づけられているからだ。

とはいえ、まさにこの点で、性の科学とエロスの技法の不可分性は〈統治〉の萌芽的な形態でしかありえない。なぜなら、統治の図式では、臣従化と主体化という二つのプロセスが、自己と他者の統治という一元的な枠組みで捉えられるからだ。これに対して、抵抗の拠点もまた権力関係のなかにあるという『知への意志』の見解は、「厳密に関係論的な」視点から、権力の生産性を捉えるだけだ。しかしながら、規範化と真理を語ることをとおした権力の生産性という考え方は、性の科学とエロスの技法という二つの真理の語り方を分節化する作業を経て、統治論のパースペクティブを切り開く契機となったのである。次章ではこの〈統治〉概念の展開を一九七〇年代末の講義を中心に考察する。

第3章

# 司牧権力の系譜学

## 新自由主義批判から自己と他者の統治へ

本章は、一九七七－七八年度のコレージュ・ド・フランス講義『安全・領土・人口』と、一九七八－七九年度講義『生政治の誕生』を対象とし、統治概念の一般的射程を明らかにする。両年の講義については、国家理性論から古典的自由主義、新自由主義へと至る、西洋近代の統治実践のあり方〈統治性〉を批判的に考察したものであると受け取られることが多い。他方で、序章でも触れたとおり、新自由主義批判の文脈で活かされている。こうしたかたちで七〇年代末以降のフーコーの議論が受容されることには、十分な理由と意義がある。しかし、後期フーコー思想を理解するうえで、両年の講義が持つ決定的な重要性とは、国家理性論の展開や新自由主義の起源を考察するフーコーが、〈司牧権力〉概念を用いて、導きと統治の構図を描き出す点にこそ認められる。それはまた、統治を真理と主体との関係として提示することでもあった。フーコーはこの講義で、八〇年代の議論の主題である統治概念の一般的な形態を展望するのだ。

『安全・領土・人口』は、講義題目と内容に大きなずれがある。フーコーは最初の数回の講義で〈安全〉概念を導入した後に、話を古代ギリシアに遡らせてしまう。なぜこうした回り道が生じたのか。翌年度の講義『生政治の誕生』の初回冒頭で述べられているように、統治性講義の目的は「政治的主権の行使としての人の統治」の意味での、統治技法の歴史を考察することだ。このとき「統治技法」とは、よりよい統治を目指して行われる、統治実践の合理化と反省のことを指す[*1]。しかしフーコーは、まず統治概念の成り立ちを明らかにする必要を感じていた。統治が今日のような国家運営や政府という意味を持ち、政治的な権力行使としての「人の統治」を指すようになったのは、近世以降のことだった。

欧州で主権国家体制が確立していく一七世紀以前の段階で、ある領域内に住む人々の動態を把握していた唯一の組織は、キリスト教会だった。フーコーはここで、教権から俗権への移行として、人の統治の意味合いの変化を説明する一方、歴史を遡って統治概念の系譜を探る。そしてギリシア・ローマ文化、古代オリエント、ユダヤ教にも神や預言者、王を牧者とし、大衆を家畜の群れと考える発想は頻繁に見られるが、キリスト教とは大きな違いがあったという。その分かれ目となるのが「人の統治」という観点である。したがって、キリスト教的な統治の最大の特徴とは、統治の対象を「人（魂＝信者）」とし、導き手である聖職者を、牧者になぞらえた点にある。*2 こうしてキリスト教という一つの宗教よりも深いレベルに存在する〈統治〉に、フーコーの関心が注がれる。このことが後のギリシア・ローマへの言及につながっていくわけだが、その点は第5章で論じるとして、フーコーがとらえる、キリスト教にとっての統治の意味づけを明らかにすることから始めたい。

## 1 司牧権力概念の確立

統治 gouvernement の語は、今日では政治構造そのもののことや、国家などの諸集団を政治権力の行使を介して維持運営することを指す。しかし、かつてこの語は、きわめて多義的な性格を持っていたことも、よく知られている。たとえば中世フランス語のgouvernerという単語は、身体的、空間的、物質的な意味を持つとともに、倫理的な意味も含んでいた。他人の魂を霊的に導くことや、身持ちのよしあしを指すことにも用いられれば、さまざまな対人関係を指すことにも用いられた。しかしこのいずれにも国家や領土、政治構造を統治するという意味はない。統治の対象は、個人または集団としての「人」である。ところが人を導くというこの考え方は、古代ギリシア・ローマには存在しなかった。対象をある目標へと導く技術は、オイディプス王が「船の舵取り」にたとえられるように、古代ギリシアでは操舵術のたとえで考えられていた。しかもナビゲートする対象は人ではなくポリスだった。[*3] フーコーはさらに続けて、「人の統治」がキリスト教に固有な発想だと主張する。その根拠であり発想の起源として、二つの事例が挙がる。古代オリエントでの初期キリスト教の司牧権力の組織化と、良心の導き、魂の霊的導きという行為だ。

ここでのポイントは、西洋近代の政治権力の起源が古代ギリシア・ローマではなく、オリエントにあるとする視点だ。啓蒙主義の古代ローマへの参照が、逆説含みであると論じた、『監獄の誕生』における議論の修正とも言える。政治的自由を与えることと、身体的な自由の統制は同時に生じるというのが、一九七五年時点での見立てだった。

ローマ型モデルが、啓蒙主義の時代には一般的なかたちで、二重の役割を果たしていたことを忘れてはいけない。すなわち共和主義的側面からすれば、自由の制度そのものであるが、軍事的側面からすれば、規律訓練の理想的図式だったということだ。[*4]

啓蒙主義は古代ローマを参照し、ポリスをモデルとしたブルジョワ的自由を志向すると同時に、軍隊をモデルにした諸制度（軍隊、学校など）の整備という、規律訓練型権力装置の基盤作りを進めることになったというわけだ。自由主義の通説である。だが、規律権力のキリスト教的な側面についての考察が深まるにつれて、西洋近代の権力がさまざまな要素の混合物であることに、あらためて注意が向けられる。

たとえば、フーコーはプラトンの著作、とりわけ『政治家』での議論を取り上げて、プラトン哲学が、司牧者モデルで王の役割を理解する、ピュタゴラス派的な議論に反対していることを指摘する。そして、古代ギリシア哲学が司牧的な発想を退けており、西洋政治思想の源流に司牧的な発想は存在していないと論ずる。[*5] プラトンはこの対話篇の終盤で、政治、すなわち王者に必要な技術を、羊飼いではなく織物工に引き寄せて理解する。政治とは「王者の持つべき知識が、その緻密な織り合わせの活動によって果たすべき、全体を堅く一つにまとまったものに仕上げていく作業」である。[*6] その活動とは、全体を世話するのではなく、軍隊の統率や裁判の進行、雄弁といった技術を使って「すべての人々を、調和と友愛に基づいた一つの共同体内にまとめ上げること」なのだ。[*7]

それでは、「人の統治」としての司牧権力論が、キリスト教に固有であるとは、具体的にはどのようなことなのか。[*8] 司牧権力が持つ三つの種別性との関わりで見ていこう。一つ目は、移動する集団を対象とし、かれらをどのように導くのかという問いにある。司牧権力的発想なるものは、古代オリエント全域に広く認められていた。この地域では、王や神、族長と人々の関係が、牧者と畜群という牧羊の比喩で捉えられていた。エジプトでは神と人とのあいだに司牧関係が設定されたうえで、さらに神から王に、人々の監督が委託された。王と神は、それぞれ人々とのあいだに司牧関係を持っていた。他方、ヘブライにおける司牧関係はもっと宗教的なもので、神と人のあいだに限定された。ダビデ王以外に牧者となるのは、神ヤハウェに限られたのだ。こうした発想は、いずれも古代ギリシアとは大きく異なる。[*9] ギリシアの神々は、人々に神託をとおして自らの意志を伝達し、保護や介入、和解をもたらす存在であり、人々とのあいだに司牧関係を持たない。ギリシアの神を、ポリスにとどまる「動かない神」とすれば、ヘブライの神を「動く神」と形容してもよいだろう。「あなたは慈しみをもって贖われた民を導き／御力をもって聖なる住まいに伴われた」という「出エジプト記」の箇所を参照し、フーコーは「司牧権力は、動く群れに行使される」と述べる。[*10]

司牧権力の種別性は、その目的と性格にも認められる。司牧権力は、集団の安全確保＝救済を目指す慈善的な権力である点が二点目だ。ここで言う「救済」とは、羊の群を草原に導いてやるようにして、集団の生存を保障することと、つねに集団の安全を気にかけ、不幸や悪から身を挺して守ろうとするような、羊飼いの献身的で注意を怠らない態度に関わる。さらに三点目として、司牧権力の個別化作用がある。個々の羊の数を数えるように、一人ひとりを把握するはたらきのことだ。司牧権力は、集団全体と個々の構成員に同時に配慮するという、きわめて困難な任務を負う。他方でこの枠組のもとで、牧者は羊に対して、最大の便宜を図ることを義務として課されている。羊の生存のためには自己犠牲をも強いられるのだ。この司牧権力が、キリスト教を経由してローマ帝国に導入され、やがて政治権力の基礎となる。

しかしまた、こうした要請、ならびに神から民を託された牧者という比喩は、羊飼いとして暮らしていたモーセをめぐって展開する。[11] ユダヤ教とキリスト教との関係の問題だ。ここでフーコーは、「ユダヤ−キリスト教的な倫理」なるものの存在に疑問を示し、両者の連続性ではなく断絶を強調する。[12] まずキリスト教と古代ユダヤ教では、それぞれ神の意志と掟を重視するという基本的な違いが挙がる。さらに古代ユダヤ教では、神と人のあいだの司牧関係は重要ではあるにせよ、王と臣民、あるいは宗教指導者と人々とのあいだに、司牧関係を保証する確固たる制度的枠組が存在しなかった点、また神はたしかに牧者という役割も担うが、それ以外の役割も担っている点が指摘される。

このように「牧者」の位置づけは、キリスト教とユダヤ教では、大きく異なる。キリスト教においては、イエス・キリストが良い羊飼いと自称したことだけでなく、[13] 使徒から教皇、司祭に至るまですべてが牧者としての役割を担っている。キリスト教は頂点から末端にまで司牧関係に貫かれており、これを教会が下支えする構造が、次第にできあがる。六世紀末にローマ教皇となったグレゴリウス一世は、教会権力をローマ帝国の権力よりも上に位置づけ、布教の範囲の帝国外への拡大を構想している。その著書『司牧規則』（五九一年）は、魂の導きとして「統治」を捉えたことで、中世思想に大きな影響を及ぼすことになった。[14] 同書のうち最初の二部は、司牧者の任務を規定しており、内容の核心は「魂を指導する術」をよく認識し適用するところにある。[15] フーコーは、同書第一部一章の冒頭に「魂の指導とは術中の術なり」という記述があることに触れ、[16] この「術中の術」という表現が、ギリシア教父の一人ナジアンゾスのグレゴリオスに由来することを確認する。

この表現はその後、一八世紀まで、「術中の術」「魂の指導」という、おなじみの伝統的なかたちで反響していくのです〔……〕。まさにこの術によって、他者を統治するすべが学ばれ、他者の側は誰かに統治されるすべを学んできたのです。一方が他方に対して行うこうした統治の、日常的統治や司牧型統治のゲーム、これこそが一五世紀にもわたって学中の学、術中の術、知中の知として考察されたのです。*17

四世紀のギリシア教父が、医術との対比で示した、魂を統べる術は、魂そのものではなく、人の意志にはたらきかける。司牧とは、その意味での魂の指導者だ。グレゴリウス一世は、こうした発想を下敷きに、いわゆる政治的アウグスティヌス主義を編み出して、世俗権力が教会権力に従うべきとする。他方で、信徒の霊的な導きを担う司牧には、信徒一人ひとりの心の秘密を知り、個別に教えを説いて、信徒を魂の感性へと導くことを説いたのだった。*18

司牧とは〈導き〉の関係でもある。フーコーは、司牧神学が最初期から聖職者に二重の任務の遂行を求めていることに注意を促す。聖職者にとっては、信徒に正しい霊的導きを与えつつ、信仰共同体を全体として霊的に発展させることが、己の救済の条件となっているからだ。フーコーはふたたびナジアンゾスのグレゴリオスを登場させる。

司牧を特徴づけるこのさまざまな技術と手続きからなる総体に、ギリシア人、ギリシア教父たち、正確にはナジアンゾスのグレゴリオスは、一つの名を与えています。その名は非常に驚くべきものです。［グレゴリオスは］これ、つまり司牧者を、「魂のオイコノミア」と呼んだのです〔……〕。魂のオイコノミアはすべてのキリスト教徒からなる共同体全体と、キリスト教徒一人ひとりに関わるものでなければならない。これは規模の変化であるとともに、対象の変更でもあります。というのも、これからは家の繁栄と富だけではなく、すべての魂の救済が問題になるからです。[*19]

この「オイコノミア」という語は、アリストテレスの言う意味での家政（家の管理経営）から、キリスト教徒すべての魂の面倒をみることへと対象が拡大している。フーコーは「魂のオイコノミア」という表現は、ラテン語では「魂の指導」のことであり、モンテーニュにまで至るという。この語は、誰かを導くことと、誰かに導かれることとの二重の意味を併せ持つがゆえに「キリスト教司牧が西洋社会に導入した最も根本的な要素の一つ」であるのだ。[*20]

とはいえ、他者と自己を救いに導くには、真理としての教義を説くだけでは足りない。魂に「正しい」導きを与えることも必要だ。このため導く側と導かれる側の双方は、いっそうの修練に励まなければならない。導かれる側には、個人の意思の滅却をとおした、生涯にわたって続く、司牧への全面的な従属が義務として課せられる。一方で導く側、すなわち司牧には、個々の魂を導くために、個人の状況に応じて柔軟に対応することが要請される。導かれる側は自らを完全に導く側に委ね、導く側は導かれる側の魂の面倒をみるのだ。両者の関係については、さらにもう一つ、司牧に不可欠の任務として、各人の隠された真実を知ることが加わる。キリスト教にとって、こうした導きの関係は、聖職者と信徒のあいだだけでなく、修道院の内部での師と弟子のあいだなど、あらゆる段階を貫く根本原則となる。それはまた個人の一生を、生まれてから死ぬまで見届け、生活の一切にまで関わる、技術の理論と実践として展開される。導く側と導かれる側とのこうした関係は、古代ギリシア・ローマでモデルとされた師と弟子との関係性（恋《エロス》や教育）とは、学派によって距離はまちまちにせよ、基本的に異なる。

キリスト教司牧は、権力のまったく新しい形態、個人化についての完全に種別的な形式として、西洋に現れた。キリスト教権力とは、司牧権力であり、西洋の主体の歴史は、司牧の歴史に始まる――フーコーがそう宣言するゆえんだ。司牧権力は、固有のプロセスを備え、種別的な主体を構成するはたらきを持つとともに、絶対王政期以降の国家による統治実践（統治性）の先駆けとなってもいる。[*21]

司牧関係による「人の統治」とは、フーコーがギリシア・ローマとの政治思想面での断絶と、ローマ帝国のキリスト教化という政治的連続性のなかに、西洋に固有の権力形態の起源を読み込むことによって示される。

> 司牧権力というこの考え方は、ギリシア・ローマ思想にとってまったく異質なものとして、ともかく本当にまったく異質なものでありながらも、キリスト教会を経由して西洋世界に導入されたのです。キリスト教会、それは司牧権力のありとあらゆるテーマを明確な機構と制度に凝固させたのであり、種別的で自立的な司牧権力を現実に組織したのであり、その装置をローマ帝国内に設置し、帝国の中心部に、他のあらゆる文明にとって未知であると思われるようなタイプの権力を組織したのです〔……〕。しかし同時に、これが私の強調したい逆説なのですが、西洋人は何世紀にもわたって、ギリシア人ならおそらく誰も認めようとしないことを学んできた。自分のために身を投げ打ってくれるって自らを群のなかの一匹の羊だと見なすことを学んできた。

牧者に、自らの救済を求めることを学んできたのです。西洋にとって最も異質でありながら、最も特徴的なこの権力形態、それはまた最大かつ最長の財産を手にすることにもなるのですが、これは草原や都市で誕生したものではありません。自然人の側から生まれたのでも、古代帝国から生まれたのでもない。この権力形態は西洋をこれほど強く特徴づけるものであり、文明史上でもかなり独特だと思えるものでもありますが、これが生まれたのは、あるいは少なくともモデルとしたのは、牧者の側、牧者の仕事と見なされた政治の側なのです[*22]。

司牧権力を、キリスト教に固有のものとする議論の重要性は、主に二つある。第一に、西洋の政治権力の起源を、プラトン以来の西洋政治思想の展開のうちには、見出すことができないという主張がなされていることだ。もう一つは、統治と司牧制の制度的な結びつきが、キリスト教に司牧権力をもたらしたとすれば、司牧権力もまた統治の一政治的形態に過ぎない、という視座を提供することだ。前者は以下で論ずるように、国家の統治実践を、国家論としてではなく、権力関係のあり方の変遷として捉える、フーコーの統治論に直接つながる。後者については、第４章で、司牧権力に対する〈対抗導き〉の議論を行う際に取り上げる。そもそも統治が政治に関わる概念ではなかったからこそ、政治との結びつきが他者への統治として表れる際に、統治＝導きは、導かれる側からの対抗導きを、必然的に生じさせるのだ[*23]。

ただし、キリスト教にとっての統治の対象は、領域ではなく、あくまで「人」だ。このため司牧権力と政治権力とのあいだには長期に渡って種別性が存在していた。その境が不明瞭になるのは、宗教改革と三〇年戦争を経て、主権国家体制が成立する一七世紀のことになる。次節では、人の統治が教権から俗権へと移り、司牧権力が国家の統治実践と接続しつつ展開していく過程を、統治論として考察する。

## 2 世俗的司牧権力としての国家理性論

『安全・領土・人口』では、一六世紀末から一八世紀前半にかけてのヨーロッパが、宗教改革と宗教戦争を経たキリスト教会の絶対的な影響力の低下と、主権国家を単位としたウェストファリア体制の確立、また行政機構の整備と中央集権化の進展した時代として提示される。こうした事実認識は西洋史や国際関係論の通説に沿ったものだ。統治論のうえで重要なのは、規律訓練権力がキリスト教的導きの「世俗化」と強いつながりを持つというフーコーの着想が、歴史の議論と結びつくことだ。というのも、一連の統治性講義で国家理性論、一八世紀後半以降に体系化される政治経済学と経済的自由主義、二〇世紀の新自由主義思想が取り上げられた目的は、宗教的な司牧権力論と、近代国家の統治性との関係を考察することにあったからだ。それはまた、一九七〇年代半ばまでに練りあげられた独自の権力概念を、国家のレベルに適用する試みでもあった。

国家理性論に関する議論から検討したい。フーコーが出発点の一つとする、マイネッケが国家理性に与えた定義は次のようなものであった。

国家理性とは国家行動の格率、国家の運動法則である。それは、健全に力強い国家を維持してゆくうえに政治家がなさなければならないことを告げるものである〔……〕。国家理性はこの〔一つの有機的組織体としての国家の――引用者〕力の成長の道程や目標をも指示する〔……〕。国家の〈理性〉は、自己自身とその環境とを認識し、この認識に基づいて行動の諸々の格率を創造する点に存する。これらの格率はつねに個体的な性格と同時に一般的性格を、確乎不変の性格と同時に可変的な性格を帯び〔る〕。[*24]

国家理性論は、国家を固有の合理性の構造を備えた自立的な存在とすることで、神学的な世界観からの訣別を主張する。他方で、国家を類的かつ個的な存在とも規定する。個々の国家は、他の国家とのあいだに一定の共通性を備えながらも、具体的なコンテクストを与件として行動するからだ。言い換えれば、一国の行動についての判断は、その国の国内事情と対外関係とを考慮に入れたうえで、個別具体的なかたちでなされなければならない。

マイネッケはここに一つのジレンマを認める。国家および国民の福祉、ならびに道徳律と法理念を国家の絶対的な価値と定めるとき、功利的観点から見て正しい福祉の増進のためには、道徳的・法的価値の擁護という理想的観点を、どの程度無視できるかという問題が残るからだ。ゆえに国家理性には、「最高の二重性と分裂とをもつ行動の格率であり〔……〕、そのなかで、自然的なものと精神的なものとが内的に融合し合っている、一個の中間帯」が備わっている。[*25] また同時に、利己主義と道徳とのあいだで葛藤しつつも、国家の維持強化をその目的と定める。国家理性とは「各国家は、自己の利益や利得の個人主義に動かされて仮借するところなく、他のあらゆる動機を沈黙させる、という一般的な法則」でもある。[*26] なお国家理性論的な発想を初めに著したのはマキャベリの『君主論』(一五三二年)と見なされるが、その体系的な展開は、同書を批判的に摂取したボテーロの『国家理性』(一五八九年)による。

フーコーはこうした文脈を踏まえるものの、マイネッケのように国家理性の概念史に深入りはしない。主要な関心は、統治技法の歴史的展開を分析することにあるためだ。むしろ、国力の増強という、ポスト国家理性の統治理性の主たる目標と、それにかかわる権力行使のあり方の種別性の分析に向かう。具体的には、一七世紀から二〇世紀の統治性の歴史が、政策思想のレベルでは、重商主義(一七世紀-一八世紀半ば)、重農主義と古典的自由主義(一八世紀半ば以降)、新自由主義(第二次大戦後)で三区分される。フーコーは重商主義と重農主義の政策論争を、国家理性論内部での統治理論の展開として捉える。[*27] 絶対王政期は、国力の増強という主題を軸に、近代的な統治技法が拡大する移行期として描かれる。

フーコーの描いた国家理性論の構図と近年の研究への影響を、統治性講義の編者スネラールらが編集した『道徳哲学・政治哲学理論史事典』の「国家理性」項目の執筆者は次のように簡潔にまとめている。

最近の研究は、ミシェル・フーコーの著作と、絶対主義国家体制下での統治戦略をめぐる、その分析に影響を受けるかたちで、国家理性のこうした近代的な性格を、領土と住民〔人口〕の、また経済と公衆衛生の統治として強調しており、この点に〈ポリス〉学の前兆を認める。[*28]

フーコーは、国家理性の基本目標である国家の維持・強化について、これを実現するための統治技術の展開を、内政と外交に分けて取り出す。対外関係に関しては、常備軍の整備と外交団の設立に関わる事象が〈外交－軍事システム〉と呼ばれる。ウェストファリア体制が目指した、ヨーロッパ域内での戦争の抑止と、勢力均衡論を支える道具立てのことだ（講義ではまったく言及されていないが、グロティウスによる近代国際法理論の体系化も、ここに含めるのが一般的だろう）。これらの説明には独自の視点は特に認められず、分量もわずかだ。議論の多くは、内政面での国家理性論の展開、つまり、絶対王制下で伸張したポリス論にあてられた。こうして『狂気の歴史』でも触れていた主題[*29]が、違った角度から捉え返される。

ところで「ポリス」あるいは「ポリツァイ」という言葉がフランスで使われ始めるのは、一三世紀のルイ九世王の時代である[*30]。一五世紀以降は、ポリスの実践が政治的な意味での統治や、公序の確立と同一視され、概念的な膨脹を続けていく。そして一六世紀後半から一七世紀の初めになると、フランス国内で明確な対象と制度的基盤を持ち、国家理性論の統治性に位置づけられる。旧体制期のポリスとは「街の公安、風紀取締り、救貧、公衆衛生、都市環境の整備、食糧供給、経済活動の規制・監督など住民の生の維持全般に関わることの管理」を指していた[*31]。この動きは、同国で宗教改革にともなうカトリック教会権力の衰退と、国内の混乱によって、王権が住民の新たな庇護者として登場したことと軌を一にしている。その代表的な領域が都市政策と救貧政策だった。王権は社会統制の分野に進出する。

既存の国家制度の拡充・再編とならんで、ルイ一四世の国家は新しい領域にも手をひろげた。これまでほとんど手をつけなかった、あるいは手をつける必要のなかった社会的統制の領域である〔……〕。都市における秩序維持もまた、依然として伝統的な諸集団に依存している面が多かった。

だが、こうした社会統制の分野に関心を示し始め、日常の生活空間までも規制し始めたことは、絶対王政の性格を考えるうえで重要である。[*32]

フーコーは、当時のポリスの目的を、秩序維持と国力増大のバランスを取って国威を発揚し、国内の力を適正に用いることだと捉えている。[*33] 別の言い方をすれば、ポリスの基本原則は「政治は抽象的な理論的規範ではなく、国家の善として客観的に追求が可能な事柄に対し、具体的かつ決疑論的になされた評価から生じるべし」というものだ。[*34] ゆえにポリス論は二つの方向性を併せもつ。一方には、統治の対象としての国家に関して、情報やデータを求める実証的な方向性が、そして他方には、そうした一般的なデータではケースの種別性に十分対応できないと考え、事例への直接介入をよしとする方向性がある。[*35] 地方長官が一六九七－一七〇〇年に行った全国調査は、前者の傾向を反映するものであり、一八世紀以降に急速に発達する統計学的手法の先駆けでもあった。

王権が調査を重視したのは、国家理性論の枠組では、国の豊かさとは、住民が増加し、よい状態で保たれていることがきわめて重要だったからだ。[*36] こうした一七世紀の規制本位の内政は、コルベールがルイ一四世の財務総監時代に推進した、重商主義政策と一体のものであった。コルベールは重商主義の一般的な考え方に則り、国力を貴金属の量と同一視した。そして対外貿易に関しては、保護関税の強化と輸出向け産業に関する特権的マニファクチュアの創設、植民地貿易の拡大といった保護主義的政策を採用した。また国内的には、手工業者の宣誓ギルドへの再編と管理強化や、農産物に対する価格統制策などを行った。

ポリスの実践は、コルベールが一六六七年にパリ警視総監職を創設したことに見られるように、都市を対象とするものだった。高澤紀恵は、コルベールが主導したポリス改革が、その後のパリに与えた影響を次のように記している。

ポリス改革は、ペストという差し迫った脅威への対応策、すなわち街路の清掃を突破口として、パリに一円的な都市空間を成立させる改革であった。この改革のなかで伝統的な諸特権が分有してきたポリスの権限は全面的に否定されたわけではなかったが、「個別的ポリス」として下位化され、パリ全域にシャトレの「包括的ポリス」が覆う空間が創出されたのであった。[*37]

フーコーの議論を追っていくと、王権が都市に対して一方的に伸張していくような印象を受けかねない。しかし高澤は、社団国家論によりながら、実際には都市住民と王権との関係はかなり複雑であったとも指摘する。

王権に掌握され、その支配が貫徹する首都という観点からだけでは、近世パリを理解することもまた、できないのである。近年の諸研究が明らかにするように、パリはフランス王国の他の諸都市と同様に、独自な伝統と特権をもった社団として、また一つのローカルな社会として、王権に対峙する側面をもっていたからだ。[*38]

なお、初代警視総監ラ・レニーの部下ニコラ・ドラマールは『諸事取締要綱〔ポリス概論〕』（一七〇七－三八年、未完）[*39]を著し、ポリスの対象を一一領域に分類した。その内容を具体的にあげると、宗教、風紀取締り、健康、食糧、公共の安全と秩序、道路、諸学・自由学芸、商業・手工業・工芸、使用人・労働者・貧民ときわめて多岐にわたっている。[*40]

他方、ドイツやオーストリアでは、一六世紀から、アダム・スミスの経済学が導入される一九世紀前半までのあいだ、ドイツ型重商主義とも言われる官房学が、国家運営の理論的枠組として、支配的な力をふるった。その大きな目標は「絶対的領邦君主と臣民という縦の関係を基軸にして、君主によるさまざまな干渉を通じた平和と共同の幸福実現」にあった。[*41] 官房学は、今日的な意味での学的体系として一義的に捉えることはできない。しかし、一七二七年にプロイセン国王フリードリヒ・ヴィルヘルム一世がハレ大学に、実践指向型の官房学（経済学〔＝エコノミー〕、ポリツァイ学、官房学〔＝財政学〕）の講座を開設することで体系化が進んだ。この過程で、「エコノミー」の語は、アリストテレス以来の倫理的な含意から袂を分かつ。行政の技術と対象という新たな内容を獲得し、「経済学」として形成されていく。またポリツァイには、全面的な規制を敷きながらも、法的な性格のものではない、という特徴があった。そこに認められたのは、「実施された行動の合法性を判断するのではなく、良い秩序と公安の諸条件をあらかじめ定めておこうとする」傾向であった。[*42] さらにポリツァイ学は一八世紀後半になると、ユスティやゾネンフェルスによって官房学の一部門としてさらに体系化され、官房学本体は、大学や教科書の発行をとおして、ドイツ語圏以外のヨーロッパにも広まっていく。

この両者の違いについて、前出のナポリは対照的な性格を指摘する。ドラマールに代表されるフランスのポリス論はあくまで実践的なものであるのに対し、ドイツ官房学は明確な理論・体系的志向を備えていたからだ[*43]。だがフーコーは、両者の共通点として、慈恵的であると同時に、きわめて統制的な側面を強調する。そしてここには、臣民の「福祉」が国力につながるという認識がともに認められると述べる。

ポリスとは、生きること、といってもただ生きる以上に生き、共存することが、国力の構成と増強にとって現実的に確実に意味を持つようにする、介入策と手段の総体です〔……〕。先ほど簡単に見てきたポリスに関するどの定義のなかにも見出すことができる一つの要素とは、私はわざと言わないでおいてきたことですが、人間の幸福なのです。たとえばドラマールはこう述べています。ポリスに固有の対象とは「人を、今生で享受しうる最も完全な至福へと導くことにある」。〔……〕ユスティの基本的な定義を再度取り上げましょう〔……〕。「ポリス、それは一国の国内に関わるとともに、国力を強化・増進し、その力を活用し」――ここまでは前に引用したところです――「また、臣民の幸福をもたらす傾向を備えた法律と規則の総体である[*44]」。

ポリス論が人の「共存」と言うときの舞台は、文字どおり「都市」のことであった。フーコーはここでの「都市」とは、もちろん現実の都市ではあるが、同時にこれは「市場都市」という一つのモデルも指していると述べる。ポリスの実践や考察の対象となったのは、ドラマールが挙げるように、都市と都市に固有の問題であった。けれどもポリスは同時に、交換や流通、生産に関わる問題に対処するからだ。

ポリスが「本質的に都市的かつ商業的であり、もっと乱暴に言えば、非常に広い意味での市場制度」とは、この意味である。ポリスの商業的性格は、重商主義と密接に関わる。[*45] ポリス論には、国内産業や穀物価格を管理して、住民の健康維持と人口の増加を生産の増加へとつなげる発想があるからだ。この考え方は、対外貿易を振興し金を獲得する、重商主義の経済政策と、商業と市場という概念を介して結びついている。

こうしたポリスの実践は、本質的に統制的な権力であって、王権や司法権力とは異質である。ポリス的権力は、国力の増大という固有の合理性のために、法令や司法制度をとおしてではなく、勅令などの行政手段によって、主権者から臣民に直接行使されるからだ。この時代には『監獄の誕生』で論じられたような、工場や学校、軍隊での局所的なレベルにおける規律化の増殖が「個人と王国の領土に対する全般的規律化・全般的統制の試みという背景から身を引き離し、本質的に都市型であるような、ポリスという形態」を取る。「都市を一種の準修道院とし、王国を一種の準都市とすること」こそが規律の理想として表れている。[*46] ポリスは住民の生を「よい」方向へ導くことを旨とした世俗的な司牧権力として台頭する。それは規律訓練的な性格を持つのである。

## 3　政治経済学の誕生と自由主義型統治性

一七世紀から一八世紀前半のポリス論は、重商主義と親和的であり、その政策は規律訓練的な性格を持つ。これに対し、一八世紀後半以降の統治性には、重農主義以降の経済的自由主義と親和的で〈安全〉的な性格が備わっている。『安全・領土・人口』というタイトルに引きつければ、ここで統治の対象として浮上するのは、ある一定の領域である〈領土〉の内部に存在し、統計学的に把握された住民集団＝〈人口〉である。しかし、ポリス論＝重商主義、規律訓練的権力装置というわけではない。資本主義の本源的蓄積過程になぞらえられもする、規律訓練型権力装置は、一八世紀後半以降に消滅してしまうわけではなく、安全型権力装置と平行して存在し続けるからだ。議論の焦点は、規律訓練から安全への「移行」ではなく、安全型権力装置の「登場」である。

では、安全型権力装置は何をきっかけに、統治技術の内部に登場するのか。契機となるのは、統治の指標として新たに捉えられた〈市場〉である。フーコーは、市場概念を軸とした一八世紀後半からの統治性の展開を「真理体制の移行」と位置づけて、転換点を重農学派の台頭に見る。スミス以降の政治経済学の学問的確立が、新たな統治性概念の全面化として描かれるのだ。重農学派は新興ブルジョワジーの利害を反映し、コルベルティズムに反対した。そして、自由放任主義と地代の単一課税を要求し、農業を唯一の富の源泉とする経済理論を展開した。その具体的な表れは、一八世紀後半に財務総監に就任したテュルゴーの一連の政治改革（穀物取引自由化、宣誓ギルドや国王賦役の廃止など）に代表される。重農学派が史上初めて掲げた「自由放任《レッセ・フェール》」という言葉は、やがて古典的自由主義のスローガンとなる。このとき、「フィジオクラシー」という自称が「自然の統治」を意味する造語であることに典型的に表れているように、市場の価格決定メカニズムをとおして表れる「自然的秩序」に基づく統治が「よい」とされていた。スミス自身が、重農学派を己の先行者に位置づけていたことはよく知られる。

古典派から現代に至る、さまざまな「自由主義」の発想全体を規定するのは、こうした市場と価格の自動調整の比喩である。フーコーの自由主義論は、この基本的前提から出発する。ただし、彼の中心的な関心は経済理論の発展の歴史ではなく、市場という概念をとおして、経済学がどのように社会を捉え、介入しようとしてきたかにある。[*47] 市場という「真理」が出現する場をとおして、経済理論が現実をいかに作り出そうとしてきたのかが問題なのだ。さらに言えば、こうしたフーコーの理論的関心は、一九七〇年代後半の西欧の政治社会状況への関心とともに、批判の不十分さへのいらだちによって支えられている。「われわれはすでにその段階を越えました。われわれはもはやその段階にはありません」[*48]。それなのにわれわれは、古いツールで新しい現実を分析したつもりになっているのではないか。新自由主義的段階にある、欧米資本主義社会の統治のあり方をこそ、問わねばならない。しかしフーコーは、現状分析に入る前に、自由主義思想の概念枠組を整理するという迂回路をとった。そして、古典的自由主義の特徴と対比したうえで、新自由主義という同時代の統治実践のあり方を考察する。

こんにち「新自由主義」と言えば、フリードマンやベッカーらのシカゴ学派の新古典派経済学に代表される、米国型の新自由主義がただちに連想される。かれらは競争原理を軸とし、需給関係と利害計算に基づいて合理的に行動する「経済人」モデルを、非経済領域の分析にまで拡大した。たしかにこのアプローチは、一九七〇年代末から八〇年代にかけてはレーガン、サッチャー、中曽根康弘に代表される新保守主義から、二一世紀の日本をはじめ、世界各地で「構造改革」の旗振り役を務める人々の理論的枠組だ。[*49] だがフーコーが、西ドイツとフランス、米国の例を挙げ、これらの国が新自由主義型統治の段階にあると七九年の段階で述べるとき、念頭に置いていたのは、シカゴ学派などのユートピア的な市場中心主義のみではない。「われわれがまさにそれらによって覆われつつある[*50]」統治実践の枠組みのことであった。

なかでもフーコーが注目したのは、西ドイツの国家統治の基本理念と言ってよい「社会的市場経済」と、その理論的バックボーンであり「秩序」の語をキーワードとするフライブルク学派（オルド自由主義）の唱える新自由主義だった。この語は、保守政党の党派的なキャッチフレーズとして登場したが、次第に、主要な政治勢力の基本政策に位置づけられた。そして今日では、「賢明な経済的中道主義の符号」あるいは「社会目標の同定と、達成手段としての法的規制を重視する、無難な、人間の顔をした資本主義」の呼び名として流通している[*51]。またEU統合の軸であるリスボン条約の文言——「完全雇用と社会の進歩を目的とする高度に競争的な社会的市場経済（強調は引用者）」（第二条第三項）——が示すように、この語はアメリカ型の新自由主義とは一定の距離を置くとうたう、統合ヨーロッパの公式ヴィジョンに組み込まれている[*52]。このようなねじれた展開は、フーコーが予測しえなかったことだ。ただ少なくとも、後期冷戦という一九七〇年代後半の段階で、西側先進諸国における自由主義型統治理性の自己刷新として登場した、相異なる二つの路線のうちに、フーコーは、「新自由主義」という一つの名で、統治理性の質的変容を捉えようとしていた。英米の市場主義的新自由主義と、大陸ヨーロッパの社会的自由主義と呼んでもいいこの二つの流れは、現実政策においては大きく異なるところも少なくない。だが、経済的自由と競争の実現を原理として国家権力に正統性を付与し、社会を一から構築する点、そしてファシズムや国民社会主義、社会主義、ケインズ主義などをまとめて「計画主義」と呼び、主要敵とする点では共通性を持つ。それでは新自由主義が自己刷新の対象とした自由主義型統治性とは、そもそもどのように形成されたのか。『生政治の誕生』を中心に検討しよう。

統治性講義のフーコーは、重農学派の重商主義批判に何度か触れている。議論の対象となるのは、食糧不足時における、国家の社会への介入策だ。[*53] しかしフーコーは、経済学史の復習教師役を買って出たのではない。統治の歴史に重農学派が果たした役割とは、市場に「真理が語られる〔真理陳述の〕場所」という位置づけを与えたことにあると論じたのだ。『生政治の誕生』における統治概念は、主権の行使という限定的な意味だ。しかし、ここでもまた統治とは、真理（＝市場）と主体（＝国家）との関係性を指す。重農学派によれば、政府の介入を解かれた市場は、固有の自然的な秩序に則って機能し、正常な再生産を保障する価格＝「良価」（ケネーの用語）という真理を示す。他方で重商主義的な考え方によれば、住民の生存などの市場外的な要件を持ち込んで設定した「公正価格」を、市場介入によって実現することが目指される。

この二つの議論は同じ「価格」という語にまつわるものだ。にもかかわらず、まったく異質な市場概念が見てとれることに、フーコーは着目する。[*54] 中世から重商主義までは、「市場」概念が公正さ、すなわち法的なものに結びつけられて考えられていた。市場は「法が語られる場」だったのだ。

ごく一般的な意味での市場、つまり中世から一六－一七世紀にかけて機能した市場とは、一言で言うなら、本質的には正義（＝公正さ）が示される場所でした〔……〕。このシステム——規制、公正価格 le juste prix、不正行為に対する制裁——によって、市場は本質的に正義 justice の場、すなわち公正というものが交換のなかで出現し、価格のなかで形成されるべき場であり、また実際にそのような場として機能していました。いわば市場は法が語られる場だったのです。[*55]

しかし、こうした公正中心の市場観は、一八世紀中頃に大きく転換する。

市場は、一方で、「自然的」メカニズムに従っており、かつ従うべきものとして現れました。「自然的」メカニズムとはつまり、自然発生的なメカニズムのことですが、複雑さゆえに把握することができなくても、修正しようとすれば変質をもたらし、ゆがめて〔＝自然性を失わせて〕しまうほどに自然発生的なものなのです。他方――そしてこの第二の意味で市場は真理の場となります――市場によって自然的なメカニズムが出現するばかりではなく、このメカニズムが自由に機能することによって、ある価格の形成が可能になるのです。〔……〕一定の自然価格、良価、ないし正常価格が形成され、生産費用と需要の大きさとのあいだの適切な関係を表現することになります。市場はその本性にもとづき、いわばその自然的な真理にもとづいてそれ自体で機能するとき、比喩的に真実価格 le vrai prix と呼ばれる、一定の価格の形成を可能にするのです〔……〕。それは、生産物の価値をめぐって変動することになるある種の価格なのです。[*56]

市場を真理の場と規定する議論については、講義録編者スネラールが脚注でコンディヤック『商業と統治』への参照を促していることを踏まえると、ここで言う「真実価格」とは直接には同書の記述に由来するものだろう。[*57] ケネーから反重農主義者のコンディヤックまで一挙につなぐのは、いささか乱暴にも思えるが、いずれにせよ、「公正さ」という市場に外在的な価値観で決定される価格は、もはや適正な価格（という意味で「公正」と呼ばれることがあるにしても）とは見なされなくなっていることが、ここでの議論の要点だ。重農学派によって、統治の舞台に〈市場〉という問題設定が持ち込まれたことで、統治とは「公正さ」ではなく「有用性」（＝効用）を指標として判定されるべきものへと変化している。こうした価格観は、アダム・スミスにおける「自然価格」という表現に引き継がれる。富が拡大し、社会に行き渡ることを保障する経済制度は「自然的自由のシステム」と呼ばれることになる。統治性の観点で言えば、ポリス型統治が「人為的」で規制的であるのと対照的に、一八世紀後半以降の自由主義的統治には、「自然的」で調整的な性格が備わっている。[*58]

もっとも、重農主義者は、制限的な王権による「専制」を最良の政治形態とみなし、王の富の源泉としての封建的土地所有を擁護する。この点で政治的には自由主義者ではないし、その理論も一種の「自然主義」と言うべきものだ。[*59] だが他方では、社会と経済には、いわゆる「自然」の秩序とは異なる固有の合理性が存在するとも論じられている。そして政府に対しては、この〈自然性〉と呼ばれるメカニズムを発見し、その示すところに従って、権力行使を自己制限するよう求めた。これが、ある商人がコルベールに発した言葉に由来する「自由放任」の意味でもあったのだ。

政府は己の内にある複雑な自然のなかに、経済メカニズムを認めなくてはならない。それをいったん認識した後では、もちろんそのメカニズムに則ることが求められます。しかしこうしたメカニズムの尊重とは、個人の自由や個人の基本的権利を尊重する法的基盤を、政府が備えることではありません。政府は自らの政策に、社会と市場、経済循環の内部で起きる出来事についての正確で連続した、また明晰かつ判明な認識を備える、という意味なのです。したがって政府の権力の自己制限とは、個人の自由の尊重からではなく、国家が尊重すべき経済分析の明証性からのみ生じるのです。*60

統治理性の自己制限の原理の総称が「自由主義」とされることで、重農主義もまた、自由主義的な統治の一つと見なされる。*61 では、これがなぜ「自由」主義と名づけられるのか。その理由は、個人に認められた、不可侵で普遍的な権利としての「自由」を尊重するからではない。自由主義にとって、個人とは権利の主体であるよりも、二重の意味で統治の対象である。すなわち、一人ひとりとしては規律訓練型権力装置による個別化の対象であり、集団としては、「人口」として統計学的に把握されるリスク管理の対象だ。むしろ自由主義にとっての自由とは、「統治者と被治者の時々の関係」――より多くの自由が求められることで、現在の自由が少なすぎると測定されるような相対的な関係性のことだ。*62

こうした自由観には、自由主義に固有の逆説がひそむ。実際のところ「自由」とは「放任」しておけばそれで済むようなものではない。それはつねに管理され、生産され、消費されなければならない。一般的に考えても、国内で自由な生産、流通、消費が保障されるためには、立法措置だけでなく、行政的な命令や規制、補助金といったさまざまな政策的配慮が求められる。政府は、自由のために外的な条件を整える必要がある。現実には、文字どおりの意味で「自由放任」な自由主義的統治など、どこにも存在しない。歴史的にみれば、こうした自由主義の統治実践は、国家理性の「つねに統治しすぎる」統治へのイデオロギー的批判でもあった。統治は「つねに過剰である」という疑念につきまとわれている。だからこそ自由主義的な統治には、最小限の統治で最大限の効果を得ることが、求められるのだ。

この目標に則った統治を進めるうえでの原則が、〈安全《セキュリティ》〉である。これは、社会のあらゆる場面に関して、個人と集団の利害が互いの脅威＝リスクとならぬように調整するメカニズムを指す。フーコーが念頭に置く一九世紀のフランスでは、旧体制下に比べて人口や食糧生産も増加し、死亡率も低下した。このため統治の関心は人々の生死そのものから移動する。健康、衛生、出生率、寿命、セクシュアリティ、人種といった生物学的・病理学的現象を問題化し、統計データが作り出す現実としての人口と、その環境のリスク管理をすることに重きが置かれるのだ。[*63]

## 4 新自由主義の統治性——社会そのものに介入する統治

自由主義的統治は、一八世紀後半に登場し、一九世紀に本格化する。その新しさは、政治経済学が明らかにする固有の自然性を備えた「市場」を基準として、計量的に把握され、やはり固有の自然性を備えた「人口」という新たな対象を、「安全」の観点から管理する点にあった。しかし二〇世紀に入りしばらくすると、ヨーロッパの主要国は、自由放任を標榜する経済政策だけでは、周期的な不況、恐慌、革命、世界大戦といった出来事に対処できなくなっていた。そうした状況のなかから登場したのが、ケインズ主義に代表される介入主義的な経済政策であり、十月革命を経たソ連での、社会主義計画経済だった。しかしこのとき同時に、「新自由主義」を掲げる、経済学あるいは経済政策思想の潮流が登場する。一九七〇年代末にフーコーがこの思想を取り上げた背景には、六〇年代末以降の失業率の増大と、石油危機を経たフランス経済が、本格的な低成長時代に突入したという事情がある。フランスは、「栄光の三〇年」と謳われた戦後復興からの重大な転機を迎えていたのだ。[*64] 当時のフーコーは、社会的なものを再編する統治性の展開を新自由主義に見ていた。そしてこの新たな統治性を、統治の過剰に固有の非合理性として、またつつましい統治のテクノロジーへの回帰として、分析の対象とした。[*65] というのも新自由主義には、市場の自由、市場原理の実現を目指して、社会のあり方を一から構成する志向があるからだ。

自称と他称を問わず「新自由主義」と名のつく経済学の潮流は少なくない。フライブルク学派のほか、フリードマンらのシカゴ学派、ハイエクやフォン・ミーゼスらのウィーン学派などいくつかのグループがあり、フランスではリュエフが知られている（分類の仕方によってグループ分けは異なる）。こうした「新自由主義思想集団」[*66]には理論上の違いはあるにせよ、ひとつ共通点がある。それは一九三八年にパリで行われた、いわゆるリップマン・シンポジウムを経て、モンペルラン協会（一九四七年結成）につらなる人脈を形成している点だ。[*67] このシンポジウムは、新自由主義が政策理念として自己確立する重要な契機となった。ただし第二次大戦を経たことで、英米系と大陸ヨーロッパ系の新自由主義者の考え方の違いが鮮明になり、モンペルラン協会は英米系勢力が主導することになる。フーコーがまず扱うのは、第二次大戦後の西ヨーロッパが政策的に導入した新自由主義である。市場原理の貫徹を目指して、政府が経済外の領域に対して、積極的な条件整備を行うことを旨とする、経済・社会政策思想のことだ。なかでも注目されるのは、先に触れた西ドイツの社会的市場経済の理論的支柱としての、フライブルク学派とオルド自由主義の経済理論だ。

### 社会的市場経済としての新自由主義

「社会的市場経済」という語は、アデナウアー政権（一九四九－六三年）で経済相を務め、後に首相（六三－六六年）となるエコノミスト、エアハルトの政策の代名詞として知られる。[*68] 西ドイツの戦後復興のきっかけとされる、一九四八年の自由価格制の導入と通貨改革政策（その現実的な効果をめぐっては論争があるが）を、経済庁長官として中心的に指導したのもエアハルトだ。「社会的市場経済」の理念は、その提唱者の一人である経済学者ミュラー＝アルマックによれば「市場での自由の原則と、社会的調整の原則との結合」[*69]とされる。フーコーは、このスローガンを支えているのは、自由な市場の確保を、自由な社会の絶対的条件として措定する構想だと考えていた。とはいえ、これがなぜ「新自由主義」と呼ばれるのか。二つの理由がある。一つは、ワイマール末期からナチス期にかけて、経済学者オイケンやリュストウ、レプケらが形成した経済理論が「新自由主義」を自称したことがある。オイケンは、エアハルトが組織した、政府の専門家委員会の有力メンバーでもあったが、理論的には〈秩序〉あるいは「競争秩序」の確保と実現、すなわち、企業が効率的な経済活動を行いうる制度的枠組の整備こそが、経済政策の目標であると説いた。「オルド自由主義」の呼び名は、「秩序」の語にちなんで、フライブルグ大学の研究者を中心に、五〇年に創刊された雑誌『オルド』に由来する。[*70] ドイツ新自由主義の大きな特徴は、ファシズムと社会主義をイデオロギー的に退けると同時に、ケインズ主義的な経済政策をも「計画主義」として批判したうえで、己のキーワードでもある「第三の道」の経済理論として、登場する点にある。

この新自由主義とは、古典的自由主義の「復活」ではない。新自由主義者が自己宣伝する「新しさ」を追認することとは関係なく、「自由主義の今日的危機」に直面した統治技術の展開が見てとれるからだ。この統治技術は、自由主義陣営内部で戦間期に行われた典型的な経済政策に対する、次のような見解から生まれている。

一九二五－一九三〇年以来、国家を共産主義や社会主義や国民社会主義やファシズムから守る経済的かつ政治的処方箋を提案しようとしてきたメカニズム、より多くの自由を生産するため、あるいは自由に重くのしかかる脅威に対抗するために確立されたメカニズムは、そのすべてが経済介入に属するものでした。すなわち、自由の保障としてのそうしたメカニズムはすべて、経済実践の領域に制約を加えたり、そこに強制的に介入したりするものであったということです。*71

新自由主義者が批判の対象とする経済介入のメカニズムとは、ニューディールに代表される、ケインズ主義的な財政政策を指す。新自由主義者によれば、介入主義は本質的なジレンマを抱えている。自由主義経済体制を擁護し、自由を生産・増進するはずの政策が、逆に経済活動の領域で自由を削減する方向に進んでしまうからだ。統治論の文脈で言えば、自由主義型統治は統治の過剰と過小という問題に直面すれども、これを解決することはできない。だからこそ「新たな」自由主義を立ち上げる必要が出てくる。「世界恐慌の打開策は、それゆえに、ドイツでは、ジョン・メイナード・ケインズのイギリスのように経済理論の領域ではなく、経済秩序の新たな構築のなかに探し求められた」のだった。[*72]

この自由の確保という難点は、新旧自由主義における、国家の正統性の問題に深く関わる。古典的自由主義にとって、国家の正統性は与件である。そこでの関心事は、領域国家の域内で自由を生産するために、いかに主権の行使を制限するかにあるからだ。しかし新自由主義にとって、国家の正統性は与件ではない。たとえば第二次大戦後の西ドイツは、ナチズムの過去と分割占領という事態を前にして、己の存在を歴史的にも法的にも基礎づけられない状態にあった。では何が国家の正統性を担保するのか。経済的自由の保障と、それによって実現される経済成長の約束である。経済発展の果実とその分配こそが、階級を超えた同意の調達を可能にしてくれる。じっさい、ドイツ社会民主党は一九五九年のバート・ゴーデスベルク綱領で、階級闘争と生産手段の社会化を放棄することで、社会的市場経済的な秩序政策を受け入れて国民政党に転換した。新たな出発を強いられた西ドイツという国家は、己の正統性の源泉を、歴史や法ではなく経済に求めざるをえなかった。それは「ラディカルに経済的な国家」と言うべきものだろう。[*73]

政策決定の当事者であるエアハルトの論述には、こうした発想や実績に裏打ちされた自信がありありと読みとれる。[*74] 経済相時代の著作である『すべての人に豊かさを』（一九五三年、邦題『社会市場経済の勝利』）の第一章を見てみよう。[*75] ここでエアハルトは「大衆購買力の強化による旧来の保守的な社会構造の最終的な克服」を目指すことが出発点だと宣言する。そして「新しい経済秩序」の建設、すなわち購買力拡大、生産性向上、雇用拡大、賃金増加の持続的な実現を可能にする経済体制の構築によって、旧来からの貧困層と富裕層の間の対立感情が「最終的に克服」されると説く。すなわち「すべての人々にとっての福祉」を実現し、社会全体が経済的に豊かになることで、ナチス期以前の社会のあり方が刷新されると論じる。しかしエアハルトにとって、こうした福祉の実現には一つの条件がある。競争の保障だ。「福祉に到達し、それを確保するための最も効果的な手段は競争である」。なぜか、という問いが生じて当然だ。とはいえエアハルトはこうした疑問には直接答えず、競争と自由の保障は計画経済と一線を画す「社会的市場経済」の大前提であると主張する。

消費の自由と経済活動の自由は、不可侵の基本権だと、全国民が理解すべきである。これに違反することはわれわれの社会秩序に対する暗殺行為として、処罰されなければならない。民主主義と自由経済とは、独裁と国家統制経済とがそうであるように、論理的に結合しているのだ。[*76]

自由競争が実現する持続的な経済成長を通した福祉の増進の方が、収益の分配をめぐって争うよりも有益かつ容易である。そのために国家は、カルテルや労働運動など「つねにあらゆる方面からわれわれを脅かす」ような、競争を制限しようとする危険に対処しなければならない。他方で行政の見直しによる政府支出の削減と減税、通貨安定の実現、自由な海外貿易もまた、全般的な福祉の増大に貢献することを通じて、国内の社会主義勢力を牽制することに貢献する。エアハルトの主張はこう要約できる。

新自由主義型の経済政策にとって、経済成長を通した豊かさの実現という至上命題を実現するためには、経済的自由の保障が絶対的な条件となる。しかもそこには、自由放任を掲げるだけでは個人や企業の経済的自由は保障されない、という基本的な認識が加わる。逆に言えば、経済的自由が保障され、正常な競争が行われるために、政府は何らかの介入を実施しなければならない。その意味では、新自由主義型統治もまた一種の「介入主義」なのだ。ただしその内実は、古典的自由主義やケインズ主義とはまったく異なる。新自由主義者は、自由放任型経済策も、計画主義的な経済政策も否定する。そのうえで経済秩序を確保するための介入を正当化し、それを行うことを国家の基本的な役割とする。エアハルトの言う「自由で民主的な社会秩序の原則が保たれるよう国家が監視するとき、とうていそれを国家介入主義とは言えない」とはこの意味なのだ。*77

### 新自由主義型統治の基本目標――市場の自由の確保と社会の企業化

介入をめぐるこうした議論は、新旧自由主義の主張の違いを鮮明にさせる。フーコーはこれを、真理に関する市場観の違いの表れとして理解し、市場と真理を統治の文脈に結びつける。たしかに両者は、国家が経済プロセスそのものに介入することに反対を唱える点と、「市場」を国家運営にかかわる、ある種の真理と結びつける点で、共通の立場をとる。しかし、市場への態度となるとまったく別だ。古典的自由主義にとって、政治経済学の任務は、市場の自然的秩序を明らかにすることであり、国家の任務は、自由放任によってこの秩序を尊重することだった。したがって、国家は「秩序」のあり方をよくよく理解していなければならない。だが、新自由主義にとって、事情はある意味で正反対だ。完全競争市場とは理念型であり、統治技術が目指すべき「歴史的目標」だからだ。オルド自由主義者は、市場の組織化形式としての競争原理から自由放任を導くことはできないとし、市場は自然的所与であるという自由主義的な考え方を「自然主義的素朴さ」として退ける。競争は「自然現象などではない」のである。

競争は、その有用な効果を、競争が自然が先行するという事実や、己に備わっているとされる自然的所与に負っているのではない〔……〕。競争、それは本質。競争、それは形相《エイドス》である。競争とは形式化原理である。競争には内的論理があり、固有の構造がある。競争が効果を生むためにはこの論理が尊重されなければならない。それはいわば不平等なもののあいだの形式的なゲームなのです。*78

新自由主義は、ケインズ派と同様、古典派的な「自由放任」をはっきりと退け、積極的な介入主義を採用する。しかし、競争に固有の論理を尊重するよう要求する点で、ケインズ派とは大きく異なる。新自由主義者の共通認識は次のようなものだった。市場による価格調整メカニズムは、国家による介入や不公正な競争など、さまざまな経済外の要因によって、正常な動作を阻害されている。独占から失業、貧困といったあらゆる社会問題は、こうした現実がもたらしたものだ。したがって国家は、価格調整メカニズムへの影響をできるだけ排除し、円滑に機能させなくてはならない。ついては経済プロセス自体にではなく、経済外の領域に限って、積極的な介入を行うべきだ――これが、競争に固有の論理を尊重することの意味である。新自由主義的な介入のイメージは、一九三二年のリュストウの次の描写にもよく表れている。

これまでなされてきた介入とはまさしく正反対の方向での介入、つまり市場法則と対立するのではなく、市場法則に沿った、旧い状態を維持するのではなく、新しい状態を促進するための、自然の過程を延期させるためではなく、加速化するための介入。[*79]

そして市場原理は、市場がつねに正しく、間違うのは国家だという認識を土台に据え、競争に基づいて指標化されることで、統治政策を包みこむ。

国家によって規定され、いわば国家による監視のもとで維持された市場の自由を受け入れる代わりに〔……〕オルド自由主義者たちが主張するのは、この定式を完全に反転させ、市場の自由を、国家をその存在の始まりからその介入の最新の形態に至るまで組織し、調整する原理として作り出さなければならない、ということです。つまり、国家の監視下にある市場よりもむしろ、市場の監視下にある国家を、というわけです。[*80]

古典派は国家に対する市民社会の自律性を唱えた。しかし、新自由主義は市場原理としての経済が、社会に対して自律しており、国家に対して優位にあると唱える。フーコーは「社会的」市場経済という呼称の由来を意識しながら、次のように述べる。

新自由主義型統治は、社会自体の骨格と厚みのなかに介入する必要があります。それは〔……〕社会に介入し、競争メカニズムが、いかなるときも社会の厚みのいかなる地点でも、調整役を果たすようにしなければならないのです。それは重農学派が思い描いたような経済的統治、すなわち経済法則のみを認識し、墨守していればよしとされるような統治ではない。それは経済的統治ではなく、社会的統治なのです。[*81]

新自由主義は、競争秩序の実現を目的に掲げて、社会そのものに介入し、統治する原理として現れている。国家と社会を市場という理念型のもとに組織することが、新自由主義的統治の目的なのだ。

フーコーが新自由主義の特徴について、オルド学派を参照しながら定義づけていく背景には、講義内ではわずかに触れられただけだが[*82]、一九七〇年代のフランスの社会政策が新自由主義化し始めているという観測があった。しかもそこでは、オルド自由主義的な方向性と米国型新自由主義的な方向性とが同時に存在し、個人の企業化という点で結びついている。たとえば、当時のジスカール＝デスタン大統領は、ポンピドゥー政権下で蔵相を務めた際に、フリードマンが提唱する負の所得税を検討している。国民に最低限の所得を保障することで、労働を個人の選択の問題に変えてしまうこの構想は、その実現性がどうあれ、社会の基本単位を「企業」として捉える、米国型新自由主義の基本的発想に裏打ちされている。個人はたしかに経済人《ホモ・エコノミクス》ではある。ただしその意味はまったく異なっている。古典的自由主義における経済人とは、交換・取引を行う商人的な存在だったが、新自由主義においては、人的資本を備え、競争と生産を行う企業のモデルに転換されている。[*83]労働は資本投下による収益の獲得行為とされ、教育とはそうした人的資本の形成、健康管理は人的資本のメンテナンスと読み替えられるのだ。[*84]

ところで、企業モデルの一般化という傾向は、ドイツ新自由主義にも共通する、とフーコーは言う。

その「社会構造政策 Gesellschaftspolitik」[*85]が、経済のモデルで社会関係総体を置き換えることを目指していたからだ。

> 問題は、「企業」という形式をできるだけ波及させ、増殖させながら、一般化することなのです。〔……〕社会体の内部で、「企業」形式をこのように増大させることこそが、新自由主義政策に賭けられていることだと思われます。問題は、市場と競争、したがって企業を、社会を形成する力のようなものにすることなのです。[*86]

じっさいリュストウは、社会の大衆《マス》化、プロレタリア化を克服するために、「生の政治 Vitalpolitik」と名づけた包括的な社会政策によって、家族や企業を基礎単位とし、自助と補完性原理を軸にする社会の再編（キリスト教保守主義の価値観が色濃い）、ひいては社会的価値観の再編を行うべきと唱えていた。[*87]

　国家と市場との関わり方という点でも、古典的自由主義と新自由主義は異なる。古典的自由主義は、経験論的な立場をとり、法契約論的な国家の起源の問いには関与しない。その関心は主権国家体制の維持発展と、市場を通した交換による、利害の調整に注がれた。だが新自由主義にとって、市場原理は現実の国家の正統性にかかわる。フライブルク学派はケインズ主義から社会主義、ナチズムまで、計画経済的傾向を持ったあらゆる政策原理を「全体主義」として敵視した。[*88]そして持続的な経済成長と国民の福祉の向上こそが、資本主義の全体主義化を防ぎ、その永続的発展を保障すると考えた。その統制原理に据えられたのが、市場メカニズムによる価格調整であり、その単位とされたのは、企業化された経済主体としての個人であった。[89]

統治を分けるのは、古典的自由主義と同じく功利的な「よさ」であり、法的な「正しさ」ではない。社会国家にとっての「よい」統治の目標とは、国民の自由と福祉、すなわち豊かさを最大限に尊重する体制を実現することにある。そのためには現実の国家の隅々まで、理念としての純粋な市場原理を貫徹させることが、政策面での至上命題となる。社会的市場経済の発想によれば、市場原理とは、経済成長の実現による国民間のコンセンサス形成をとおして、現行の国家体制の正統性を担保する。[90] この意味で、新自由主義は、国家権力と社会組織を市場原理に基づいて、そこからすべてを構成しようとする一つの体制であると言ってもよいだろう。

古典的自由主義と新自由主義は、市場原理を統治の指標とし、社会を介入対象とする点では共通するとしても、その内容がまったく異なっている。前者が市場秩序を認識かつ尊重し、社会現象に対して〈安全〉的な調整を行うとすれば、後者は理念型として市場を捉えたうえで、市場原理貫徹のために社会環境に介入し、競争を原理とした社会と個人の企業化を行うのである。

## 5 統治分析の一般的射程

キリスト教の司牧権力論から新自由主義の統治性をめぐる議論を貫く、フーコーの理論的な関心とは、それぞれが真理と統治について、固有の関係を構成する点にある。キリスト教司牧権力の導きに種別的な「真理」とは、導く側が、導かれる側に伝達する教義や説教のなかにだけ存在するのではない。何よりも導かれる側が、自分の内面にすすんで見出すものだ。他方で、ポリス論以降の世俗的統治にとっての真理とは、市場や価格を何らかのかたちで介在させることで示される。国家が穀物市場に介入するのは、その価格を、国力の増進という「真理」を反映した適正水準へと、人為的に誘導するためだ。古典的自由主義統治はこうした市場介入を批判する。需給と利害の調整を通じて決定される市場価格こそが、自然な秩序の反映であると考えるからだ。国家はあらゆる干渉を行わず、市場が示す真理に沿って統治を行えばよい。だが実際の社会では、近代経済学の唱える「完全競争」はフィクションであり、理想型だ。現実の経済過程にはさまざまな規制や介入、干渉が存在し、市場の自動調節機能が完全に働くことなどありえない。ケインズ主義や社会民主主義は、理想を現実に合わせることを選び、経済プロセスに国家を介入させる。他方で新自由主義型統治は、こうした福祉国家的なアプローチに反対し、現実を理想に合わせようとする。つまり、完全競争市場が示すとされる「真理」を実現するため、現実の社会環境を、競争を軸として変更することを選ぶ。

市場概念をめぐる分析を、フーコーは「真理の語り〔真理陳述〕の体制についての歴史[*91]」の研究の一環と位置づける。方法論上のポイントは、たとえば権力の抑圧仮説のように、高次の基準や一定の現実に照らして、ある事柄についての真理と誤謬、理性と非理性を判断することではない。分析対象が真偽の基準をいかに形成したか、そしてその基準をとおしてどのような効果が生まれたのかを診断することだ。フーコーのアプローチは、これまでに臨床医学、行刑制度、精神医学に向けられてきた。統治性講義のねらいは、この手法を国家に適用し、近代国家と権力との関係を「権力関係の絶えざる国家化」として捉えることにあった。[*92]
　フーコーは統治性講義で、オリエント古代文明から二〇世紀のヨーロッパまで、およそ三〇〇〇年のスパンで物事を扱う。「統治」とは、すべての社会に別々のかたちではあれ、たしかに存在している関係性のことだった。こうしてみるとき、司牧権力とは、キリスト教と統治の問題系が出会うことによって生じた、一つの（とはいえ西洋にとっては決定的な）統治のあり方だということになる。したがって、近代国家もまた、キリスト教司牧を政治的に引き継いだ「人の統治」のヴァリアントであり、数ある統治技法の一つという「統治のアクシデント」[*93]に過ぎない。だが、統治とは一方的な導きの過程ではない。そこではあらゆる権力関係がそうであるように、導く側と導かれる側が互いを必要とするだけでなく、この導きの関係が二重化されている、自己の統治と他者の統治が同時に問題とされているのだ。
　統治の問題系の一九八〇年代における展開は次章以降で扱うとして、ここでは国家理性論以降の統治理性が、本質的に「自己の統治」でもあることだけを示しておきたい。国家理性論はマキャベリの議論に対する反応として形成されており、フーコーはここに統治論は始まると考える。マキャベリにとって君主とは、領土と臣民に対して超越し、外側からはたらきかけるものであった。他方、一六世紀後半以降の反マキャベリ論と後のポリス論は、統治をこうした外在的な関係を前提とした技術とは異なるものとして捉えた。かれらは統治を、自己に対する自己の関係として措定したのである。他者を統治する君主はまず自己を統治し、家族を統治し、最後に国家を統治する。もちろん家族の統治とは家政術＝経済《オイコノミア》のことであり、この意味での「経済」が統治のモデルとして提示される。[*94]
　こうした統治の問題系の表れは、次のことがらと深いつながりを持つ。まず、政治的な統治理性がつねに抱える統治のエコノミーのジレンマ、すなわち「過剰と過小」という問題である。統治とはポリスにとって「つねに過小」であり、自由主義にとっては「つねに過剰」なものであった。その判断基準が「価格」であり市場であることはすでに見た。また国家に対して、統治の対象としての国家、すなわち「汝自身」を知る必要を生じさせる。これはモンクレチアンの次の国家への呼びかけにはっきり表れている。

> 汝に欠けているたった一つのこと、偉大な国家よ、それは汝自身を知ること、汝の力を用いることだ。*95

人口という問題系はまさにこの点に関わっていた。しかし同時に、国家を「統治」の対象として捉えることは、国家や社会の統治を、人の統治と区別しないことでもある。国家の統治と家族の統治の違いとは、対象の大きさの問題であって質の問題ではなくなる。これこそフーコーが統治概念によって政治的な統治性を分析したメリットであり、国家に対してもミクロ権力の分析が適用できると説いた理由でもあるだろう。

だが、統治の場としての国家あるいは社会とは、管理とマネジメントの論理としての自由主義が、自動的に貫徹する「幸福な」場ではない。そこには統治実践が対象とする人口がおり、かれらもさまざまなスケールで、個あるいは集団として、自己と他者を導く主体として存在している。近代的な統治の場としての領域国家は、ミクロとマクロの両方のレベルにおいて自己が自己を導き、自己が他者を導く場なのである。[*96]

「ミクロ権力の分析、あるいは統治性プロセスの分析は、定義上一定の規模を持つ特定の領域に制限されるものではなく、大きさにかかわらず、あらゆる規模のものに対して有効でありうるような、一つの視点、一つの解読方法として見なされるべき」[*97]だとフーコーは説く。統治論では、抵抗と権力が同一平面で存在し、導き＝振る舞いの運動をなすものとして、一挙に把握されなければならない。導く側と導かれる側のあいだのせめぎあいこそ『安全・領土・人口』のなかで〈対抗導き〉としてフーコーが取り出そうとしていたものだったのだ。次章ではイラン革命に関する一九七〇年代末のフーコーの論考をとおして、導きの運動としての統治と〈対抗導き〉を論じる。

第4章

# イスラーム的統治は存在しない

## 政治的霊性としての〈対抗導き〉

権力とは、遍在的な関係のことであるから、権力関係に外部はない――『知への意志』を経て、統治性分析を手がけたフーコーは、このテーゼを推し進めた。国家理性から新自由主義に至る政治経済学の歴史を検討することで、ミクロ権力分析が「マクロな」政治的統治の分析にも「使える」ことを示したのだ。キリスト教に端を発する人の統治は、司牧モデルの統治論として展開する。ただしその土台にあるのは、自己と他者の統治という、統治の基本的な枠組だ。

権力は、あるもの（個人、集団、制度など）にはたらきかけることで、その振る舞いを変える。自己と他者はいずれも、権力的なはたらきかけの対象となる。なぜなら自己と他者は、統治する主体として、同一の統治空間につねに存在しているからであり、統治とは、自己と他者の振る舞いを導くことであるからだ。したがって、統治する者と統治される者とのあいだの統治的な関係は、統治者が被治者を思いのままに導く「一方的な」ものではない。そこには、導く側と導かれる側の司牧的なゲームが存在する。このとき被治者の側が、統治者の導きに反発して、別の導きを得ることや、己を導くことが〈対抗導き〉であるのだ。

ではフーコーは、〈対抗導き〉なる概念をどのように構想していたのか。奇妙なことかもしれないが、この疑問への答えは、この語が一切登場しない一連のテキストを読むことで明らかになる。一九七〇年代末のイラン情勢に関するテキストだ。フーコーは七八年、講義『安全・領土・人口』と『生政治の誕生』を挟んだ時期に、革命情勢下のイランを二度訪れている。そして生涯で唯一「ジャーナリスト」として九本の記事を執筆した。しかし、フランスの論壇はフーコーに対して冷淡どころか、非難さえ浴びせた。特に翌七九年に入ってホメイニーらが政治の主導権を握るにつれ、フーコーは、イスラーム主義を賛美した、無責任な新左翼知識人であるかのような攻撃さえ受けた。[*1] しかし実際には、宗教者の政治への直接介入を支持するほど、フーコーは鈍感ではなかったし、反体制運動を要素に分解する「社会学的」分析にも批判的だった。

むしろフーコーは、イランの情勢を通してこの〈対抗導き〉を考察しようとしていた。情勢論的で「ジャーナリスティック」な仕事から垣間見えるのは、〈導き〉と〈統治〉の枠組のなかで〈抵抗〉をどう位置づけるかという問いである。本章で考察の中心となるのは〈イスラーム的統治〉と〈政治的霊性〉という二つの表現である。宗教や霊性、抵抗といった語彙で語られてきたフーコーの論述を、統治の主題のもとに接続し、八〇年代の自己と他者の統治論への展開を探っていこう。

## 1　「イラン革命」という出来事

フーコーは一九七八年九月、イランに一つの課題を携えて旅立った。それを本人は「理念のルポルタージュ」と呼んでいる。

現代世界は、生まれ、活動し、消滅し、ふたたび現れる理念であふれている〔……〕。この地上には、知識人がしばしば想像するより多くの理念がある。そうした理念は「政治家」が考えうるよりも活動的で強く、抵抗力があり、情熱的だ。理念の誕生に、その力の爆発に立ち会わなければならない。しかもそうした理念が表現された書物のなかでではなく、そうした理念がその力をありありと示す出来事のなかで、理念のために、理念に抗してであれ、理念のためにであれ、行われる闘争のなかで立ち会わなければならない。[*2]

理念が書物にではなく、出来事にあるとはどういうことか。しかし、その前に「出来事」とは何か。フーコーにとってこの語は、歴史的な大事件のことではない。「歴史的に特異な事象の突然の訪れ」と呼ぶべき事態を指す[*3]。精神疾患のカテゴリーの形成過程や、刑罰の手段としての収容の一般化が〈出来事〉なのだ。これらは起こるべくして起こったのではなく、当時の社会の不意を突くように生じる。出来事とは、認識と実践を支える既存の枠組にとって、理解不能な非連続性の経験である。そしてまた、新たな枠組を設定することで、こうした経験を自明なものとして措定する。

たとえばこういうことだ。一八世紀の時点で刑罰と収容はたしかに存在した。だが両者を組み合わせる発想はどこにもなかった。しかし、わずか二世紀後の今日では、収容こそが刑罰の核であり、疑問に思われることはまずない。このような急速な移行は、どのようにして可能になったのか。それを調べるには、刑罰と収容の結びつきを「出来事」と見なすことで、その自明性や絶対性を覆さなければならない。既存の認識と実践の枠組をいったん脱する必要があるのだ。フーコーはこのアプローチを、イラン取材に発つ約四カ月前の一九七八年五月に行われた、『監獄の誕生』に関する歴史家との討議をまとめたテキストと、その一週間後の講演「批判とは何か」で〈出来事化〉と呼んでいる[*4]。

過去の事態を出来事として捉えること、それは出来事化によって自明視されるに至った現在の状況を捉えなおす作業でもある。そうだとすれば、この〈現在〉もまた出来事として捉えうるのではないか。この観点からフーコーが注目するのが、カントの「啓蒙とは何か」である。カントはこの小論で、人々は国家や宗教の影響下にあることに慣れきっていて、他者から導かれる状態に安住していると、現状を批判的に捉える。そして啓蒙とは、人間がこうした未成年状態から脱することであり、勇気と決意をもって己の悟性を自由に用いる責任を引き受けることだと説く。

> なるほど、人は、自分自身だけのことなら、そしてまたしばらくのあいだだけなら、彼が当然知っておくべきことに関する啓蒙を、先延ばしにすることもできよう。しかし啓蒙をまるきり断念してしまうのは、彼自身にとって、また子孫にとってはなおさらのこと、人類の神聖な権利を侵害し、踏みにじるものである[*5]。

ここでのカントは、啓蒙の概念に、近代啓蒙思想の一般的な議論とは異なる解釈を与えている。啓蒙を歴史の起源や目的、完成や救済に関わる、歴史上の一時点としては描いていない。たしかに啓蒙の進歩は、人類の権利であり、各人に課せられた責務である。その意味で啓蒙とは、一つの「理念」だ。だが同時に啓蒙は、各人がその渦中にいる不可逆的なプロセスでもある[*6]。人が啓蒙を断念することが許されないのは、啓蒙はすでに始まっており、現在とは「啓蒙の時代」であるからなのだ。

　カントがこうした啓蒙観にたどり着いた背景には、ある新しい問いかけがあるとフーコーは言う。「私が属しているこの現在とは、いったい正確には何なのか」という問いだ。[*7] ここには逆説があるだろう。人が他者の導きによらず、自分の責任で理性を用いること、理性の公的使用とカントが呼ぶものを実践しようとするならば、未成年状態から脱していなければならない。けれども現在は、啓蒙の完了した時代ではない、啓蒙の時代だ。人は依然として未成年状態のままである。[*8] ではどのようにして、人は自分が未成年であることを知るのか。啓蒙という理念を引き受け、現在が啓蒙の時代であることを意識することによってである。人は現在を脱することで、現在を見つめ、そこから脱しようと試みる。

　こうして〈啓蒙〉は現在のあり方を問うという機能を果たし、哲学の歴史に新たな問題設定を持ち込む。フーコーは、カンギレームの著書『正常と病理』の英語版に寄せた序文（一九七八年）で、啓蒙のはたらきを次のように記している。

> 科学史は、一八世紀末に哲学にひそかに侵入した主題の一つを発動させる。このときはじめて、合理的な思考について、その本性や基礎、権能や権利が問われるだけでなく、その歴史や地理が、その近過去や現在が、その時間と場所が問われた。この問いは、まずメンデルスゾーンが、次にカントが、一七八四年に『ベルリン月報』で答えようとした「啓蒙とは何か」というものである。この二つのテキストによって「哲学的ジャーナリズム」が創設された。[*9]

「哲学的ジャーナリズム」とは、哲学者が時事問題への評論をしたためることではない。現在とは何かという問いを哲学的に扱う試みのことだ。では一八世紀末ではなく、現代に生きるわれわれにとって、どのような理念が、現在を現在として問うことを可能にしているのか。「理念のルポルタージュ」のテーマはそこにある。ただしフーコーの問題とする「理念」とは、そこから具体的な方針が演繹されるような指導原理のことではない。むしろ、そうした一方的な導きの試みを挫折させるようにはたらくもののことだ。

世界には理念があるからこそ（そして多くの理念が絶えず産み出されているからこそ）、世界を導く者たち、あるいは考え方を断定的に教え諭す者たちによって、世界が導かれるようなことにはならないのだ。

このルポルタージュにわれわれが与えたいと思っている意味は、このようなものだ。そこでは人々が考えていることとの分析が、起こっていることの分析と結びつく。知識人は、理念と出来事の交点で、ジャーナリストとともに仕事をすることになる。*10

〈理念〉とは、政治家が唱えるイデオロギーでも、知識人が講じる思想や哲学でもなければ、外部注入型の運動論でもない。人々はそうした「理念」によって他者から導かれるのではない。なぜなら世界には、人々のあいだには、あまたの〈理念〉があるからこそ、人々は他者による導きを拒否し、独力で己を導く可能性を持っている。したがってこうした理念は、カントの啓蒙と同じく、現在を問いとして設定することで、人々に再帰的にはたらきかける機能を果たしている。啓蒙もこの意味で一つの理念なのだ。

出来事も理念も、既存の認識と実践の枠組みから脱することで「いまここ」に関わる。こうした現在を問いとして把握しようとする営みが理念であり、出来事とはその経験だ。だからこそ出来事のなかで誕生し、爆発する理念を、闘争の現場のなかで、すなわち出来事のなかで捉えようとすることが「理念のルポルタージュ」と呼ばれるのだ。では、フーコーは革命情勢下のイランについて記すなかで、何を理念として捉え、どのような具体的はたらきを考察していったのだろうか。

## 2　ジャーナリスト・フーコーのイラン情勢分析

フーコーのイラン反体制運動との関わりは一九七〇年代前半に遡る。監獄情報グループで主導的な役割を果たしていた時代のことだ。当時活動をともにした弁護士の要請に応え、運動の支援に加わり、七六年二月には、フランス政府がイランの人権侵害を座視していることを批判する宣言に賛同している。フーコーが、知識人による世界情勢のリポートの連載企画「理念のルポルタージュ」を考え、イタリアの大手日刊紙『コッリエレ・デッラ・セーラ』の担当者と内容を協議していたのはちょうどこの頃だ。[*11]西側の支援を受けて即位した、国王レザー・シャーによる厳格な支配体制が敷かれた当時のイランは、中東で最も安定した国家とさえ言われた。だが一九六〇年代の近代化政策と七〇年代の石油危機により、都市と農村の格差、貧富の格差は拡大していた。不満は間違いなく鬱積していた[12]。

一九七八年一月九日に宗教都市ゴムで、学生僧と市民による反政府デモに官憲が発砲したことで、四〇日おきに殉教者追悼式が行われるようになると、情勢は次第に緊迫度を増していった。そして八月一九日、南西部の都市アーバーダーンで映画館が放火されて数百人が犠牲となる事件が起きる。これが政権と秘密警察の犯行だという噂が広まり、反政府運動の気運が一気に高まった[13]。六月にイラン情勢と関連文献を学習していたフーコーは、この事態を見てイラン行きを決意し、九月と一一月におのおの一週間ほど現地取材を行って記事を執筆することになる。

フーコーが著わしたテキストのうち、当時フランス語で発表されたのは三点――「イラン人たちは何を考えているのか?」[14]、それへの批判に応えた「イラン人女性読者へのミシェル・フーコーの回答」[15]、そして一九七九年四月刊行の、『リベラシオン』特派員のルポに収録された鼎談「精神のない世界の精神」[16]である。フランスでのフーコー批判はこれらがもとになっていた。典型的なのは、元マオイストのブロワイエル夫妻が、七九年三月二四日付の『マタン』紙に著わした糾弾調の論説だ。二人はフーコーがホメイニーを礼賛したと詰め寄り、「イスラーム政権万歳!」と宣言するか、自己批判するかせよと迫った[17]。数日後、フーコーは同紙の求めに応じるかたちでコメントを寄せ[18]、このような物言いに応える必要はないとした。その後四月にイランの人権状況を憂慮する「メフディー・バーザルガーンへの公開書簡」[19]を『ヌーヴェル・オプセルヴァトゥール』誌に掲載し、五月一一日付の『ル・モンド』紙への寄稿「蜂起は無駄なのか?」[20]で一連の批判に応えたのを最後に、イランへの言及を止めた。

今日の目から見れば、フーコーのテキストに情勢論として特筆すべき点はほぼない。フーコーは、イランの多数派宗教である十二イマーム派（本章での「シーア派」はこの宗派を指す）の信仰と全国的なネットワークが、専制政治への抵抗運動を可能にし、イラン・イスラーム革命の原動力の一つとなったと捉える。こうした見方はオーソドックスなものだ。また反政府運動側は、カセットや電話を用いてメッセージを全国に伝えるという、非常に先進的なメディア戦略を活用したのは確かだが、ホメイニーはすでに、一九六〇年代半ば以降の亡命時代から、カセットを使ったプロパガンダ戦略を採用していた。[*21]

フーコーのイランに関するテキストが研究対象となったのは一九九〇年代以降である。先行研究は概ね宗教と抵抗という二つの角度からテキストを考察しており、特に〈政治的霊性〉という耳慣れない表現が、頻繁に取り上げられてきた。[*22]

イスラーム的統治を「理念」として語ることも、「理想」として語ることにさえ、私は困惑を覚える。しかし「政治的意志」としては、イスラーム的統治は私に感銘を与えた。それは、現今の諸問題に応えるべく、不可分に結びついた社会的・宗教的構造を政治化する試みであるという点で、私には印象的だった〔……〕。しかしこの「政治的意志」に関しては、私にもっと感銘を与えている問いがある。一つはイランと、その特異な運命に関する問いである〔……〕。もう一つは、土地と地下資源とが世界戦略の目標となっているこのわずかな土地に関する問いだ。そこに住む人々にとって、自らの生を賭けて、われわれがルネッサンス以来、キリスト教の大危機以来その可能性を忘れてきたもの、すなわち政治的霊性を探求することにはどのような意味があるのかという問いだ。私には、もうフランス人が笑うのが聞こえる。だが、こんな私にも、かれらが間違っていることはわかる。[*23]

この表現は、後述するように「政治的・倫理的主体化に関するフーコーの考察との深い関わり」があった。にもかかわらず、発言の真意が理解されることもなかった。[*24]「イラン人たちは何を考えているのか?」を掲載した『ヌーヴェル・オプセルヴァトゥール』誌へのイラン人読者の投書は、そのことをよく物語っている。

パリ在住の私にとって我慢ならないのは、「イスラーム政権」が成立し、シャーの血塗られた専制政権に置き換わるかもしれないというのに、フランスの左翼知識人が平静としていられることだ。たとえばミシェル・フーコーは、今日揺らぎつつある拝金主義的で残忍な独裁に、尊大に取って代わろうとする「ムスリムの霊性」に感動しているようだ。約二〇年の沈黙と抑圧の後、イランの人々には、秘密警察か宗教的狂信のどちらかを選ぶしかないのだろうか。[*25]

さらに、イスラームの「霊性」なるものは、女性差別やマイノリティへの抑圧を正当化する道具になっているとし、こう続ける。

多くのイラン人は、私のように、「イスラーム」的統治〔＝政権〕などと想像しただけで激しく絶望的な気分になる。われわれはそれがどういうものか知っている。イラン以外のどこででも、イスラームは封建的または革命的抑圧の目隠しに使われている。

そして「西洋のリベラルな左翼は、変化を渇望する社会にとって、イスラーム法が桎梏になりうることを肝に銘じておくべきだ」とフーコーを批判した。アトゥサ・Hというペンネームの女性読者には、イスラーム的統治とは宗教に名を借りた抑圧の一形態にほかならず、それに興味を示すかのようなフーコーの発言は信じがたいものと映る。

「アトゥサ・H氏は、自分が批判している記事を読んでいない」――フーコーは短い反論の冒頭でこのように述べた。[*26] しかしそれが苦し紛れの発言でなかったとすれば、「イスラーム的統治」と「政治的霊性」という二つの表現を用いることで、フーコーは何を問題としようとしたのだろうか。

## 3 イスラーム的統治と政治的霊性

フーコーは〈イスラーム的統治〉を「現今の諸問題に応えるべく、不可分に結びついた社会的・宗教的構造を政治化する試み」と形容した。しかし、これは独自の表現だ。イスラーム的統治または〈法学者の統治〉とは、イランの多数派宗教である十二イマーム派だけに見られる考え方だ。[*27] フーコーは「イラン人は何を考えているのか?」で、ホメイニーの最大のライバルであった、当時最高位の宗教学者シャリーアトマダーリーへの取材内容をとおして「イスラーム的統治」について、自らの理解を提示している。イスラーム的な考え方と一般に了解されるものに基づけば、民主的な政治体制が確立できるという肯定的な見通しを語るのだ。シャーによる統治が非民主主義的であり、革命後の国家が民主主義を志向するべきだという認識が、当時のイランで広く普及していたことは間違いない。だが同師の穏健な見解を頼りにこう書いたことは、フーコーの大きな見落としを明らかにするものだった。

一つの事実は明らかに違いない。それは「イスラーム的統治」というのを、誰一人として聖職者が導き手あるいは統率の役を担う政治体制のこととは考えていない、ということだ。[*28]

フーコーがこうした言い方をするのは、ホメイニーが政治的イデオロギーとして掲げた「イスラーム的統治」すなわち〈イスラーム法学者の統治〉論を知らなかったからだ。[*29]

とはいえ、革命情勢下ではイスラーム的統治の内容について、宗教学者や政治指導者のあいだでも見解が分かれていた。[*30]またホメイニーらの勢力は、政治的配慮から、革命中に自分たちの政治的イデオロギーを一般に宣伝することを控えてもいた。[*31]たしかに一九七九年一二月の国民投票を経て成立したイラン・イスラーム共和国憲法には〈法学者の統治〉規定がある。この条項によれば、有力なイスラーム法学者からなる専門家会議によって選ばれた最高指導者は、統治権と国家の指導権を有しており、その権力は三権に優先する。だがこの条項は、七九年九月に憲法起草の最終過程である憲法専門家会議で、ホメイニー派によって挿入されたものだ。この法学者の統治論は激しい論争の対象となり、賛成派のホメイニーやイスラーム共和党系勢力と、反対派のシャリーアトマダーリーなどイスラーム人民共和党系勢力との武力闘争にまで発展している。[*32] こうした事情を考慮に入れると、フーコーがホメイニーの著作や考え方について十分な情報を得ておらず、情勢判断を間違ったことは事実であるにせよ、ホメイニーのような過激な立場にフーコーが肩入れしたという批判は的外れであろう。フーコーが「『ムスリムの霊性が、独裁に尊大に取って代わろうとしている』という理念を私のものとするべきではなかった」と記したのはこの意味であると理解すべきだ。[*33]

フーコーは、〈イスラーム的統治〉が政治的な結集軸と集団的抵抗の原理という、二重の役割を果たしていると捉えていた。反体制運動には、宗教勢力から世俗的な民族主義者、共産主義者までさまざまな勢力が参加していたが、〈イスラーム〉はそれらを一つにまとめる「国民的な」キーワードだった。現実に、左翼学生までが「イスラーム的統治」のプラカードを掲げているのだから、イスラームを「宗教は民衆のアヘンである」という意味でのイデオロギーと片づけてしまうわけにはいかない。[*34] 〈イスラーム的統治〉とは、人々が、現政権を頼りにせずに行う自律的な連帯の実践のことであり、新しい民主的な社会の構想を支える原理でもある、というわけだ。

「軍は大地の揺れるときに」は、フーコーがイランに関して著わした最初のテキストである。この記事は、過去の地震の被災者が政府の支援によらず、宗教指導者の指導下で復興に力を注ぐ様子から始まり、革命直前の一九七七年に起きたタバスでの大地震が、人々を反体制運動に突き動かす動機となったことを伝える。政府から十分な補償を得られない被災者と、政府の銃口によって命を奪われた反対運動の参加者の姿が、シャーへの不信感によって結びつけられるからだ。[*35] イスラーム的統治とは、政治的統治のかたちのことではなく、シャーへの「否」を集団的に表明する行為のことだとフーコーは理解する。

政治的な意志の表明と言ってもよいだろう。

イラン人がイスラーム的統治について語るときに〔……〕念頭にあるのは、すぐそばの現実だ。というのは、かれら自身がその現実という舞台の役者だからである。[*36]

現体制を拒否する姿勢と、自主的な救援の取組を、フーコーは重視する。そして一連の動きを、人々がシャーの退位を求める過程を通じて、自己統治を行う可能性を探る「実践」として位置づけようと試みる。フーコーがイランの出来事を「革命」ではなく、蜂起や抵抗と呼び続けた主な理由はここにあるだろう。

だが、なぜ「イスラーム」がイランで大きなスローガンとなったのか。フーコーはその理由を十二イマーム派の信仰のあり方に求める。このとき背景にあるのは、フランスの高名なイスラーム学者コルバンの研究と、当時のイランに多大な影響を及ぼし、一九七七年の亡命直後にロンドンで客死した思想家シャリーアティーの思想だった。コルバンからは、信仰の内的あるいは神秘的側面を重視するシーア派像が、またシャリーアティーからは、初期イスラームの再評価と、民衆に対して、己が社会変革の主体であることとの自覚を促した、革新的なイスラーム理解が採用されている。[*37] フーコーは、シャリーアトマダーリーへのインタヴューも参考にしながら、この十二イマームの再臨を「待つこと」に積極的な姿勢を見てとる。なぜなら、メシア信仰があるからこそ、信者の内面に初期イスラームの平等主義的な共同体のあり方が呼び起こされ、腐敗した既存の権力者から信仰共同体を維持せよとの「政治的かつ宗教的な熱情が鼓舞される」のであり、またそうした民衆の行動が、腰の引けた「革命的でない」宗教学者たちを出し抜いてしまうからだ。[*38]

別の言い方をすれば、当時のイランにとって「イスラーム」とは、将来への希望を表わすだけでなく、過去の記憶を呼び覚まし、人民を政治闘争に結集させる唯一の仕掛けであった。

シーア派は、幾千もの不満、憎悪、悲惨、絶望を、一つの力へと作り上げる。それは、シーア派が一つの表現形式であり、社会関係の一様態であり、しなやかで広く受け入れられている一つの基礎的な組織であり、共にある一つのやり方であり、他の人々に傾聴してもらい、他の人々とともに、他の人々と同時に欲望することを可能にする何ものかであるからだ。[*39]

「イスラーム」とは、教義や行動規範の体系として制度化された宗教とも、国家の支配体制の中に組み込まれた宗教とも異なる。それは、ペルシアにイスラームが導入されたのと同時に発生した「国家権力に抵抗するための限りない資源を民衆に与えてきた」別の宗教である。フーコーはそれを〈イスラーム的統治〉と呼んで、こう問う。

この〈イスラーム的統治〉という意志に見て取らなければならないのは、和解だろうか、矛盾だろうか、新しさに向かって乗り越えるべき境界線なのだろうか。[*40]

フーコーはおそらくコルバンの影響を受け、イスラーム的統治の元となる十二イマーム派の信仰の大きな特徴を「規範へのたんなる外面的な服従と、深い霊的生活との区別」にあるとする。そしてこの区別をとおして、霊的生活への配慮という信者の内面の問題は、政治的な主体性の変革という政治課題に、矛盾なく接続すると考える。[*41]「革命的」霊性としてのイスラームとは、「自らの実存を主権者の実存に立ち向かわせる、人民による歴史劇を住まわせることのできる、言葉づかいであり、典礼であり、時を越えた劇」という役割を果たす。〈政治的霊性〉の「霊性」とは、政治的な次元を含みこんだかたちで人々のあいだに存在する、霊的営みとしての宗教性のことだ。

では、そうした霊性を宿した人々が担う政治とは何か。それは駆け引きのことではない。中心に拒否を据える、一糸乱れぬ意志の表れこそが、政治と呼ばれなければならない。現政権の存続と政治的妥協を一度に退ける「二重の拒否」としての「政治に対するストライキ」がそれである。当時の運動が一致できたのはシャーの退位という短期的目標だけで、その後の政治的展望や思惑はバラバラだった。だがそれは運動には強みとしてはたらく。穏健な民主化や改革という政治的譲歩の提案は、運動側の結束によってのみ跳ね返せるからだ。

民衆の意志が単純であればあるほど、政治家たちの任務は複雑になる。おそらくこれは、政治とは、自らそうだと主張するもの――集団的意志の表現――ではないからだろう。政治は、集団的意志が数多く存在し、ためらい、混乱し、己をはっきり捉えられていないところでしかうまく息ができない。[*42]

ここでの〈集団的意志〉とは、契約論が言う一般意志のことではない。人々は安全確保のために己の権利を委ねたりなどしてはいない。それどころか、反体制運動に危険を顧みずに参加し、命を落とす。人々は殉教と追悼という、彼岸を語る「宗教的」な実践に参加することをとおして、民主的な諸権利を求めるという、此岸での「政治的」な実践へのつながりを深める。[*43] じっさい、シャーの追放を目指す人民的蜂起は、ポスト植民地主義的な性格を持たざるをえない。それは一方で代表制の政治を拒否し、己の意志を直接発現しようとする実践であり、他方で米国など列強の間接支配からの脱却という「世界秩序に対する最初の大規模な蜂起」でもあるのだから。ホメイニーとはフーコーにとって、そうした拒否の政治を象徴する形象だった。[*44]

フーコーがこうした意味での政治にこだわる背後には、マルクス主義や「社会学的な」社会運動論への批判がある。[*45] もちろんイランに社会的矛盾も階級対立も存在しないというのではない。経済決定論やイデオロギー分析では、蜂起の実相に迫ることができない、と考えたからだ。「イスラーム」を一つのスローガンとして、民衆蜂起が起きているではないか。

人々は「イスラーム的統治」を叫んでデモし、殺されているのだから、この語の内容と、人々を突き動かす力についてまず考えてみなければならない。[*46]

フーコーはこの課題を引き受けた。そして政治的要求を掲げてストライキに入った石油労働者や航空労働者が、反体制運動に対して、己の持ち場で「国民としての」役割を果たす様子を伝える。[47] さらにこうした動きを「政治のなかに霊的次元を開こうとする試み」と呼び、感銘を受けたことを隠さない。「霊的次元」とは、教義や制度としての宗教の次元ではなく、人々に共同性と正義と権利を想起させ、連帯を実現する理念の次元を指す。〈政治的霊性〉とは「集団的行動と宗教儀礼、市民権の行使」が結びついた、集合的な政治的意志の発露のことなのだ。[48]

## 4　〈対抗導き〉としてのイスラーム的統治

イスラーム的統治と政治的霊性というキーワードは集団性や統一性を強調する。これに対して政治的イスラーム（イスラーム主義）についての著作で知られるロイは次のような感想を述べる。

「全社会的蜂起」や「鮮明な……ほとんど全員一致の意志」、「実に一糸乱れぬ集合的意志」といった表現を見ると、なぜこんなに単純な物言いをするのかという疑問が沸いてこざるをえない。[49]

フーコーとの鼎談で、『リベラシオン』のイラン特派員だったブリエールは、西洋の白人女性記者として取材中に経験した女性差別に触れている。そして「蜂起の美しさ、それはあるでしょう。ですが……」と言葉を濁し、こうした一体感とは、ごく小さな差異をも認めない排除の論理につながりかねないと述べる。この指摘に対し、フーコーは反ユダヤ主義や排外主義的なナショナリズムの存在を認める。しかし、そうした限界を抱える既存の諸要素を元にしてしか、イランの運動は成立しなかったわけで、そうした問題を一挙に克服するのは難しいと述べるに留まった。フーコーの視線は、集合的で政治的な意志と、己の生き方のラディカルな変革を望む意志という、二重の要素を帯びた当時の運動の行く末にあったようだ。[*50]

観念的な関心のあり方に思える。だが、本人にとっては思想上の問いであった。というのも、イランの議論で念頭に置かれているのは〈対抗導き〉の図式であるからだ。この概念は、イラン取材前の講義『安全、領土、人口』で取り上げられていた。フーコーは一九七八年三月一日の講義原稿（実際には読み上げられなかった）にこう記している。

統治性分析とは〔……〕「すべては政治的である」という命題を含んでいます。〔……〕政治とは統治のあり方に対する抵抗、最初の蜂起、最初の対決とともに生まれたものに他ならないのです。[*51]

統治は「抵抗」という政治につねにつきまとわれる。ゆえに、統治のシステムや技術に関する思想史分析は、その時々の統治のあり方が、どのような抵抗にさらされてきたのかを示さなければならない。しかしなぜ、統治にとって抵抗は必然なのか。それは統治概念のあり方から理解できる。フーコーはこの語が、一六世紀に国を治めるという意味で用いられる以前は、「人が人を導く」という意味だったことを指摘していた（本書第3章1を参照）。

この導きの二重性があるからこそ、他者を導く司牧権力があるところには、それと同型の自己を導く、抵抗が必ず出現する。フーコーはいくつか名称を検討した後、この動きを〈対抗導き〉（反操行）と名づける。[52]これは『安全、領土、人口』の編者スネラールが指摘するように「臣従化技術に関する分析と、一九八〇年以降の主体化実践に関する分析とのあいだに存在する非常に重要なステップ」だった。[53]八〇年以降の講義では、統治概念が自己の技術や自己の統治術といった表現と結びつけられていき、最終的には「自己への配慮」の問題系へとつながるからだ。

フーコーはこの対抗導きを、既存の導きを拒否することや、別の導きを求める運動として捉える。そしてキリスト教での例として、宗教改革の遠因となった、中世の修道会の設立や信仰覚醒運動、フスやウィクリフなどの教会批判、神秘主義、聖書の重視、終末思想などを挙げる。[54]これらはいずれも、キリスト教が制度化された宗教として、聖職者の地位や儀礼などを整備していくことに対して、司牧の枠組みにとどまりながらも、制度化や組織化を拒み、教会の腐敗を批判し、別の形の信仰のあり方を求めた。この霊的な動きは、「導かれる側の反乱」なのだ。さらに言えば、こうした事例が示唆するのは、改革や抵抗という導きの再編と制度化が、対抗導きに先行するという視点でもある。

こうして一五世紀から一六世紀にかけてはっきりと現れてくるのは——こうした対抗導きの運動総体によって脅かされていたキリスト教会が、これらを内部に取り込んで、手なずけていく時代ですが——、信仰分裂、つまり、根本の部分ではこうしたさまざまな対抗導きを一定のかたちで再移植することになる、プロテスタント諸教派と、対抗宗教改革によって対抗導きを再利用し、己のシステムに復帰させようとする、カトリック教会とのあいだの大分裂にまでいたるという事態です〔……〕。闘争は完全に外的な形態をとって生じるのではなく、反司牧闘争において妥当性を有する戦術的要素が、周辺的な仕方ではあるにせよ、キリスト教の全体的な地平の一部をなしているそのかぎりで、恒常的に活用されることで生じるのです。[*55]

キリスト教司牧の導きは、信徒に自己の放棄、または他者への絶対的な従属を求めることで、人々を個人化しつつ、信徒を集団としても把握する。したがって対抗導きもまた、個人と集団とに同時にかかわらなければならない。たとえ神との合一という神秘体験が個人的なものでも、既存の司牧の役割を否定し、その導きに挑戦するという意味において、実践は集団的な様相を呈する。フーコーの記述を振り返るなら、国家が統治機構に組み込んだ、イスラームという宗教の導きに対して、その国の内部で姿を現わすのが、「イスラーム的統治」と呼ばれる、集団的意志、対抗導きである。こうした抵抗の集団的性格の強調が、対抗導き論の特徴だ。他方、それまでの抵抗をめぐる議論が想定する場面は、キリスト教の告解の制度化から精神分析批判まで、一種の法廷闘争の趣さえもうかがわせる「一対一」の対決だった。

この集団的な対抗導きは、権力の「世俗化」や国家の司牧化という、統治性の変容とともに、現代の政治闘争にも見出すことができる。『安全・領土・人口』では、一九七〇年代後半に大きな話題を呼んでいたソルジェニーツィンの『収容所群島』や、東欧での反体制運動が、抵抗と拒否の複雑なあり方を示す「政治闘争」と形容された。拒否の実践とは、共産党の支配を拒み、政治体制の転換を目指すだけではない。恐怖と服従によって、日常生活の隅々までを他者に導かれるという、生のあり方そのものに人々が否を示すこと、「導きの拒否」のことなのだ。[*56]

対抗導きが扱う集団性、政治、拒否、霊性といった主題は、いずれもイスラーム的統治と政治的霊性という言葉でフーコーが捉えようとした、当時のイランの動きにはっきり重なる。じっさい、その対抗導きとしての性格は、この表現は一度も用いられないまでも、次のように描写されていた。

モスクが群衆にとって小さすぎれば、街路にスピーカーが置かれた。村全体、街区全体にその声が響きわたった。それは、フィレンツェに響きわたっただろうサヴォナローラの声、ミュンスターの再洗礼派たちの声、クロムウェルの時代の長老派たちの声がそうでもあったような恐ろしいものだった〔……〕。宗教人ではまったくないある文筆家が、そうしたカセットをテヘランで聞かせてくれた――それは、退却とも逃げ場とも、狼狽とも、恐怖とも聞こえなかった。[*57]

近世ヨーロッパのキリスト教に関わる社会運動との対比で、二〇世紀後半の第三世界の革命を語ることは、西洋に対する東洋の「遅れ」という図式に暗に依拠しているのか。そうではないだろう。イランの人々は、国軍や秘密警察への恐れに向き合うことで、シャーの統治を拒否する。そうした運動のダイナミズムを捉えようとするフーコーの記述は、対抗導きの要素を彷彿とさせる。フーコーは別の箇所で、シーア派は少なくとも理念としては、信仰の導き手を信者の側が選ぶ手続きを備えていることを指摘する。そして、信仰の主導権は説教をする側でなく、その話に耳を傾ける側の信者にあると論じている。

対抗導きのもととなる「統治」の枠組が、イランにもまた認められることが示唆されている。[*58] たしかにそこでは、イスラームという宗教的要素が重要な役割を果たしている。けれどもそれは、専制的な統治に従属する生き方からの脱却、新たな導きを求めるという決断を行った、主観性の創造としての政治的実践、新たな統治のことであり、集団的でしかありえない意志のことだった。それが一九七八年のイランでは、歴史的社会的限定によって「イスラーム」や「民主主義」という名前で呼ばれているのだ。

〈霊性〉の概念は『主体の解釈学』の初回講義（一九八二年一月六日）でこう定義される。

主体が真理に到達するために必要な変形を自身に加えるような探求、実践および経験の総体であって、それは具体的には浄化、修練、放棄、視線の転換、生のあり方の変容などさまざまなものでありえます。それらは認識ではない。主体にとって、主体の存在そのものにとって、真理への道を開くために支払う代価なのです。[*59]

この年の講義の題材はプラトンとヘレニズムの哲学である。そこでの「真理」とは、近代科学や合理主義的な認識のことではなく、生の美学、すなわち己の生のあり方をよいものにするために必要な認識のことだった。真理と主体の関係性についてのこうした捉え方を、政治的霊性という表現に遡って適用すれば、シャーの専制政治が当然のこととする現体制の真理を、命を賭して拒む「政治的」行動は、主体の変容を求める「霊的」な行動と呼ばれなければならない。イスラーム的統治とは、政治的霊性の一例なのだ。

イランでは、一九七九年一月のシャーの国外逃亡と翌月のホメイニーの帰国があり、その後にさまざまなマイノリティや反対派への弾圧が激化する。こうした状況の悪化に際してフーコーは、ホメイニーらの政治路線を批判して「死のうとしていた人々が参照していた霊性とは、一人の保守的な宗教学者〔ホメイニーのこと─引用者〕による血まみれの統治とは何の共通点もない」と述べた。フーコーは本当にそう考えていたのだろう。イスラーム的統治とは、運動のなかにある「還元不能なもの」であり、具体的な体制のことではないのだから。だが、拒否を中心とした蜂起の政治には、遅かれ早かれ終わりが来る。蜂起を待つのは、国民投票や選挙という代議制民主主義の政治への回収か、革命政権の根拠づけへの利用なのだ。

一九七九年四月の国民投票で、イスラーム共和制を樹立したイランでは、ホメイニーが権力闘争に勝利し、イスラーム統治論を組み込んだ憲法によって最高指導者となり、「イラン・イスラーム革命の指導者」という地位を不動のものとした。だが、蜂起自体の是非や成功可能性を現在形であれ、過去形であれ分析的に論じることは、フーコーにとっての問題とはかけ離れている。フーコーは、人は蜂起するという事実に目を向け、そこでの理念のはたらきに着目する。出来事は、特異なものの蜂起として生じる。このとき、出来事には「反戦略的なモラル」で対処しなければならない。特異なものの蜂起を尊重するとともに、権力の普遍的なものからの離反に、厳しく対処することが必要なのだ。フーコーはこの意味で、イランでの蜂起を政治的霊性の発露であると考えている。*60

## 5　イスラーム的統治は存在しない

一九七〇年代末のイラン情勢に関するフーコーの記述には、対抗導きという理論的関心が色濃く反映されている。対抗導きが集団的実践として、マルクス主義的な理論装置とは結びつかないところで可能になるとしたら、そこにはどのような「理念」があるのか。フーコーは当時のイランに即して、それを〈イスラーム的統治〉とひとまず名づけた。それは政治的な集団的意志の結節点として作用する、一つの表現形式であり、専制政治という導きを拒否する、集団的な実践のことだ。けれども、集団性にこだわればこだわるほど、フーコーの記述が「人民対国家」という古典的な図式へと近づいていくことも、また否めない。イラン反体制運動は、シャーの退位という「拒否」で結束はしていたものの、左右のさまざまな世俗勢力と宗教勢力がヘゲモニー争いを展開していた。フーコーはこの点を意識して、「聖人対暴君」という擬人化された図式で情勢を語らない。しかし、それでも『知への意志』までで語られたミクロな抵抗の「一対一」図式が、マクロな次元に引き延ばされているだけではないのだろうか、という疑問は残る。

『安全、領土、人口』の主要なテーゼの一つは、「国家は存在しない」だった。国家とは絶えざる国家化のプロセスであり、実体ではない。そうであるがゆえに、国家の歴史もまた人々が何をなし、何を考えているのかという事実から――その中心にあるのは、司牧と統治の構図だ――描くことができる。したがって、権力についてのミクロ分析と、国家あるいは統治に関するマクロ分析とは矛盾なくつながる、こうフーコーは主張した。そしてこの図式に沿うことで、絶対王政期の領域国家を支えた国家理性論や、中央集権化と自由主義、そして社会の関係もまた、導きと対抗導きの図式で考えることが可能になったのである。[*61]

イランの例を最後にもう一度考えてみよう。シャーの専制政治は、圧倒的な警察力と軍事力によって、個人の内面に恐怖を植えつけると同時に、近代化の名のもとに国民国家化を推進し、人々を従順な労働者あるいは消費者として導こうとした。だが、このような個人化と集団化を二重に行う導きであるからこそ、国王の導きの一切を拒否することもまた、イスラームという呼びかけへの反応、恐怖の克服と民主主義的要求とが結びついた〈蜂起〉へと結実する。内的葛藤の克服という個人的な営為と、共同性や民主主義的な原理の再活性化に基づく、集団性の獲得が結びつき、〈政治的霊性〉という名の対抗導きとして姿を表す。だからこそ、フーコーは次のように述べてしまうのだ。

> イラン人はわれわれとは真理の枠組が違うのです。われわれの真理の枠組からして非常に特有のものです。ほとんど普遍的なものになってはいますが。ギリシア人はかれらの真理の枠組をもっていました。マグレブのアラブ人はまた別の真理の枠組をもっています。[*62]

イラン人という集団の心性が実体として存在している、という意味ではない。そうした見方が可能なのは、物事を分析的に捉える社会学的な態度に基づくからだ。

こんにち「イラン革命」と呼ばれる事態は、フーコーにとって、歴史を貫いて、明確な理由なく起き続ける、導きの拒否としての蜂起に他ならなかった。司牧の導きに対して、対抗導きの側もまた、全体と個別、マクロとミクロの動きを、直接的に一致させることで、導きを拒む意志を噴出させる。対抗導きをめぐるフーコーの議論が示唆的なのは、こうした導きと対抗導きの同型性を示したことにある。したがって、対抗導きとは、「どのように導くか」「どのように導かれるのか」「己はどのように振る舞うのか」という三重のものとして提示される統治の問いを、導かれる側から捉えたものと理解できる。[*63] この統治の地平には、抵抗ということばはもはや不要だ。すべては導き＝統治のなかで起きている。統治の世界では、国家が存在しないように、イスラーム的統治も存在しない。導きと対抗導きだけが存在するのである。

導きと対抗導きの拮抗関係は、同じ一つの「導き」の営みから生じる。これはまた、自己の統治と他者の統治の交錯のことでもあった。自己は、他者に導かれると同時に、自己を導く。とはいっても、他者の統治の世界に、自己の統治が展開するのではない。統治の世界には、自己の統治と他者の統治が、つねに同じ営みとして存在している。この二つで一つの統治をめぐっては、自己の統治がいつでも優位にある。己をよく導くことなしに、他者をよく導くことはできないからだ。他者の統治論において、対抗導きが扱われた目的は、司牧的関係の普遍性を明らかにし、われわれが司牧的なものの外に出ることはないという、一種の運命論に与するためではなかった。どのようなものであれ、他者の統治は、自己に対する自己の導きとしての、対抗導きを生じさせてしまう。これを浮き彫りにすることが、対抗導きをめぐる議論のポイントなのだ。では、抵抗と権力から対抗導きへと至る統治論は、一九八〇年代には、自己の統治をめぐってどう展開するのだろうか。次章で検討したい。

第5章

# 用いる者と用いられるものは別である

## 一九八〇年代統治論の展開

一九七〇年代前半のフーコーは、キリスト教に固有な聖職者と信徒の関係に、近代の規律訓練権力の原型を見ていた。この関係性は後に司牧と呼ばれ、さらに一般化されて、統治と呼ばれた。そしてこの、導くこととしての統治という観点は、〈導き〉と〈対抗導き〉の図式を組み立て、権力論と主体論を重ね合わせることで、統治論の枠組みを作り出す。こうして統治概念は、権力論と主体論を包括する一元的な概念へと生成する。前章で霊性と呼ばれた、主体に変容をもたらす真理のはたらきと、科学的な手続によって得られる真理とは、どのように結びついているのか。真理による統治において、真理はどのように主体と関わるのか。主体を変革する真理と、主体を従属させる真理とは、どう分岐するのか。本章では、一九八一－八二年度講義『主体の解釈学』と『自己への配慮』（八四年）で展開された、自己への配慮による主体論を考察する。具体的には、プラトンの初期対話編『アルキビアデスⅠ』とヘレニズム哲学に関する議論を取り上げて、八〇年代フーコーの統治論が取り上げた、自己への配慮の問いと、導きの問いとのつながりを明らかにする。

## 1　司牧から統治と導きへ

一九八〇年代のフーコーは、統治概念をキリスト教以前の時代に適用し、主体論を新たな主題とした。そのきっかけは、司牧の種別性を明らかにしようとする『安全・領土・人口』での分析が、より包括的な概念としての統治を明らかにしたことにある。この講義で導入された、統治性という造語は、たしかに国家についての分析を行うためのものだった。ただしそれは「裏に回り込む」という、『狂気の歴史』から『知への意志』に至る、フーコーに特徴的なアプローチを引き継ぐものでもある。そこでかなめとなるのは、「とは何か」という、存在論的な問いを立てないことだ。存在論的な問いの代わりに、機能的な問いとしての「どのように」が問題となる。

近代国家を、その変容や発展、機能を保障するような、一般的な権力技術に置き直しうるのか。国家にとっての〈統治性〉なるものを、隔離技術にとっての精神医学、規律訓練技術にとっての刑罰制度、生政治にとっての医療制度のようなものとして、語ることはできるのか。*1

『監獄の誕生』に結実する一九七〇年代前半の研究では、刑務所や行刑制度に関する権力の一般的なしくみが分析された。収容施設そのものではなく、規律訓練のテクノロジーを分析対象としたフーコーは、行刑制度への「外からの」アプローチを行った。同じ手法が『安全・領土・人口』では、西洋の近代国家について用いられる。そして統治性概念を軸に、国家が変容し、発展し、機能する際の原動力となる、権力技術の一般的なあり方が考察された。そこで明らかになったのは、国家が、こんにちのわれわれが自明視する形態へと自己構成する、〈国家化〉のプロセスであった。

しかしこうしたフーコーの議論には、用語法上の問題がつきまとう。「人の統治」とは、キリスト教成立以後の概念であり、しかも、オリエントが起源とされる。そうだとするならば、一九八〇年代に扱われた、自己と他者の導きの問題としての〈自己への配慮〉を統治実践として捉えることは、歴史的な順序としては逆なのではないのか。この疑問には、こう答えることができる。たしかに（フーコーの考えた範囲での）社会では、「人」が統治や導きの対象とはならなかった。だが当時は、キリスト教の制度的確立以後とは違ったかたちで、自己と他者との関係、自己と自己への関係についての問いかけと実践が存在した。こうした営みを支える倫理や教説の、最も一般化した呼び名が〈自己の技術（技法）〉だった。それゆえ、ここで「統治」の語を用いることは、非キリスト教社会における個人や集団の実践が、どう呼ばれていたのかという、事実の問題としてよりも、問いの枠組設定という、理論の問題に属することとして正当化できるだろう。

フーコーは、ダートマス大学で行った講演「主体性と真理」（一九八〇年一一月一七日）で、自己の技術なるものが、あらゆる社会に存在すると述べたうえで、それを、前期ハーバーマスの言う、三つの技術《テクノロジー》（生産、意味作用、支配）と区別する。自己の技術は、自己に対する自己のはたらきかけに用いられる。その目的は、己を高次の段階に引き上げることだ。

個人が、自前の手段を用いて、己の身体や魂、思考、振る舞いに対して、一定の操作を行うことを可能にする技術。この操作は、己を変容、変形させるために、あるいは完成された、至福の、浄化された、超自然的な力を身につけた……といった状態に到達するために行われます。この種の技術を、自己の技法《テクニック》あるいは自己の技術と呼ぶことにしましょう。*2

この自己の技術が、他者に対する支配の技術と並んで、フーコーの一貫した主題である「西洋文明の主体の系譜学」を分析するうえでの鍵として、位置づけられる。この二つの「技術」は、統治概念によって一元的に扱われる。ある主体は、自己の技術によって自己から導かれると同時に、支配の技術によって他者から導かれる。この二つの導きを結びつけるのが、統治という関係性なのである。

個人に対する他者からのはたらきかけと、その個人が行う自己の導きが結びつくところが「統治」と呼べるのではないでしょうか〔……〕。人を統治するとは、為政者が人々を意のままに動かすことではありません。統治とは、強制を行う技術と、自己が自己自身によって構築、変形されるプロセスとのあいだにある、相補的関係と争いとをはらんだ、つねに不安定な均衡状態だからです。*3

狭義の統治性——西洋近代国家の権力技術論——だけでは、主体の系譜学をたどることはできない。たしかに国家理性論以降の国家は、一つの主体として、最適な統治という問いにさいなまれている。自由主義的統治理性は、統治の過剰と過小の問いをつねに抱える。けれども、けっして解消することのない この問いは、統治の問いの全体をカバーしてはいない。統治される者は、つねに統治する者でもある。統治的な関係を結ぶすべての主体のありようは、自己と他者からの二重のはたらきかけによって、絶えず変化する。したがって、統治的な関係性が達成する、自己の統治と他者の統治のあいだの均衡状態は、つねに暫定的なのだ。こうしてフーコーは、統治の語を用いることで、自己の導きと他者からの導きとの関係を、「自己」を軸とした動的な導きのあり方として捉える。

狂気や国家は、存在しないが、ないわけではない——フーコーはこう繰り返すことで、考察対象の実体化を避けようとした。狂気や国家を実体としてではなく、権力‐知の関係の表れとして扱おうとしていた。自己と他者の導きによって生じる「主体」にも同様のことが言える。「西洋文明の主体の系譜学」とは、普遍的な主体の枠組みや理念を、歴史の各時代に見つけることでも、現在の主体に関する見方を過去にあてはめて、主体の「起源」を求めることでもない。認識と実践とを規定する、その都度の枠組において、自己と他者の導きの対象のあり方を考え、主体が生成するプロセスを検討することだ。後期フーコーにとって〈主体〉とは、規律訓練権力の臣従化作用や、一般的な意味での支配や服従によってのみ構成されるものでも、自己の自己への働きかけによる、主体化作用によってのみ構成されるものでもない。導きの主体、あるいは統治する主体と言うべきものだ。

一九八〇年代のフーコー統治論の最も基本的な土台となるのは、〈自己への配慮〉と〈自己認識〉との関係である。一般的に言えば、前者は自己をより高い段階へと導くこと、後者は自己に関するほんとうの認識を得ることだ。古代哲学で結びついていたこの二つの傾向は、古代哲学とキリスト教が接近することで、関係性をすっかり変えてしまう。そして近代合理主義の登場以降になると、両者は完全に分離してしまった。両者はそれぞれに固有で別個の、真理と主体の関係性として扱われる。

自己への配慮は、先ほど触れた、自己の技術に関わる。というのも、自己への配慮においては、自己を知ること、真理を知ること、主体を変容することが一本の線でつながっているからだ。「自己は、自己を知ることによって、真理という存在に到達できる。そして真理によって、自己という存在に変容がもたらされ、神との同一化が行われる」[*4]。ソクラテスとプラトンがもたらした、この真理と主体の関係は「真理に到達するために、主体を変革すべし」という命題に集約できるだろう。フーコーは他方でこの関係性を、本書第4章が扱った〈霊性〉の流れに位置づける。自己への配慮の真理とは、主体の変革を、主体が真理に到達する要件として定めるだけでなく、その目的とする点で、主観的な真理と呼ぶことができる。

他方で、自己認識の枠組において、真理と主体の関係性は、自己への配慮の場合とは異なる形をとる。真理は主体にとって客観的な関係にある。主体が真理を獲得するにあたって求められるのは、自己変革ではなく、所定の手続きを踏むことだ。これは、その真理が（たとえば、キリスト教の告解や、その世俗化的形式としての、精神医学を通して）支配の技術に組み込まれることで、結果的に主体の変容をもたらすにしても、いわゆる近代自然科学の学知として獲得されるにしても、同じことだ。フーコーは「デカルト的契機」という表現を用いているが、これは、一定のプロセスを経れば、認識主体がだれであるかを問わず、客観的な真理が得られるとする「近代的な」真理観のことを指す[*5]。

自己への配慮と自己認識という、二つの真理‐主体観は、時代区分の指標ではなく傾向である。たしかに「デカルト的契機」なるものを境として、主体と真理に関する新たな歴史が始まった[*6]。だが、西洋近代思想史には客観的な主体‐真理関係以外の傾向もたしかに存在する。シュティルナー、ショーペンハウアー、ニーチェ、ダンディズム、マルクス主義と続くこのリストには、フロイトやラカンすら含まれている。フーコーは、主体の変革と真理への到達を結びつける問いが、今日まで、さまざまなかたちで保持されていると考えているのだ[*7]。

一九八〇年代の議論において、この「霊性の歴史」なる表現が積極的に用いられているわけではない。だが著名なヘレニズム哲学研究者のロングは、自己への配慮と霊性を結びつけたフーコーのねらいを簡潔にまとめている。

フーコーは次のように考えてはどうかと述べています。セネカなど〈自己への配慮〉に関するローマ時代の著述家にとっては、われわれ、つまりおおざっぱに言えばデカルト以後の人々とは異なり、認識論は霊性と緊密に結びついていたのだと[*8]。

自己への配慮が自己認識よりも根源的であり、後者の実践を支える原理のレベルでは、後者は前者に決定的に依存しているというわけだ。ロングのこの言い方は、フーコーの議論の要点を明確に摑んでいる。じじつ、キリスト教は、プラトンからヘレニズム哲学、新プラトン主義へと至る自己への配慮の系譜を、その教義に引きつけて解釈する一方で、教会制度を確立し、最終的に告解を中心とした、独自の主体形成作用を生み出した、とフーコーは捉える[*9]。ゆえに、自己への配慮と自己認識という二つの命題の関係を考えることで、自己と他者をいかに導くかという、統治の問いの変遷を探ることができるのだ。

では、「真理による統治[*10]」のあり方、そして真理と主体の関係をめぐる問いは、自己認識と自己への配慮をめぐって、どのように展開するのか。フーコーは一九八一–八二年講義『主体性と真理』の講義概要で、自己認識（汝自身を知れ）という命法を、広いパースペクティブの下で考えるべきだと述べる。自己認識とは「わたしとは何か」という、アイデンティティの問いではない。

それは、自己から何を作り出すべきか、自己にどのようなはたらきかけをすべきか、という問いである。またこれは、自己が己の行為の対象、場、道具となり、その行為の主体となるような行為をなすにあたり、どのように「自己を統治すべきか」という問いなのだ。[*11]

自己統治の問いの出発点にフーコーが挙げるのは、プラトンの初期対話篇『アルキビアデスⅠ』である。現実にはアテナイの有名な政治家・軍人であったアルキビアデスだが、プラトンの著作では、とりわけ『饗宴』での泥酔した姿で知られる。しかしフーコーは、彼の名が冠されている対話篇には、自己への配慮の問いが、自己認識の勧告よりも広い枠組みとして現れているという。そしてさらに、自己の技術としての、自己への配慮の歴史は、ここから始まるとさえ言うのだ。自己への配慮を研究する目的は、主体性の歴史と統治性分析を重ねることであり、自己の統治と他者の統治の関係を明らかにすることにある。

## 2　統治実践としての自己への配慮——プラトン『アルキビアデス』

フーコーは自己への配慮の始まりを、プラトンの初期対話篇に求めるとともに、ソクラテスを自己認識の人ではなく、自己への配慮の人として描き出す。古代ギリシアでは〈汝自身を知れ〉の警句が、現代とはまったく異なる意味を持っていた。『主体の解釈学』はこの事実を確認することから始まる。この警句は、自己の隠された内面を認識することとはまったく関係がなかった。神殿に出向いてお告げを得るときの一連の約束事あるいは慎重さを示す（人としての領分をわきまえろという）一般的な命令であり、しかも神殿という特定の場所に限られたものだった。[*12]

ソクラテスにあってはどうか。彼にとってもまた〈汝自身を知れ〉とは、自己への配慮に従属するものであり、自己への配慮の対象である自己、すなわち魂《プシュケー》を認識することだった。ソクラテスは『ソクラテスの弁明』で、自分のポリスでの役割は神の命によるもので、神への奉仕だと主張する。

　つまり私が、歩きまわって行っていることはといえば、ただ次のことだけなのです。諸君のうちの若い人にも年寄りの人にも、誰にでも、たましいができるだけすぐれたよいものになるよう、ずいぶん気をつかわ〔＝配慮し〕なければならないのであって、それよりも先に、もしくは同程度にでも、身体や金銭のことを気にしてはならないと説くわけなのです。[*13]

徳によって財がもたらされるのであり、その逆ではない、というわけだ。しかし、人は、配慮の対象である自己とは何かも知らない。また、その事実に対しても無知である。たとえばソクラテスはアルキビアデスにこう語りかける。

我々が自分自身がいったい何であるかを知らないでいて、自身をよくするものがどういう技術であるかを、はたしていったい知ることができるだろうか〔……〕。それ〔自分自身―引用者〕を知れば、我々は自身に気をつけ、面倒をみるすべを、あるいは知ることができるかもしれないが、それを知らなくては、決して知ることはできないのだ。[*14]

ここに、ソクラテスという人物像にかかわるかたちで、「汝自身を知れ」の命題が導入される必然性が生じる。ソクラテスにとって、「汝自身を知る」こと、すなわち自己認識とは、客体化された自己の内面についての真実や、客観的な知見を得ることではいなかった。問題は、自己への配慮の対象としての、自己＝魂を知ることであったからだ。したがって、自己認識は、自己への配慮という目的達成の、いわば手段である。いわゆるアイデンティティの問いとは位相が違う。ソクラテスが自己への配慮を西洋哲学史に導入した存在であるとフーコーが論じるのは、何よりもこの意味なのだ。

この自己への配慮は、古代ギリシアからヘレニズム期、初期帝政ローマにいたる、ほぼすべての哲学的態度を特徴づける原則となった。その影響は、哲学の枠内にとどまらなかった。あらゆる理性的な振る舞いの原則へと拡大することで、「まさに一つの幅広い文化現象となるほどの大きな広がり」を見せた。自己への配慮の概念史は、ソクラテスの時代から新プラトン主義を経由し、聖カッシアヌスら紀元五世紀のキリスト教の禁欲主義までの約一〇〇〇年を射程に入れることができる。これがフーコーの全体的な見取り図である。[*15]

では、自己への配慮の行為者かつ対象である〈自己〉は、どのような意味で統治する主体であるのか。この点を、フーコーの『アルキビアデスⅠ』読解を考察することで明らかにしたい。『主体の解釈学』は、この対話篇の検討に全体の三分の一程度を割いており、内容もテキストの真贋から受容史など多岐にわたる。そのうち、統治と導きに直接関わる二点に絞って取り上げる。[*16] 第一に、自己による自己の導きの構図が、〈魂 - 主体〉として取り出されていること、第二に、自己への配慮が権力行使の問題、すなわちポリスの政治と、自己による他者の導きとの関わりで捉えられていることだ。

まず〈魂 - 主体〉論だ。『アルキビアデスⅠ』の魂に関する議論の特徴は、自己への配慮が、自己による再帰的な営みとして、すなわち自己が配慮の営みの主体かつ客体として、提示されている点にある。[*17] ソクラテスがアルキビアデスに対して行う、自己への配慮の呼びかけを「自身というもの[*18]」を見いだす作業として理解できるのは、この観点のゆえだ。ソクラテスは対話の前半部で、アルキビアデスに対し、己の任務と考えているポリスの統治について、アルキビアデス本人が、一貫した正しい考えを持っていないことを示す。自己をめぐる問いは、ここから議論の俎上に上るのだ。

自分自身に気をつけるというのは何かね〔……〕、また人間がそうするのは、はたしてどういう場合のことなのだろうか。そもそもひとは、自分のことに気をつけている時には、また自分自身にも気をつけていることになるのだろうか。[*19]

ソクラテスは、二つの問いを立てる。一つは、自己への配慮とは何か、という問い、もう一つは、配慮する対象としての「自己」とは何か、という問いだ。これらは、実際には二重の問いかけだ。自己への配慮の中身を明らかにし、その技術を知るためには、配慮の対象としての自己を、まず明らかにする必要があるからだ。だとすれば、自己についての認識を得ることが、自己への配慮の前提条件になるのだろうか。それは違う。問題は、どのような自己か、ではなくて、はたらきかけの対象としての自己とは何か、なのだ。話を具体的にしてみよう、と提案するソクラテスは、ある行為が行われるにあたって、行為をする側と、その行為者が用いる手段とのあいだに、どのような関係があるかを考察する。そして、ある人が問答をしかけることと、その当人がそのときに用いる言葉とのあいだにはどのような関係があるのかと、アルキビアデスに問いかける。

ソクラテス　ところで、問答をするというのも言論を用いるというのも、きみは同じ意味に言うのだと思うがね。

アルキビアデス　はい、まったくそのとおりです。

ソクラテス　ところが、用いる者と用いられているものとは、別ではないのか。[*20]

問答においては、語を発する行為主体（＝用いる者）と、行為の（手段としての）対象である語（＝用いられるもの）とが区分される。同様に、自己を配慮する行為では、主体と配慮される対象とが別々なのではないかと、ソクラテスは指摘する。

ソクラテスはさらに、靴屋やキタラ弾きの例をとおして、行為者と行為の対象は別であることを示す。そして自分は会話という行為を通じて、アルキビアデスの外面ではなく心（＝魂）を相手にしているのだと主張する。「汝自身を知れ」という自己認識の勧告とは、自己への配慮の対象である魂を知ることである、と告げるのだ。

きみの外面を相手に言論しているのではなく、むしろアルキビアデスその人を相手にしているわけで、それはまたきみの心（＝魂）を相手にすることなのだ〔……〕「汝自身を知れ」という課題を出している人は、我々に「心を知れ」と命じている。[*21]

かくしてアルキビアデスは、身体を用いる者が、身体のほかに存在することが必要であり、それがほかならぬ魂であることを了解する。ただし――と、フーコーは言う――ここに認められるのは、他の対話篇で見られるような、いわゆる魂と身体の二元論とは異なるものではないか。フーコーは、ソクラテスの「用いる者と用いられているものは別ではないのか」という発言にこそ、〈主体〉が明確なかたちで生じてくる契機が認められると考えている。

ここで問題となっているのは、話すという行為について、その行為を担う主体と、行為そのものを構成し、その実施を可能にしている諸要素（語や音など）の総体とを分け、区別できるような、分割線を引くことです。つまり、いわば、この二つが還元不可能であるところに、主体を生じさせることが問題なのです。[*22]

重要なのは、行為をなす者（＝用いる者）と、行為自体を可能にするもの（＝用いられるもの）とのあいだに線を引くことである。対話にあっては、たしかに、わたしがことばを用いてあなたに話をしている。この意味で、わたしと、わたしが用いることばとは別のものだ。しかし同時に、わたしの身体もまた、「わたし」によって用いられている。したがって、わたしを用いる者と、わたしによって用いられるものとは別なのだ。対話の相手である、あなたに対しても、同じことが言える。たとえばソクラテスは、ことばを用いて、アルキビアデスの身体に話しかけているのではない。アルキビアデスのわたしを用いる、「わたし」を相手にしているのだ。この「わたし」が、主体としての魂である、とフーコーは論じる。

これは、魂が行為主体であるという意味での魂に他なりません。魂が身体や体内器官、道具などを用いるという意味での魂なのです。いま私は、フランス語の「用いる」se servir という単語を使っていますが、この語はギリシア語でとても重要な役割を持ち、さまざまな意味を持つ動詞の訳語です。この語はクレースタイで、名詞形はクレーシスです。[*23]

この「用いる」という表現には、自己が己の行為の主体かつ客体となる関係が含意されている。「自己を用いる」ことは、何らかの振る舞いをすること（たとえば、暴力的に行動すること、怒りに駆られること）であり、「何かを用いる」ことは、事物や他者を行為の対象とすること（たとえば、馬に乗ること、神を崇拝すること）なのだ。

ここに見られる魂についての考え方を、フーコーは〈魂－主体〉（主体としての魂）と呼ぶ。〈魂－主体〉としての魂は、それが世界や事物に対して、道具的な関係を持つことを指すのではない。むしろ、主体が「用いる」という関係を、自己や他者とのあいだで結ぶことを示している。『アルキビアデスI』で探求される「配慮する自己とは何か」という問いは、用いる《クレーシス》という概念を経ることで、実体としての魂ではなく、主体としての魂を見いだすのである。自己への配慮は、こうした主体にとっての問題として表われている。

使用し、振る舞い、関係を結ぶという意味での主体であるかぎりで、われわれは自己に配慮しなければならないのです。（行動、振る舞い、関係、態度など、幅広い多義性を持つ）このクレーシスの主体であるかぎりにおいて自己に配慮すること、これこそが問題なのです。*24

またフーコーは、このクレーシスの語を『性の歴史』二巻の書名に掲げられた〈快楽の活用〉という表現の原語である、「クレーシス・アフロディシオーン」にも見出す。『快楽の活用』で考察される、古代人の振る舞いと関心もまた、この「用いること」をめぐって展開している。そこでの問題は、ある枠組の内側での行為について、規範に従って禁止と許可の範囲を考えることではなく、自己と他者をどのように用いるか、である。こうしてクレーシスの問題とは、自己と他者の統治の問題となる。

快楽《アフロディシア》をめぐる道徳的省察の関心の先は、性行為の標準的な様態を規定し、禁止事項の境界を定めて、分割線の左右に諸実践を配分するような体系的な規範を確立することよりも、一つの「活用」の条件とあり方を精緻化することに向けられていた。この「活用」とは、ギリシア人がクレーシス・アフロディシオーン（快楽の活用）と読んでいたスタイルのことだ〔……〕。ここでの問題は、人のさまざまな欲望やさまざまな行為のうちで何が許され、擁護されるかではなく、己の行為を配分・管理する方法についての慎重さや熟慮、予測である。快楽を用いるにあたっては、たしかに土地の法律や習慣を尊重し、神に無礼をはたらかず、自然の望むところに従わなければならない。だが人が従う道徳的規則は、既存の規範への従属を構成するものとは大きく異なる。問題となっているのは多様な調整であり、その調整のなかで、さまざまな要素が考慮されなければならない。[*25]

クレーシスについて述べた『主体の解釈学』の箇所ではすでに、医術、家政、エロスの三つが、魂―主体としての自己によって担われる、自己への配慮の中心的な舞台となることが指摘されている。この三大領域は、そのまま『快楽の活用』と『自己への配慮』の主題だ。さらに言えば、家政《オイコノミア》は、一六世紀の反マキャベリ論の流れのなかで、国家の統治のモデルとされたことも想起しておくべきだろう。フーコーは、クレーシスの語が、自己の導きと他者の導きを同時に含む事実を通して、自己が、統治の主体かつ客体として表れることを、明らかにしているのである。

しかし、アルキビアデスはなぜ自己に配慮しなければならないのか。それは、自己への配慮が他者への権力行使の条件であるからだ。これが統治する主体をめぐる、もう一つの論点である。自己への配慮という命題自体は、ギリシア世界に古くから存在していたことが知られている。とはいっても、そこで問題となっていたのは、たとえばスパルタの戦士が奴隷に自分の土地を耕作させて、自らにかまう時間、戦いに備えるために訓練する時間を得るという意味での、自己への配慮であった。[*26]しかし、これは『アルキビアデスI』での見方とは大きく異なる。

この対話篇の背景にある、ソクラテスとアルキビアデスの関係を振り返ってみよう。成人を迎えようとするアルキビアデスが、ポリスの支配を担い、他者を統治する立場へと移行しようとするときに、ソクラテスはダイモーンの声を聞き、この美貌の青年貴族に初めて近づき問答を始める。したがって自己への配慮をめぐる問いは、アルキビアデスに備わる生来の特権的地位と、当人が担おうとする政治活動のあいだに立てられている。アルキビアデスは自己に配慮しなければならない。他人を支配する立場を築くには、生まれと地位だけでは不十分であるからだ。[*27]このとき自己への配慮は、自己の生来の特権を他者への統治に移行させるうえで不可欠な、師弟間の恋《エロス》に基づく実践として登場する。

ところで自己への配慮は、他者の統治と魂の浄化《カタルシス》とを、不可分の関係に置く。ただし『アルキビアデスI』に現れるプラトン的な自己への配慮は、魂の浄化を純粋に個人の問題とはしない。むしろ、両者を区別しない点で、新プラトン主義やキリスト教的な自己への配慮とは区別される。たとえば、アルキビアデスとソクラテスの対話の論点だったように、この二人にとって自己への配慮とは「正義」に専心することでもあった。このとき正義は、自己‐魂に配慮すると同時に、他者の統治を担う者として、他者に配慮する際の、目的かつ要件として規定されている。ゆえに魂の浄化は、ポリスの運営を担うにふさわしい主体になるためになされる。正義に基づいて、ポリスに秩序と救済をもたらすことが、当人の自己への配慮を保障してくれるからだ。他者の統治にあたる者は、自己を高みに引き上げることで、魂についての知を得るだけでなく、それを用いて正義に則ることで、ポリスをよりよく統治することが求められる。統治者は、他者への配慮の実践——他者を「救う」という政治的な権力行使によって初めて、自分自身が「救われる」のだ。[*28] このとき、プラトン型の魂の救済の構図には、自己の救済が他者への統治を媒介すると同時に、他者への統治が、自己への配慮によってもたらされる関係が存在している。

アルキビアデスは、成人になった自分には当然の権利があると考えて、他者への統治に向かおうとする。だが、対話を通じて次第に明らかになるのは、アルキビアデスがこれまで不十分な教育しか受けておらず、他者の統治を行う技術を何も身につけていなかったことであり、またそうした己の状態への無理解であった。しかしアルキビアデスは、自己への配慮とは魂への配慮であることを、しだいに理解していく。そして魂もまた、己を知るための、魂を眺める作業に導かれることが明らかになる。こうした過程を経て、他者の統治へ向かうアルキビアデスに何が求められているのかが、はっきりと示される。それは、己を知ろうとする魂のはたらきによって、神的なもの、正義のあり方を知った、善い、つまり真理を身につけた、有徳な主体として、己を構成することなのだ。[*29] このように〈自己への配慮〉とは、それが問題化される当初の時点から、他者の導きとの関係に置かれた、自己の導きの問いとして表れている。

## 3　ヘレニズム哲学による〈倫理的な〉主体としての自己

『アルキビアデスI』に見られる、ソクラテス＝プラトン型の自己への配慮に存在したいくつかの特徴、とりわけ、他者に対する卓越性の獲得という、エリート青年への勧告の側面は、ヘレニズムからローマ時代にいたって失われていく。この勧告は、万人に対する、生涯をとおしたそれとして、一般化されるからだ。そして、自己への配慮は〈自己の陶冶〉と呼ばれる実践、技術、理論を含んだ一つの価値の空間へと結びつき、自己の関係の〈自己完結化〉という事態を生じさせる。

> 自己自身のために自己の配慮が行われ、その自己への配慮のなかに、自己はあがないを見いだすのです。自己の配慮のなかに、自己の対象があり、自己の目的があるわけです。言ってみれば、配慮対象としての自己の絶対化（変な表現で申し訳ありませんが）、かつ自己の自己目的化が、自己の配慮と呼ばれる実践にはあるのです。一言で言うなら、自己への配慮は、プラトンにおいては、ポリス、他者、国政《ポリテイア》、正義《ディカイオシュネー》といった問いに開かれていたのですが、いまお話ししている時代、紀元一―二世紀では、少なくともざっと見たかぎりでは、自己自身にふたたび閉じこもったように思われるのです。*30

しかしこれは、いわゆる社会から自己への退避とは、まったく異なる事態でもある、とフーコーは主張する。自己への配慮をめぐる議論では、ヘレニズム期が重要な位置を占め、自己と他者の統治が厳しく問われる時代として描かれる。しかし、これは西洋哲学史の伝統的な見方とは対立する。ヘーゲルの『哲学史講義』に典型的なように、ヘレニズム哲学は、ギリシア哲学からの退行として、また個人主義的で自己への隠遁を奨励する性格を持つ、脆弱な思想として特徴づけられてきた。[*31] また一般的にヘレニズム期は、集権的な国家機構の発達と、それにともなう旧来の支配階級の没落、貴族層の政治活動の衰退として理解される。

だがフーコーは、こうした見方に与えず、同時に、そこに潜む、古代ギリシアのポリスへの懐古的な傾向を批判する。そしてヘレニズム期には、三世紀の軍事皇帝時代に比べても「柔軟で、分化していながらも、厳密に階層化されてはいない」複合的な空間が組織されたことに注目すべきだと言うのだ。この空間の内部では、権力の源が多様化したことによって、活動や緊張や葛藤が数多く起きていた。人々が、政治活動をめぐる問題構成の変化と対峙することによって、自己をどのように位置づけるかという問いが、人々の意識に上るようになったのだ。[*32]

ヘレニズム期は、「主体化の危機」[*33]に見舞われていたとするフーコーは、この時代を、「自己への配慮」に関するプラトン主義的なあり方と、初期キリスト教的なあり方のあいだにある、もう一つの自己への配慮の実践のあり方が示される時代と見なしている。「自己への回帰」の内容にしても、プラトン哲学で言われる魂への回帰と、キリスト教の中心的な命令の一つとなった、自己のなかの悪の監視や自己の放棄と、ストア派が目指す自己の平静《アパテイア》さとのあいだには、滑らかな移行でも激しい断絶でもない、込み入った関係が指摘されている。[*34]

フーコーの一連の研究は、コレージュ・ド・フランスの同僚だったアドの西洋古代哲学観にも影響を受けている。その基本的な見解は「哲学的言説は、その起源を生き方の選択、実存的な選択のなかに求めるのであって、その逆ではない」というものだ。[*35]もっともフーコー自身が、一九七〇年代後半以後の、ヘレニズム哲学見直しの機運に、どこまで自覚的だったのかは定かではない。ただしフーコーの立場が、前出のロングのような、現代的なヘレニズム哲学の理解と呼応していることは、間違いないだろう。ロングは言う。当時の社会でストア派やエピクロス派が支持されたのは「理論を捨てて実践に向かったからではなく」きわめて説得的な世界観と人間観を提出したからだ。両者の哲学は「幸福が世界と人間本性の理解に依存するという、重要な前提にもとづいて」自然研究、言語理論、論理学といった分野を研究していた。[*36]

ヘレニズム哲学では、倫理の問いが、他分野の知との関係のなかに置かれてこそ、初めて意味を持った。たとえば、セネカにとって自然研究とは、世界を見渡せるような頂点にまで視点を上昇させ、自分自身が世界の一部、しかもそのなかの点に過ぎない存在であることを教えてくれるような、ある認識を得ることであった。こうした視点に立てば、自己の内面に存在する、恐れなどの感情はもはや問題にならない。隅々まで理にかなった世界のあり方を知ることで、主体は自己を知り、自由を得る。[*37]ここにおいて自然研究と倫理学は一体不可分である。

それではヘレニズム期の自己への配慮が培った、自己と他者のあいだの統治的な関係とは、どのようなものか。当時の「倫理」と「真理」に対して、主体はどのような関わりを持っていたのだろうか。プラトンからヘレニズム期以前の倫理の特徴を、フーコーは『自己への配慮』において、地位と権力、倫理の一体性を強調することで説明する。

古代の倫理では、自己への権力と他者への権力とのあいだの、きわめて強い結びつきが前提とされているので、地位にふさわしい人生の美学にならうことが義務とされていた。[*38]

だが、地位と生き方の固い結びつきにもとづく倫理観は、帝政期の政治構造の変化がもたらした権力行使の諸条件、あるいは政治活動の影響によって、大きくかたちを変える。かつての貴族層はもはや主権者ではなく、皇帝の政治権力の媒介役を務めるにすぎない。身分のみを頼りにして地位や特権を保持することは不可能になった。そこであらためて問題となるのが、自己の支配である。

ここでは、己の行為の主体として自己を構成し、認識することが問題である。ただしそれは、他者への権力を表す記号のシステムによってではなく、地位や地位の表現にできるかぎりかかわらない関係によって、行われるものである。というのは、そうした関係は自己への支配をとおして実現するからだ。[*39]

社会の流動化がある意味で進行したからこそ、自己への配慮の一般化が進み、自己の陶冶が問題として構成されるようになったのだ。したがってその営みは、己のうらに安らぎを求めるという、狭い意味での「内省的な」実践にはとどまらない。

ところで、プラトンからヘレニズム哲学、初期キリスト教思想という『主体の解釈学』で扱われた思想潮流は、この「真理への到達」に向けた主体の変容を求める、主体と真理の関係、自己への配慮のあり方と、いずれも深く関わっている。自己への配慮については、時代によって実践のあり方が変わるものの、共通する特徴が大きく三つ指摘されている。第一に倫理。これは、自己や他者、世界に対する態度あるいはあり方だ。第二に、反省的な所作。視線を己の「内」へと方向転換し、思惟の内容と、思惟する際の心の動きに気を配ることだ。第三に、自己による自己のはたらきかけと実践。[*40]これらが全体として、自己の自己への関係という問題設定を形成する。

ヘレニズム期という「危機」の時代に実践される、自己への配慮としての「視点の転換」とは、たしかにヘーゲルが言うように自己への回帰だった。外界にあるものと、己のうちにあるものとを区別することによって自己を確定するという、ストア派の原則に沿ったこの精神の運動は、外から自己を引き離すことで、自己完結化、自己の自己への完全な関係の確立を目指した。セネカは、自己に引き戻ることで、マルクス・アウレリウスは、自己を眼前に置き、まなざしを自己へと向けることで、その実現を探った。こうした運動は、思考による修練であると同時に、実際に肉体を動かすことでもあった。心身両面での修練を伴う、自己への関係の確立を目指すこうした営みは、長期的なプロセスであった。[*41]

ここに共有される考え方に従うなら、「真理」とは、いわゆる近代合理主義が想定するような客観的な認識のことではない。主体の自己変容を促して、その自己変容によって主体が身につけることができる「主観的」なものだ。「実用的」と言ってもよいだろう。じっさい、恐れを抱かず、外界の刺激から自律した、平静で幸福な状態へと自己を導いていくための手立てが、「真理」と呼ばれたのだ。ストア派にとって自己の陶冶の到達目標とは、そのような自己の不動な状態を得ることにあった。自己をこうした状態に導いた者は、「己にとって快楽の客体」であるからだ。人は真理を聞き、読み上げ、書き、話すことで、真理を文字どおり身につける。エピクロス派やストア派の実践がそうであったように、そこでは生き方についての一般的な勧告が、生の個別的なあり方、すなわち倫理《エートス》へと変換される。人はこうして「真理の主体」になる。[*42]

統治する主体は、真理の主体として、この主観的な真理の枠組のなかにある。このとき、世界についての認識もまた、「霊的」なものとなる。世界を知ることは、自己の経験において、また救済に向かう運動の内部において、主体の変容と結びついているからだ。真理は、自己の統治にとって不可欠な一部をなす。

> 主体と世界認識の関わりという問題が提起されるとき〔……〕、世界に関する知の向きを、主体にとって、主体の経験のなかで、主体の救済にとって、何らかの霊的な様態あるいは価値を持つように変えることが求められているのがわかります。このような主体の霊的な様態化によって「主体の世界認識に対する関係やいかに」という、一般的な問題への答えが与えられるのです。[*43]

古代哲学の主観的な真理が、主体の変容をもたらす一方で、「デカルト的契機」がもたらす客観的な真理は、主体を知に対して客体化する。人は、他者の統治の対象として客観的に把握されるか、あるいは、内面についての真理を客観的にあてがわれることで、従属的な主体として構成されるのだ。

近代人が「認識領域における主体の客観化の可能性や不可能性」という問いを立てるところで、ギリシア、ヘレニズム、ローマの古代人は「主体の霊的経験としての世界知の構成」という問いを立てていたのです。そしてまた、近代人が「法秩序への主体の従属」を考えるところで、ギリシア人やローマ人は「真理の実践をとおした、また真理の実践による、それ自体が究極目的である主体の構成」を考えたのです。[*44]

真理としての「法」に主体を従属させること、または客観的な認識によって主体を対象として把握することが、近代的な主体化であるとすれば、知そのものを自らに役立つように整え、真理を文字どおり血肉化することによって自己を構成することが、古代の主体化である。

他方で、こうした一連の「視点の転換」は、三 - 四世紀のキリスト教が考える、自己の内面へのかかわりとは大きく異なると、フーコー言う。キリスト教の真理は、神のことばである聖書の教えと神の啓示との関係のうちにある。主体に求められるのは、神のことばを理解することで魂を浄化し、自己の内面を分析し、心のうちにある悪魔の誘惑を突きとめて、これを払いのけることだ。このとき、自己の放棄と主体の変容は、悔悛や死と再生の経験（神の子として生まれ変わること）という劇的なかたちで実践される。キリスト教の考える「視点の転換」とは、自己の内面の分析と、自己の放棄を組みこんだ改宗《メタノイア》のことなのだ。[*45] フーコーは両者における実践の違いを、生に規則を与えるか、形式あるいはスタイルを与えるかの違いとして提示している。ストア派にとって哲学の実践とは、優れた建築家が寺院を建築するときに、合理的なスタイルを与えて建築物を造るように、自らの生を、美しくかつよい作品として作り上げることである。この意味で哲学は〈生きる技術〉なのだ[*46]。ロングは、ストア派の自己認識と真理に関するフーコーの議論に同意する。自己の変容と自己意識とのあいだには、霊的かつ認識論的な関係がある。真理とは自己に安らぎをもたらすのだ。

〈自己を知る〉ことは、セネカのようなストア派の人々にとって、認識論的であるのと同様に霊的な試みなのです。自己を知るために必要な真理とは、即座に手に入るものではありません。というのは、真理を認識するためには、主体の側に劇的な自己変容が必要だからであり、自己を知ることによって、真理は幸福と静けさへの道を指し示すと考えられているからです[*47]。

だが、真理が「主観的」であるとは、自己のみに関わるという意味ではない。一連の哲学実践の目的は、ローマ的な意味で「倫理的な」主体として、自らを構成することと、密接な関係を持っていたからだ。貴族層は「他者のなかで自らの立場を確保し、己の正当な権力を行使するために、一般的に言えば、命令と従属の関係によって生じる、複雑で流動的な動きに自己を位置づけるために、自己を統治する」必要があったのである[*48]。

倫理的な主体の確立とは、政治活動に参加するか、参加せずに自己に隠遁するかの選択を行うことではなかった。あらゆる公的な場での身の処し方について、適切な判断が下せる存在として、自己を確立することだったのだ。このような「自由な」主体を形成することが、己を権力行使の主体かつ客体として構成すべしという、当時の要請への応答なのである。倫理的であることとは、当時の社会において、自己と他者を適切に導くために必要な、個人によって異なる、一連の「真理」を身につけることである。個人の生に様式、スタイルを与えるとは、この意味なのであった。[*49]

ならば古代哲学の実践は、現代社会を考えるうえで何らかの範例となりうるのではないか？　こうした問いかけに、フーコーは決まって否定的な返答をした。女性と子どもや奴隷を完全に排除したうえで成立する、自由人の成人男性のみに許された、エリート的な主体化には、理想化できるようなところはないというわけだ。[*50]フーコーは一九八三年に収録したドレイファスとラビノーとの鼎談で、ギリシア人の言う「道徳」は、宗教の問題とは関係なく、なんらの国家機構や社会制度とも、また少なくとも、一切の法制度と結びついていなかったとまで語る。[*51]そして、道徳（倫理）の問題と科学知とを結びつける必然性もまったくないと断ったうえで、自らの古代哲学への関心とその分析の意義を説明している。主体化と諸々の規範や制度の結びつきは、いまここにある関係性が絶対なのではない。むしろ、今日的なあり方とは異なる関係性が、少なくとも通時的に（もちろん共時的にも）存在することを知ることによってこそ、われわれは己の周りの出来事を考察すると同時に、それを変えることもできる。

今の時代に再活性化させることはとても無理ですが、現代に住むわれわれの周りで起きていることを分析し、変容させるうえでとても有益な、一つの視点を構築する助けとなるような、規則や技術、思想、メカニズムという大きな宝の山が、人類の文化的発明のなかにあるのです。[*52]

自己への配慮の概念で示されたのは、プラトンからヘレニズム、帝政ローマの哲学に至るまで一貫して見られた、主体と真理の倫理的な性格である。それはすなわち、己に幸福や真実をもたらすような真理を保持した主体となることを目指して行われる、自己の自己への働きかけであった。他方で、この理論的で実践的な概念は、主体の構成に関する一般的な規則ではなく、己の生を他人の生から区別し、特異的なものとするような生き方の選択でもあった。[*53] ただし、ここには両義性が認められる。一般的な規則でないということは、科学による客観的な認識や、狭い意味での権力制度とは結びつかないという意味である。このとき、自己への配慮には、積極的な、あるいは相対的に自律的な位置づけが与えられる。しかしこうした「自律性」の強調には、この概念が常にはらむ、生に関するエリート的発想に横滑りする危うさがある。フーコーが「自己の絶対化」という傾向にはっきりと反対していたゆえんである。「自己の自己への関係のなかに、政治権力（単に支配体制という意味での）に抵抗する、唯一の可能な拠点があるのではない」からだ。[*54] こうした言明は、後期フーコーの自己概念が、権力論との関わりで捉えられていることを示す。また、自己への配慮についての分析が、法的主体観に基づく主体論を批判するものであることを想起させる。自己の実践の可能性は、あらゆる統治する主体に開かれている。ただし真理と関わり、真理による統治を実践する自己は、つねにすでに他者の統治のネットワークのなかにある。自己の統治と他者の統治の緊張関係のなかでのみ、自己の実践は営まれる。自己の自己への関係が「唯一の可能な拠点」であるわけがないのだ。他からの影響を受けない、純粋な主体を理念型とすることの危うさは、たとえば新自由主義における市場や資本の概念の果てしない膨張として、われわれにもなじみ深い。

## 4　主体論と権力論の統合としての自己への配慮

自己が統治的な関係にあるとは、自己による自己と他者への統治、他者からの統治という三重の関係を持つことである。導きと統治の問題は、「自己の自己への関係によって定義されるような、主体の倫理」につねに関わっている。フーコーは、統治性を政治権力よりも上位の概念とし、また「内部で権力関係が動き、変形し、反転しうる」戦略的な場として定義しなおす。そして統治性分析には、「主体の倫理」の分析が不可欠であることを指摘する。

制度として政治権力を捉える理論が、一般には権利主体という法的概念に基づくのに対して、統治性分析——反転可能な関係の総体として権力を捉える分析——は、自己の自己への関係が規定する、主体の倫理を必ず参照します〔……〕。権力関係 - 統治性 - 自己と他者の統治 - 自己の自己への関係、これらが一本の鎖、一本の糸を構成しているということ、そしてまさにこれらの観念を中心に、政治の問いと倫理の問いを接合することがおそらくできなければなりません。[*55]

統治性分析が権力関係についての分析であるのは、主体の倫理、自己のあり方を問題にするからだ。

統治性分析の対象は、動的で不均衡な権力関係のうちにある、統治する主体の戦略的な振る舞いである。古代における真理の主体の議論は、まさにそれが主体にかかわるゆえに、政治と倫理が同時に問題となる地平にかかわるのだ。自己への配慮の系譜の概念史は、初期キリスト教の告解制度の確立によって一つの帰結を見る。だが自己への配慮の流れは、西洋におけるキリスト教の展開と合理主義的世界観の登場によって、主体の従属的構成をもたらす「自己認識」に覆いつくされてしまったわけではない。両者の関係はより込み入ったものだったからだ。ソクラテスに伴われて、この二つの命題が西洋思想史に登場した時点ですでに、両者は不可分のものとして扱われていた。ロングの表現を借りれば、両者は霊性と認識論との関係、すなわち主体と真理との関わりを表す、二つのタイプなのだ。たとえば初期キリスト教は、当時のヘレニズム哲学と内容面では大きな違いがあったものの、同じ〈自己への配慮〉の概念と、似たような言葉遣いを用いて、その思想を洗練させていった。この点を明らかにすることが、フーコーが性の歴史についての考察を、キリスト教以前の時代へと遡らせた目的であったと言えよう。

また、フーコーが「倫理と美学の再構成の試み」という言い方で、カントの啓蒙論やボードレールのダンディズムに深い興味を示し、別の箇所ではラカンにすら肯定的に言及するのも、主体と真理を互いに無関係なものとして考える合理主義的な見解とは、別の立場が存在することを示すためであった。

一九世紀の思想のある側面全体を、倫理と自己の美学の再構成に向けた困難な試み、一連の試みとして読み直すことも可能でしょう〔……〕。これらの試みのあいだには、もちろん当然大きな違いがあるわけですが、程度の差はあれ、次の問いに強く引きつけられていたと言えるでしょう。自己の美学あるいは自己の倫理を構成し、再構成することはできるのか、それはどのような代価を払ったうえで、どのような条件下で可能なのか〔……〕という問いなのです。[*56]

こうした「自己の倫理」や「自己の美学」もまた、自己を中心とした統治的な関係のなかに位置づけられており、他者や社会と密接に関わる営みとなる。フーコーは右の引用に続いて、本来的な自己への回帰とも、疎外論的な自己の解放とも異なる「自己の倫理」を、政治的な作業として行うことが急務であると、聴衆に向かって告げる。たしかに「政治」という表現で、フーコーが具体的に何を想定しているのかは、これだけでは判然としない。けれども、統治性分析を手にしたフーコーにとって、政治は、少なくとも統治空間で生じるもののことだ。統治空間では、自己の統治と他者の統治が、自己と他者にはたらきかけ、その振る舞いを導く。このとき、司牧権力の導きとは異なる、別の導きのあり方、真理と主体の別の関係のあり方が、つねに存在する。このことは第4章の、対抗導きをめぐる議論で見たとおりだ。

本章で考察した、『主体の解釈学』での『アルキビアデスI』読解は、対抗導きの議論を別の角度から補っている。ある行為の実行者を軸とした「用いる」関係を通して、心身二元論とは異なる、魂-主体なる主体観が、この対話篇に読み取れる、とフーコーは言う。この主張を支えるのは、自己への配慮を軸にした、真理と主体の関係性だ。このとき「真理」とは、自己の内面についての知ではなく、主体を自由にする知を指す。したがってこの知には、主体の変容によって獲得されると同時に、真理を体得した主体に自己変容をもたらし、高い次元へ導く「実践的な」性格が備わっている。こうした真理には、人の統治（良心の導き、精神医学の導き）における、自己と真理の関係に見られるものとは異なる特徴が存在する。人の統治においては、自己の内面についての真理が明らかにされることによって、主体はかえって、他者からの導きに従うことを余儀なくされるからだ。

　統治論のフーコーは、歴史を遡りながら主体と真理の関係を描く。このとき統治の歴史は、並列する複数の傾向のあいだの編成として捉えられている。たとえ、ある傾向が優勢であったとしても、その他の傾向がまったく姿を消してしまうことはない。近代的な権力装置をめぐって、主権、規律訓練、安全が並列的に存在しているのと同様に、真理と主体の関係においては、自己認識と自己への配慮は二つの傾向として、歴史のなかにいつでも存在する。だからこそ「現在とはどんな時代か」という問いによって、その傾向のありかを捉えなければならない。そしてそこから、支配的な導きとは異なる、別の導きを見いだしてやらなければならない。それはつねに「ある」のだから、問題は「どのように」はたらいているのかを明らかにすることにある。フーコーの統治論に、カントとボードレールが、近代《モダニティ》をめぐる問いのなかで登場するのはもっともだ。なぜなら、自己への配慮の系譜に連なる、主体を変革する真理という真理観が、現在とはどういう時代かという問いとともに、かれらのうちに表れているからだ。フーコーは一九八二年以降、この自己への配慮をめぐる問いを〈パレーシア〉という概念で考察する。終章では、この「ほんとうのことを言う」ことにまつわる概念が、統治論のなかでどのような役割を果たすのかを考えたい。

終 章

# 抵抗と権力から統治する主体へ

キリスト教モデルの規律訓練権力と司牧権力論から、統治性分析、自己と他者の統治へ——後期フーコーの思索は、抵抗と権力の二元論から、統治という一元的な枠組の提示に向かう。統治とは、あるものにはたらきかけて、その振る舞いを導くことだ。したがって、統治する主体にとって、自己と他者は、同時に導きの対象だ。主体とは導きの運動である、とも言えるだろう。このとき統治-導きの指標となるのが「真理」である。自己は、真理を通して、自己と他者にはたらきかける。この真理による統治のモデルにおいて、自己は大きさの制約を受けない。一個人から、組織、国家にいたるまでが「自己」であり、真理となんらかの関係を結びながら、自己と他者の統治を実践する。

第3章でとりあげた、自由主義型統治にとっての市場とは、そのような「真理」であった。戦間期に登場した新自由主義は、一人ひとりに対して「企業」になること、経済的合理性という真理に従う、自己統治する主体となることを命じる。第4章で考察した対抗導きとは、既存の他者からの導き=統治のあり方を拒否し、別の導きを選び取ることで、統治する主体が、今までとは異なる、別の方向に自らを導く実践のことだった。第5章では、自己と真理との関係には、主体を変革する真理と、主体を従属させる真理という二つの類型があることを指摘した。自己への配慮と自己認識である。このとき統治する主体は、主体がなにかを「用いる」関係に着目することで取り出された。

他方で自己の統治は、統治する主体に、主体的な時代診断の課題も与える。現在とはいかなる時代であるかを判断し、それにもとづいて自己を導くことを勧告する。このとき自己は、統治する主体として、己への対抗導きを実践する。自己への反逆とは、既存の導きとは異なる導きを、己に与えることなのだ。導きは、真理との関係で営まれる以上、主体に「ほんとうの価値」を与えることでもある。真理にふさわしい、あるいは真理に則った生き方を選ぶこととも言えるだろう。そしてフーコーは、「ほんとうのことを言う」実践である〈パレーシア〉によって、真理の実践を通じた自己の主体化にまつわる問いを考察することになる。本章では、これまでの議論を振り返った後に、啓蒙とパレーシアの実践を、統治する主体の自己変革、自己の導きの変更として考察する。そして対抗導きと自由の概念を軸として、後期フーコー思想が探求した倫理的な問いの行方を探る。

## 1　権力と主体の二元論から一元的な統治概念へ

一九七〇年代後半から八〇年代にかけて、フーコーの理論的歩みは二つの過程を経る。まず従来の権力論を司牧権力論、統治性論へと展開させ、統治の一般的枠組を明らかにすること、次いで真理による統治の観点から、自己の主体化を、自己と他者の統治の枠組で位置づけることだ。こうして主体という要素が全面化し、〈権力‐知〉の図式から〈権力‐知‐主体〉という図式への移行が果たされる。したがって、統治概念導入の意義は、統治論の主体論への展開にある。なるほど、統治概念による近代国家の統治性分析は、フーコーの一大テーマであり続けた。八三年末にカリフォルニア大学バークレー校を訪れた際、第一次大戦の戦中・戦後の新しい統治術を扱う研究プロジェクトを計画していたことが知られるように、フーコーの現代資本主義への関心は、最後まで衰えなかった。とはいえ、八〇年代の統治概念に関する議論の進展は、もっぱら主体論をめぐるもので、狭義の統治性論に大幅な展開は見られない。たとえば、バーモント大学で八二年に行われた講義「個人の政治テクノロジー」の関連部分は、統治性講義の時期の議論とあまり違いはない。[*1] その一方で一九八二－八三年度講義『自己と他者の統治』の冒頭で、自己の統治と他者の統治の区分の方が、規律訓練と安全という権力装置の種別性よりも大きな枠組である、とフーコーは述べている。権力装置の類型論は、他者の統治に包摂されるのだ。[*2] 後期フーコー思想では、それまでの権力論が――権力とは、変形と反転の可能性をはらむ関係である、という規定を残しながら――、統治のパースペクティブの内部に位置づけられている。たとえば『主体の解釈学』は、統治概念を「権力関係の戦略的場」と定義していた。[*3]

「権力は下から来る」という権力論のテーゼ（第1章）を、この見地から振り返ると、他者の統治には、統治される人々の「同意」によって初めて可能になるという、一種の「転倒」が含まれることがわかる。司牧権力論のジレンマ（第3章）にも同様の構図があるだろう。牧人（聖職者）は羊（信徒）の支持を得なければ、救済にあずかれないのだ。ただし問題は、いわゆる同意の調達ではない。導く側と導かれる側との力関係の複雑さにこそ、目を向けるべきだ。封印令状の議論が示すように、統治理性の近代化プロセスを歩む絶対主義国家は、住民を詳細な観察と取締りの対象としながらも、権力行使にあたっては、臣民からの「自発的な」要請や「協力」、駆け引きを必要としていた。しかし、こうした統治の「転倒」は、権力を下から呼び寄せることしかしないのだろうか。権力関係の反転と変形の可能性は、統治的な関係のどこに読み取ることができるのか。権力、導き、統治という概念の関係を整理しておこう。

統治にかかわる政治の問いとは、「批判とは何か」（一九七八年）によれば、「どのようにして、このように統治されないか」という問いかけのことだ。また統治の場とは、自己の導きと他者の導きが拮抗する「闘争」の場、導きと〈対抗導き〉とが交錯する場である（第4章）。他方で導きは、「他者を〈導く〉行為であると同時に、さまざまな可能性の存在する、多少なりとも開かれた場での自己の振る舞いのありよう」とも描かれる。[*4] ある一定の制約の下で自己を導くことと、他者の振る舞いの可能性を作り出すこととは不可分だ。ここで他者の振る舞いに影響を与えることが、権力に特徴的な関係として規定された、他者の統治である。他者の統治と支配とは、区別されるべき概念だ。一般に支配とは、なんらかの強制力を用いて、他者の行動を「決定」することだ。しかし他者の統治とは、行動に関する一定の枠組を設定するにとどまる。

統治することとは、他者の不確定な行動の場に構造を与えることだ。したがって権力に固有の関係様式とは、暴力や闘争の側でも、契約や自発的な紐帯（それらはせいぜい権力の道具にすぎない）の側でもなく、統治という種別的な——戦争とも法とも異なる——行動様式の側に求められるべきだ。

権力が関わる領域は、争いと契約、支配や法とも異なるものであり、統治という自己と他者の関係性として現れる。権力関係もまた支配のことでないのは、他者の行動を完全には決定しないからだ。

一定のルールの下にあり、複数の可能性が存在する状況での振る舞いが統治の問題であるとき、振る舞いの基準となるのが「真理」である。ただし、これはもっぱら「実践的な」概念として機能する。問われているのは、真理とは何かではなく、真理はどのようにはたらくのか、真理と主体とはどのような実践的な関係にあるか、だからだ。この実践的な真理には、主体との距離感で区別される二つの領域が認められる。一つは、世界や知や人類についての本源的真理の領域だ。さまざまな状況への対応を可能にする真理には、主体からある程度の距離がある。他方にあるのが、自己への働きかけという問題を通して明らかになる、「もう一つの真理ゲーム」の領域だ。それは教わったり、学んだりすることがらの領域ではなく、「修練」の領域とされる。すなわち「自己自身への実践、自己の吟味、忍耐の試練と表象に関するその他の統制」の場のことだ[*5]。

　主体と真理との関係性をめぐる問いは、主体化の問いである。真理との関係において、自己と他者がどのような主体になるのかが問題だからだ。司牧権力にとっての真理とは、神のことばだけでなく、導かれる側の内面にある、「隠された」真実でもある。他方で古代哲学は、真理の獲得をめぐって、導く側への絶対的な従属だけをひたすら求めることはしない。かわりに、エロスや友愛に基づく関係を重視する。統治理性についてはどうだろうか。重商主義的なポリスの統治にとって、真理とは、国力の増大という主体的な目標であり、その目標のために価格や社会に直接介入することは、全面的に正当化された。これに対し、重農主義以降の古典的自由主義的統治は、市場価格として現れる「自然な」秩序を真理とする。統治とは、この秩序の尊重にほかならない。こうした発想は、重農主義が「自然による支配《フィジオクラシー》」という造語であることにも見てとれる。他方で、新自由主義型統治は、市場外の環境や「社会」への介入を通した、完全競争状態の創出を目標とした。このとき競争概念は「形而上学的な」真理の位置におかれる。そして、完全競争の成立を妨害する経済理論や政策は、全面的に否定され、その促進につながる（とされる）政策が推進される。新自由主義は、「自由放任」的な統治原理とは大きく異なるかたちであっても、やはり「自由」を尊重する。

フーコー統治論において、「自由」とは、統治者と被治者との関係として規定される。「『より多くの』自由が求められることで、現在の自由が『少なすぎる』と測定されるような関係」のことだ。[*6] 特に自由主義にとっての自由の問題は「消極的か積極的か」ではない。相対的な量、あるいは度合い――過剰と過小――が問題なのだ。統治する者と統治される者にとって、自由の多寡は、統治の正統性の本質に触れる。自由を通じて、統治者と被治者は結びついているのだ。このような意味で、自由とは「関係的」と呼ばれている。こうした見方は『監獄の誕生』での議論の修正にかかわる。一九七五年のフーコーにとって、古典的自由主義のいう自由とは、自由の尊重というイデオロギーがさらなる不自由を生む点で、規律訓練型権力技術を埋め込んだ逆説的な概念だった。しかし、『安全・領土・人口』ではこの評価は変更されている。一八世紀的な自由とは、もちろん統治のイデオロギーであり技術である。そのうえで、この自由概念を、権力技術の変異と変形との深いかかわりにおいて、捉えることが課題とされた。[*7] 統治者と被治者のあいだにある、「自由な」関係のありようこそが問題なのだ。

この関係的な自由、〈被治者の自由〉という考え方は、[*8]「反司牧革命」の不可能性の議論との関係で理解すべきだろう。既存の導きとは別の導きへの動きは、これまで数え切れないほど生じてきた。そのなかでも、宗教改革からウェストファリア体制の成立に至る過程は、中世から初期近代への決定的な移行をもたらした点で、西洋史上最大の対抗導きと言えるだろう。しかし、こうした「反封建革命」すらも、司牧関係を廃棄してはいない。ルターにしても、カトリック教会を批判し、聖書の言葉に人々が直接触れる機会を作ることで、新たな司牧的な導きを求めたのだ。導きをめぐって生じたあらゆる叛乱は、西洋の歴史から司牧を排除することに「失敗」している。

> こうした大規模な反乱——反司牧というべき、いえ、司牧をめぐる、つまり統治される権利と、どのように統治され、また誰によって統治されるのかを知る権利をめぐる、大規模な反乱のことですが、こうした反乱のすべてが、司牧権力の根本的な再編に実際に関わっているのです〔……〕。反封建革命はありました。しかし反司牧革命は一度も起きたことがないのです。司牧は、己が完全に歴史から追い払われてしまうような、根本的な革命は経験していないのです。[*9]

しかしそれでも、と言わなければならない。司牧権力に再編を強いるあらゆる叛乱は、「このように統治されはしない」の原理を掲げ、統治にかかわる政治の問いを伴って、統治空間に表れる。西洋の歴史は、司牧の歴史である。統治する者と統治される者のあいだにある、司牧関係の変容の歴史である。司牧＝統治関係が廃棄されないことに、なんらかの価値判断を与える必要はないだろう。権力と同様に、統治もまた「関係的」なものだからだ。問題は、統治の絶えざる争点である、「自由」のあり方の考察にある。人々は、その自由を用いることで、現在の導きとは異なる、別の導きを追求している。その導きの「変更」のあり方を考えなければならない。それは、他者の統治への否であると同時に、自己の統治への否でもあるはずだ。カントの啓蒙論に言及するフーコーにとって、統治的な関係の「変更」とは、自己の導きへの対抗導きとでも言える、自己の統治への反省的な態度にかかわっている。

## 2　啓蒙による自己への反逆

フーコーがカントの啓蒙論に初めて言及するのは、第4章で触れたように一九七八年のことだ。議論のポイントは最初から最後まで変わらない。フーコーにとって、カントの「啓蒙とは何か」とは、近代哲学で初めて、現在を〈出来事〉として捉えようとした試みだ。カントにとって啓蒙とは、歴史の起源や目的、完成や救済に関わる歴史上の一コマではない。それは個人と現在とのあいだの二重の関係だ。第一に、人間にとって啓蒙を発展させることは権利であり、個々人には啓蒙を推進する責任がある。つまり、人は個人として、啓蒙に自覚的に参加することが求められている。だがそれは同時に、人がその渦中に身を置かざるをえない、歴史的・集団的プロセスのことでもある。したがって、個々の意志とは関係なしに、人は集団の一員として、啓蒙に自覚なしに参加させられている。啓蒙とは各人が生きる現在への関わり方のことだ。そのかぎりで、啓蒙には「再帰的な」性格が認められる。カントによれば、啓蒙とは未成年状態を脱することであり、人が、他人に導かれずに、勇気と決意とともに、己の悟性を自由に用いる責任を引き受けることであった。

しかし、啓蒙の実践はここに一つの逆説を抱える。理性を公的に使用するにあたっては、人は未成年状態から脱していなければならない。けれども、未成年状態から脱するには、理性を公的に使用している必要があるからだ。さらに厄介なことに、当の本人はこのことを理解していない。己を啓蒙する段階にはまだ至っていないのだ。カントはこのジレンマを、人は啓蒙の理念を引き受け、現在が啓蒙の時代であることを意識することで、現状を自覚することができる、と論じて解決しようとする。フーコーはこの議論を足がかりとして、啓蒙に「意志と権威、理性の使用との間の既存の関係の変更」という定義を与える。*10 啓蒙とは、自己の導き（意志）と他者の導き（権威）によって構成される自己が行う、己の振る舞いのありようの問題化（既存の関係の変更）なのだ。人は啓蒙を意志し、勇気を出して、これをあえて引き受けることによって、啓蒙のプロセスに主体的に参加する。

　現実をあえて引き受けるというこの態度を論じるにあたり、フーコーは一九八三年の「啓蒙とは何か」でボードレールの名を上げ、その「モダンな態度」をカントの啓蒙観に重ねる。現代性《モデルニテ》とは歴史上の切断であり、移ろいやすい性格を持った一種の運動ではある。けれどもボードレールによれば、モデルニテを問題として捉えることとは、いまここを歴史上の一点としてではなく、固有な地点と見なすことであり、さらに、その「いまここ」を哲学的に考察することなのだ。

この意志に基づく困難な態度とは、〈永遠な何か〉を〈現在〉という瞬間の彼方にではなく、背後にではなく、そのただ中で捉えることである。現代性とは、時代の流れを追うだけの流行とは異なる。それは、現在という瞬間のうちにある「英雄的な」ものを捉える態度のことなのだ。*11

現代性を問題にする者は、過去や未来との対比ではなく、現在のなかに、現在を現在たらしめる固有の特徴を探さなければならない。その試みは一つの「態度」である。流行を傍観者として追いかける、遊歩者的な振る舞いとは違う。現代性を問うことはまた、科学者がするように、現在についての客観的な認識を得ることとも異なる。求められるべきは「英雄的なもの」なのだ。

じっさい、ボードレールは、ダンディズムに「頽廃の時代における英雄性の最後の輝き」という表現を与えていた。[*12] フーコーはこの「ダンディズム」を、モダンな態度のモデルとして提示する。モダンな態度にとっての問題とは、自己と現在との関係であると同時に、自己の自己に対する関係であるからだ。現代性を問うことは、現在の核にあるものを捉えたうえで、現在と自己とをともに、今ある姿とは別のものへと変え、作りかえていく実践のことだ。このときダンディズムとは「自らの身体、振る舞い、感情と情熱、そして生を芸術作品にする」修練と呼ばれる。またそれは、現実への洞察によってのみ可能になる、絶えざる自己創造を意志することであり、その実践だ。ダンディな自己は、自らを当事者として「美的に」構成し、固有の「生のスタイル」を追い求める。啓蒙を生きること、それは、現実を批判的に生きることであるとともに、自分に何ができるのかを問題化することだ。その態度には「自己に対する義務的な反逆」という性格が備わる。[*13] こうした自己の構成としての主体化が「倫理的」や「美的」と呼ばれるのは、自己の統治を通して、己を形作るからだ。

> 態度というのは、現在に対する関係のあり方、ある人々の自発的な選択、考え方と感じ方、行動と振る舞いの仕方のことでもある。それは帰属を示し、任務として現れている。おそらく、ギリシアでエートスと呼ばれていたもののようなことです。[*14]

反逆は正しい、のではなく、反逆は義務である。しかもこの「反逆」は、他者の導きへの反逆ではなく、自己の導きへの反逆というかたちを取る。なるほど「自発的な選択」にもとづくのだから、この反逆は、あらゆる人に課せられた普遍的な義務ではない。しかし、現代性を問うことで、現在の固有性を捉えた人は、過去とも未来とも区別された、現在を生きることを選ぶ。モダニティをめぐる時代診断とモダンな態度のあいだには、カントの啓蒙と同型のジレンマがあるだろう。けれども、「あえて」の一歩を踏み出し、現在に対して、それまでとは違う何かを感じる人々は、このジレンマをただちに乗り越えて、いまここに反逆の義務と理由を見いだす。自己反逆の実践としてのダンディズムにおいて、認識と実践は、自己を舞台に結びつく。「デカルト的契機」を経た自己認識は、自己についての客観的認識と同義とされる。それでも自己への配慮につらなる、自己の倫理の系譜が、絶えてしまったわけではない。むしろそれは、近代の中心にあるのかもしれない。

導きと統治の主題は、古代ギリシア、ヘレニズム、キリスト教の制度化という三つの時期を貫き、後期フーコーの思索の根幹に存在する。このときいずれの時期にも〈自己認識〉と〈自己への配慮〉のあいだに一定の関係があった。自己認識の優位は、自己への配慮を排他的に圧倒するのではなく、むしろ自己への配慮に依拠することによってはじめて確保される。「自己への配慮の問いが、その内部で自己認識の要請が意味を持つような一般的な枠組み」であるとはこの意味だった。[*15] 統治は権力論と主体論の二つの側面からなるが、新たな導きは、対抗導きが既存の導きに挑むことによってのみ生じる。「抵抗」としての対抗導きもまた導きの一つであり、そのかぎりでは「権力」と区別できない。確かに対抗導きとは、既存の導きを拒否し、統治のオルタナティブを模索する動きだ。その意味では既存の権力支配への抵抗ではある。だが対抗導きは、自己に対する再帰的なはたらきかけであれ、他者からのはたらきかけであれ、新たな導きをつねに構成する。そしてその新たな導きは、国家の統治であれ、個人や集団の統治であれ、規模は違っても同じかたちをとる。統治＝導きには、他者からの導き、自己の導き、他者の導きという三重のはたらきが織り込まれている。だからこそ、主体とは導きの運動なのだ。

『自己への配慮』が強調したように、ギリシア文化に元々存在し、ソクラテスによって哲学的な命題へと変換された自己への配慮は、ヘレニズムにおいて「自己の陶冶」という問題を構成するだけではない。配慮の手段としての〈生の技術〉の根幹をなし、当時の哲学諸派に広く見られる命法となる。自己への配慮とは、平穏な自己の内面への撤退ではなく、当該社会での生き方を指すことになる。

己の面倒を見ることを中心として、話すことと書くことという活動の総体が繰り広げられたのであり、そこでこそ自己への働きかけと他者とのコミュニケーションとが結びつく。／かくして自己自身に向けられたこの活動の、最も肝心なところが問題となる。こうした活動は独りで行う実践ではなく、まぎれもなく社会的な実践なのだ。[*16]

自己への配慮は一つの社会的実践として、自己の統治と他者の統治の結節点となる。啓蒙論にも同様の図式があった。啓蒙とは意志、権威、理性の使用のあいだにある既存の関係性の変更のことだった。この「変更」という実践の形態は、自己と他者が導きと対抗導きを通して関わり合う、あらゆる場面に共通する。導きそのものを拒むことはできない以上、導きの叛乱や拒否と呼ばれる営みのすべては、導きの方向や手段の変更に関わっている。

カントとボードレールは、啓蒙‐近代を「脱出」として、あるいは「自己から身を引きはがすこと」として捉える。過去からも未来からも規定されない、種別的ないまここにいる自己を、いったん自己から引き離して再帰的に捉える、任意の「英雄的な」営みだ。他方、『主体の解釈学』のフーコーは、ボードレールのダンディズムを「自己の美学」という表現を介して、〈霊性〉の歴史の内部に位置づけていた。[*17] 啓蒙的態度は「自己への反逆」であるがゆえに、自己への配慮なのだと言えるだろう。カントの啓蒙論にフーコーが強い関心を抱くのは、現在を出来事として捉えたうえで、あえて現在を選択し、それを問いとして捉えるというアプローチに、統治＝導きの重要なモチーフを見出すことができるからなのだ。

一九八〇年代のフーコーは、統治概念によって己の過去の作業を位置づけ直す。だが抵抗と権力というモデルを退けて、統治の一元的な戦略空間を措定すれば、権力だけが残るようにも思われる。やはり、後期フーコー思想を権力という観点から考察するべきなのか。それでは決して十分とは言えない。たしかに統治論には権力概念の拡張という側面はある。けれども、この点に拘泥しても、政治的合理性の分類学以上のものは出てこないだろう。フーコーの権力論の主眼は、権力関係のその時々のあり方を問題化する実践を、闘争のありようを、明らかにすることにあった。権力論は、〈権力‐知‐主体〉という共通の問題設定を通して、統治論のもう一つの極である主体論に接続されなければならない。「私の研究の全体的なテーマを構成するのは権力ではなく主体」なのだから。[*18] ではパレーシアの「倫理的転回」

というフーコー最期の主題では、権力‐知‐主体という統治の問題系はどのように現れるのか。

### 3　パレーシアの倫理的転回と倫理的政治

パレーシア概念は『主体の解釈学』の後半部に、本書第5章で扱った『アルキビアデスⅠ』に関する考察を受けて登場し、翌年の講義『自己と他者の統治』とその翌年『真理の勇気』の中心概念となる。[*19]最晩年の講義では、パレーシア概念を通して統治論が論じられている。古代ギリシアで〈パレーシア〉とは、何よりも「ほんとうのことを言う」あるいは「率直に述べる」行為として定義されており、それゆえに権力行使と密接にかかわる実践だった。なぜなら、パレーシアとは、真理を述べる行為であるとともに、真理を述べる権利のことでもあったし、真理を述べることによって確立される、自己と真理との関係のことも指していたからだ。真理を述べる実践にまつわる一連の問題が、パレーシアを軸に存在していたのだ。

このパレーシアという観念は、良心の導きの実践で重要だったわけですが〔……〕、特に一つの徳、一つの資質を指す（パレーシアを持つ人と持たない人が存在する）かぎりで、豊かだが曖昧で、難解な観念でした。それはまた義務でもあった（いくつかの場面や状況では、実際にパレーシアを示さなければならない）。そしてさらには技術であり、手続でもあったのです。[*20]

この〈真理陳述〉を実践するにあたっては、真理とそれを述べる主体との関係だけでなく、その主体がどのような力関係のうちにあるのかが問われる。パレーシアを論ずることは「自己と他者の統治と呼びうる実践の観点から、主体と真理の関係をめぐる問い」を扱うことだ。[*21] フーコーはこの「実践の観点」に基づいて、政治的パレーシアから哲学的パレーシアへの移行に注意を向ける。そして哲学的パレーシアの根幹には〈生〉と〈生のスタイル〉をめぐる倫理的問いがあることを指摘する。

政治的パレーシアについては、ソフォクレス『イオン』や、トゥキュディデス『戦史』でのペリクレスの演説が取り上げられ、古典期における民主政と政治権力の行使に関わる問題が論じられた。為政者や知者が、他者を導くために他者に対して語る特権的権利としてのパレーシアが、こうして取り上げられる。[*22] 同時にここでは、政治の定義と勇気の必要性という二点が強調される。「政治」とは、国政《ポリテイア》とは区別される権力行使《デュナステイア》のことであり、パレーシアの実践には、リスクが伴い、それゆえに少なくとも発話主体の側に、勇気が求められる。ソフォクレスやソクラテスの時代から少し過ぎると、アテナイが民主政から寡頭政に変わることを確認しつつ、フーコーは、権力行使としての政治実践をゲームになぞらえる。政治的パレーシアは、政治ゲームとそのルール、プレーヤーという表現で説明される。

> ギリシア語のデュナステイアとは〔……〕権力行使、あるいは権力が実際に民主政下で行使される際のゲームのことです〔……〕。それは政治の問題――いわば経験としての、つまり何らかの実践としての政治の問題――であって、この実践は何らかのかたちで真理を指標とする一定の規則に従

わなければならない。また政治ゲームのプレーヤーは、自己と他者に一定の関係を持つという含みもあります。[*23]

このゲームは「何でもあり」ではない。真理を指標とする実践が問われ、自己と他者に対する一定の関係がプレーヤーに課されている一方で、政治実践における、自己と他者の導き‐統治のあり方が、真理との関係で賭けられているのだから。政治的パレーシアにおいては、主体の言動に一定のリスクがつきまとうこと、それゆえに勇気が不可欠なことは明らかだろう。『イオン』の劇中で、イオンが正しく恐れるように、政治的な権力行使には、権力闘争に伴う計略や謀殺がつきものであり、為政者は決して心中穏やかではいられない。他方で、民会など公の場で発言すれば、たとえ卓越した市民であっても、大衆の説得に失敗したり、自分の提起した方針や戦略が原因で戦争に負けたりすれば、迫害は免れえない。そうした状況下で生命の危険を冒して、真理に対して「正しい」関係を結ぶ行為は、確かに勇気あるものだ。

哲学的パレーシアをめぐっては、まずプラトン哲学が、次いでキュニコス（犬儒）派がクローズアップされる。政治的パレーシアから哲学的パレーシアの「倫理的転回」とは、パレーシアの種類の変化を示している。都市国家の公的空間で、市民が権利であり義務として、よい政治的統治を目指して行う、真理を述べる実践が政治的パレーシアであるとすれば、哲学的パレーシアは、個人の生き方、あるべき倫理的生を求めて、真理と関わる私的な実践である。そして真理を通した導きの対象が、都市国家から個人へと移動することで、パレーシアの性格も変化する。

都市国家やその制度、市民としての地位との関係で規定された真理を述べるという一つの実践、権利と義務、責務から、真理を述べることの別のタイプ、別のタイプのパレーシアへの移行があります。都市国家ではなく、個人の振る舞い方、あり方、己の導き方《エートス》との関係で、また倫理的主体への自己構成との関係で規定されるようなものです[*24]。

エートスという言葉を通して「倫理的主体への自己構成」が、ボードレールのダンディズムやカントの啓蒙と重なる。パレーシアの公的な場からの撤退、私的な場での実践への変質——哲学的パレーシアの成立、パレーシアの倫理的転回とはこのことだ。では政治から倫理へのパレーシアの移行とは、その脱政治化、個人主義化を意味するのだろうか。そうではない。哲学的パレーシアと政治とは、倫理的政治とも言うべき関係に入るのだ。

フーコーによれば、パレーシアの倫理的転回は、ソクラテスとともに訪れる。なるほど、ソクラテスは市民に対して魂の配慮を説き、プラトンはシュラクサイの僭主の魂を教育しようとした。このときソクラテスが政治に直接は関与せず、対話を通じた若者の教育に力を入れるのも、脱獄の提案を断り、雄鳥を医神であるアスクレピオスに献げる儀式を行うよう遺言することも、人々に魂の配慮を教えよという、神の使命に従うことだった。他方でプラトンは、三〇人僭主の暴政と、ソクラテスへの死刑判決に絶望して、現実政治から距離をとった。そしてパレーシアを民主政と両立しないと考えた。このとき同時に、君主という主体によって、倫理と導きの問題が前景化する。どのようにしてか。パレーシアの担い手に哲学者を追加し、哲学者が関わる「政治」の舞台を、ポリスから、君主の魂に移すことによってである。日常的に助言を行う顧問役ではなく、君主の行動の枠組自体を培い、君主とパレーシアのゲームに入り、「哲学する王」を育てることが「哲学者」の正しい役目となる。君主の魂を鍛えて徳を養い、よい統治の実現を目指すべし。これこそ哲学と政治の模範的関係というわけだ。魂の配慮を教える哲学的パレーシアがこうして出現する。

しかし、間接的な政治との関わりが、哲学的パレーシアの「政治性」を担保するわけではない。問題はむしろ、哲学的パレーシアの実践において、主体が「何をするか」にある。当然のことだが、哲学も哲学者も、哲学的パレーシアの出現以前から存在するからだ。

パレーシアが哲学実践の領域へと派生したことで〔……〕哲学が生まれたわけでもなければ、その根本的な起源が生じたのでもない。哲学の言説、哲学の実践、哲学的生にある種の転換がもたらされたのです。*25

パレーシア実践の主要な領域が、政治から哲学へと移動することで、その担い手として哲学者が追加され、哲学者と真理との関係も変化する。パレーシアの倫理的転回が哲学にもたらしたものの一つは、「哲学的生」の転換だった。もちろん、こうした「生」とは、真理との関わりにおいて生きることではあるけれども、力点は真理を「生きる」こと、真理を実践することへと移行する。生を通した真理の実践にあたって、あらためて問題となるのが、徳目としての勇気である。

「勇気」は、フーコーが亡くなる約二ヶ月前まで行った講義の題名『真理の勇気』に含まれている。そして「真理の勇気」とは、真理に対して勇気を持つことであると同時に、勇気についての真理を探究することだ。講義中にこの表現が直接取り上げられたのは、プラトンの初期対話篇『ラケス』の読解においてのことだった。ここでは、哲学的パレーシアに見られる、「勇気と真理との倫理的関係」が問題とされた。[*26] 政治的パレーシアについては先ほど見たが、哲学的パレーシアにあっては、どのような意味で「勇気」が問われるのか。プラトン哲学では、勇気とは主要な徳の一つであり、一義的には戦争での勇敢さのことである。『ラケス』において、ラケスとニキアスという二人の将軍が問答に加わっているのはこのためだ。対話では、青年教育のあり方をめぐって立てられた、「徳とは何か」という問いを考えるために、まず「勇気とは何か」という問いに取り組むことが合意される。このとき前提となっているのは、戦場で勇気を発揮する人物は、平時の対話にあっても勇気を発揮しなければならない、ということだ。この「勇気」には二重の役割が認められる。まず、対話の主題としての役割がある。そしてもう一つは、「勇気に関する真理とは何か」という問いをめぐって行われる、パレーシアの実践＝ゲームのルールという役割だ。登場人物はそれぞれ、真理に対する勇気をたずさえて対話に参加し、勇気についての真理を探求する。

しかも、『真理の勇気』では、その二年前の講義『主体の解釈学』での『アルキビアデス』読解に一ひねりが加えられる。第5章で見たように、『主体の解釈学』のフーコーは、この対話篇の問答から、西洋的な主体論の萌芽を引き出した。しかし『真理の勇気』では、『ラケス』の議論の特徴を浮き彫りにするために、『アルキビアデス』との違いが強調される。この二つの対話篇はともに、魂をよいものとすることを目的として、自分自身を説明し、自己に配慮するという義務から出発する。けれども配慮の対象として名指される「自己」で表されるものが大きく異なると、フーコーは主張するのだ。『アルキビアデス』における配慮の対象とは、身体と存在論的に区別された魂《プシュケー》である。しかし、『ラケス』における配慮の対象とは、存在と行為のあり方、すなわち生《ビオス》である。ソクラテスはこの対話篇の最後で、今日の学びを続けたいので明日もぜひお目にかかりたいという、老年にさしかかったリュシマコスの招待に対し、自分もまた師ではなく、師を求めるのだと応じる。そして「われわれ自身とこの若者たちの面倒とを、いっしょにみることにしましょう」と全員に呼びかけていた[*27]。自己への配慮は、アルキビアデスという有力な青年貴族の、権力行使に不可欠な魂への配慮から、年齢を問うことなく生涯続く生への配慮へと、その対象と役割を移動させている。

一生の義務としての自己への配慮、その対象が魂としての自己ではなく、生を営む自己へと移行するという、フーコーの『ラケス』での読解は、ストア派を思い起こさせるところがある。たしかに生への配慮が、魂への配慮と別物であると説くことは誤解を招きかねない。しかしフーコーの関心は、魂と生を、二つの異なる配慮の対象として提示することにある。プラトン哲学には、主体と真理の関係をめぐって、大きな二つの傾向が認められる、と主張していると考えてもよいだろう。配慮の対象である自己が、魂であるか、生であるかによって、自己認識と自己への配慮という二大原則と、主体との関係もまた異なっている。

プシュケーではなくビオスとして、魂としてではなく生、そして生の様式として、自己を創り出すことは、一つの自己認識のあり方と相関関係にある。そのあり方は、『アルキビアデス』であれほど頻繁に言われていた「汝自身を知れ」という原則に、もちろんある仕方で根本的に依存してはいる。*28

ビオスをめぐっては、『アルキビアデス』の場合とは異なる、自分自身についての説明、自己認識のあり方がある。それは「生涯を通して点検し、試練することが問題となる生のあり方」としてのビオスを志向する。生涯にわたる自己への配慮が目指すのは、生《ビオス》に一定の形式とスタイルを与えることだ。それはまた、真理を通した自己へのはたらきかけを、目に見えるかたちで表すことでもある。真理は述べるだけでなく、体現しなければならない。このとき勇気とは、ある生のスタイルを選択することにかかわる、リスクやコスト、代償のことでもある。

自分自身を説明するこの言説によって、人が己の生に与えるべき形象を目に見えるように規定しなければならないからです〔……〕。このように真理を述べることが直面するのは、勇気を持つには何が必要なのか、己の生にスタイルを与えるためにはいかなる代償が必要なのかを人々に語ることにかかわる、リスクと危険なのです。

パレーシアの実践は、主体にリスクを課す。ソクラテスのパレーシアが、『アルキビアデス』と『ラケス』において、二つの異なる配慮の対象に行き当たるとき、求められる真理の勇気が異なっているとしても、基本的な構えは同じだ。けれども、主体と真理の関係をめぐる問いでは、両者が大きな分岐を形成する。フーコーは『アルキビアデス』における魂と主体の問いの先に、形而上学の観念論的な世界を展望する一方で、『ラケス』における生と主体の問いの向こうに、自己の倫理の実践的な世界を展望するからだ。このとき倫理《エートス》は、「真理を述べることと、よく統治することの連結点」として把握される。*29 こうして取り出された、生のスタイルを己に与えるという倫理的実践を、文字どおり体現する偉大な歴史的形象が、キュニコス派だということになるだろう。

キュニコス派の実践的な倫理哲学は、勧告として現れた「よく生きること」を文字どおり、極限まで実践することで「犬の生」――ただしこれは多義的な表現だ。「犬」は真理の番犬にもなれば、権力の犬に成り下がることもある――を目指す。キュニコス派は、ソクラテスの臨終に立ち会ったアンティステネスに始まるとされ、その流れをくむ――「気の触れたソクラテス」（プラトン）たる――シノペのディオゲネスと、弟子のクラテスによって前四世紀に注目を集める。自然に従い、因習から解放されて生きることが幸福への道だというその教えは、初期ストア派にも多大な影響を与えた。そして帝政ローマでは、社会のエリート層向けの哲学ではなく、都市での実践として広まり、大衆哲学として流行する。*30 フーコーにとってかれらの哲学は、他の哲学諸派とは「別の」、スキャンダラスで挑発的な生のあり方を、〈真の生〉として提示する実践であり、生を通して真理を生産・体現する「真理表出」の一つのかたちを示している。*31

キュニコス派がパレーシア論で論じられる意義の一つには、哲学的パレーシアを、エリート層や為政者に関する自己統治論、マネジメントの論理に閉じ込めない可能性にある。市民に対する公的な訴えかけとしてなされる、政治的パレーシア（たとえばペリクレス）と、友愛というかたちをとって、限られた人々に対して私的に営まれる、哲学的パレーシア（ソクラテス、プラトン、エピクロス派、ストア派）とを接続することで、パレーシアに「哲学的」かつ「政治的」な性格を取り戻す役割が、キュニコス派に求められているからだ。[*32]

自然に適ったほんとうのことであれば、何も隠すことはない、生のすべてを公然と行うことに、何の問題があろうか——キュニコス派の実践は、あらゆる法や慣習に反対し、公的なものと私的なものとの分割（と今日なら言えるだろうもの）をあえて無視するかぎりで、スキャンダラスではある。けれども、その真の効果は、哲学における真理と主体との関係性を、ドラマチックに開いていくところにある。生のスタイルとして、真理を倫理的に実践することによって、哲学的パレーシアと「公的な」ものとの関わりを問い直すからだ。ディオゲネスと貨幣《ノミスマ》という、よく知られた例に引きつけるなら（ディオゲネスは貨幣改鋳《パラカラッテイン》の罪に問われ、アテナイに亡命した）、貨幣の真贋やその真の価値を判定し、ひいては貨幣の価値そのものを変える、ディオゲネスの営みは、社会的な通念を問いに付すと同時に、自然の秩序の本来的あり方を明らかにする作業へと通じる。それは日常的な生からの遁走ではない。真理と自己との関係性——真理の主体的な実践のありようを変えることなのだ。

第一に、貨幣と慣習、規則、法とのあいだの——語そのものが示す——関連性を強調する必要がある。ノミスマとは貨幣のことで、ノモスとは法のことです。貨幣の価値を変えることとはまた、慣習や規則、法となっていることがらに、一定の態度を取ることでもある〔……〕。第二に、パラカラッテイン（変化、変質）とは貨幣の価値を下げるという意味ではない〔……〕。ある肖像が刻まれたコインについて、その肖像を消して、高い価値を示す別の肖像と置き換えることで、そのコインが本当の価値で流通するようにしてやることです〔……〕。コインがほんとうの価値を偽らないようにすること、より優れた、もっとふさわしい別の肖像を刻むことで、本来の価値を取り戻してやること、これこそが貨幣の価値を変えよ、変質せしめよという、かくも重要な、キュニコス派の原則によって規定されていることなのです。[*33]

生に本来の価値を取り戻してやることが、「真の生」を生きるという実践である。もちろんキュニコス派の考え方は、修練の実践や貧しさの積極的選択、自足といった考え方によって、哲学諸派のみならず、初期キリスト教の修道生活にも大きな影響を与える。司牧的な導きとの関係ともそう単純ではない（フーコーが健在であれば、そうした観点での議論はさらに拡大したはずだ）。しかし『真理の勇気』で強調されるのは、自己への働きかけによって生に形式を与えることの重視という、キュニコス派の倫理的・哲学的な傾向である。キュニコス派の「社会的」役割への注目は、キュニコス派の近代的な「後継者」としてフーコーが挙げる三つのものが、いずれも個人主義的なシニシズムと対立することからも、確認できるだろう。修練重視型の宗教実践（広く言えば、キリスト教内部の改革運動）、一九世紀以降の革命運動などの政治実践、そして近代的な芸術実践だ。[*34]これらはすべて、「現在」に参加すべしという信念に基づいている。己の目的を実現するためには、社会規範や因習と決別し、真理と関係を結び直して「真の生」を生きるという、主体の実践が不可欠だからだ。近代的な宗教、政治、芸術運動は、こうしてカントの啓蒙やボードレールのダンディズムとともに、真の生と自己への配慮の問題系に、すなわち「存在のあり方としての、倫理的かつ英雄的な形式としての哲学的生の歴史」に位置づけられる。

昔ながらのやり方で教えられてきたものとは多少異なる、哲学史の捉え方ができるでしょう。教説の歴史ではなく、生の形式、様態、スタイルの歴史としての哲学史。それは哲学的問題としての、哲学的生の歴史であると同時に、存在のあり方としての、倫理的かつ英雄的な形式としての、哲学的生の歴史です。*35

真理との関係において「生」に配慮すること、それは生のスタイルを実践することであり、そうした自己への配慮の実践にまつわる歴史として、統治の歴史は存在するのだ。

フーコーは自己の倫理の確立が、今日の緊急な政治的課題である、と述べていたことは先に触れた。それでは、哲学的＝倫理的パレーシアの見地にとって「政治」とは何のことだろうか。もちろん預言の成就、事物の認識、技術の教授ではない。*36 なぜなら、「政治」は自己と他者にはたらきかけ、自己を導き、他者や共同体を導く固有の実践だからだ。そして、また「真理」との関係を捉え直すこと、自らの生のあり方を変えること、自己に配慮することが求められてもいる。もし政治が一般的な意味での「技術」ならば、修辞や追従を得意とする人物が、多数派の意見をまとめ上げることが政治となる。しかし、これは明らかにパレーシアとは関係がない。説得の技術的知や利害調整はあっても、真理はないからだ。

けれども、真理とは教えられるような技術ではない。これはプラトンのソフィストに対する批判の要諦をなしていた。じじつ、こうした技術的真理を説き、教える人々は、リスクを冒してはいなかった。「主観的」な真理には関わらず、自己の導きの方向を変えるきっかけにはならない、こうした「客観的」な技術や実践を、「政治的」と言うことはできないだろう。

統治の歴史、統治性の問題の歴史はどこから始まるのか。フーコーは『自己と他者の統治』で、パレーシア概念から政治の問いが始まるという示唆的な表現をしている。それはしかも、同時代の「政治的なもの」をめぐる議論への否定的な反応として語られる。

政治《ラ・ポリティック》から政治的なもの《ル・ポリティック》へという、あのお馴染みの変質ほど危なっかしいものはないと思います。こうした傾向は、今日見られる多くの分析で、この問題を、そして政治の問題、デュナスティアの問題、政治ゲームの実践をめぐる問題という固有の問題群を覆い隠すのに一役買っているのではないでしょうか〔……〕。政治の問題（その合理性、真理との関係、その担い手との関係にかかわる問題）は、このパレーシアという問いをめぐって生じていると思われます〔……〕。統治性の問題が姿を現し、定式化されるのは——ポリテイアから種別的に、また複雑な関係を保ちつつ、けれども独立したかたちで初めてそうなるのですが——このパレーシアという概念、真理の言説による権力行使をめぐってのことなのです。[*37]

統治の問いとは、政治の本質をめぐる問いではなく、政治権力のはたらきをめぐる問いだ。パレーシアは政体《ポリテイア》と権力行使《デュナステイア》の結節点となる概念であり、権力行使としての政治の問題から出発している。真理を述べる権利であり実践である、パレーシアを扱うことは、〈真理 - 政治 - 倫理〉――ここでは〈知 - 権力 - 主体〉――の関係を扱うことだ。あらゆる導きは、真理との関係のもとで、自己と他者にはたらきかける。統治の問いとは、われわれはどのような真理体制のもとにあり、どのような真理との関係を結んでいるのかを扱う――そう考えるだけでは十分ではない。他者の統治の現状を問うことは、現在とはどのような時代であり、どのような別の導きがすでに存在し、また可能であるのかと問うこと、すなわち別の生としての対抗導きを探ることと、不可分であるからだ。統治する主体にとって、統治のあり方を問うことは、対抗導きを問うことと密接に結びつく。こうした倫理的政治の場、統治の場には、自由という要素が不可欠であった。

他者の統治と権力との関係について、「権力は〈自由な主体〉に対してのみ、また主体が〈自由〉なときにのみ行使される」とフーコーは述べる。[*38] ここで自由とは、権力が働くための前提条件であり、かつその場でもある。統治の空間の内部には、一定の可能性と不確定要素がなければならない。羊の群れがすべて幸福に過ごすのなら、牧人の出る幕はない。だが、統治の問題設定が教えるように、飢饉や疫病は一定の確率で発生する不可避の現象であり、それを制御しないわけにはいかない。安全型権力装置もまた対象の自由を前提としながら、個別かつ集団的な導きをもたらす、統治戦略として作用する。キリスト教司牧、プラトンのいう政治としての共同体の統治、重農学派による経済表の作成、古典的自由主義の自由放任主義、新自由主義の社会環境への積極的介入、ヘレニズム哲学の自己への配慮の諸原則、これらはそれぞれのやり方で、「自由」を己の問題設定の中心に組み込み、己の実践を関与させる場として設定している。

他方でフーコーは、「主体と権力」の結論部で、自由を権力関係の前提としてだけではなく、その中心に存在し、権力関係とは種別的なものとして捉えている。導きにおとなしく服そうとはせず、言うことを聞かない「自由」があるからこそ、権力関係には反転の可能性がいつでも存在する。それは権力関係の内部にあって、他者の統治に対する、闘争の戦略として表れる。主体は、他者からの導きに、頑迷に否を突きつけるだけが能ではない。他者からの導きをかわし、逸らし、迂回し、方向を変えることによって、別の導きを作り出すこともできる。そのような自由がなければ、権力が支配とは異なる「関係」であるはずもなく、そこに導きの関係もない。

> 最も重要なのが、権力関係と対立戦略との関係性であることは明らかだ。というのは、権力関係の中心に、その存在の恒久的な条件として、〈不服従〉と、本質的に御しがたい自由とが確かに存在するならば、抵抗、逃げ道や逃走、偶然的な反転のない権力関係は存在しないからだ。したがって、あらゆる権力関係は、少なくとも潜在的なかたちであれ、闘争戦略を含意する。とはいえ両者は重なり合って、種別性を失い、ついには混じり合ってしまうわけではない。両者は互いにとってある種の恒久的な限界点となり、反転が発生しうる地点となる。[*39]

権力関係の内部に、抵抗としての対立戦略（＝闘争戦略）が存在するのは、そこに主体の側の自由が存在しているからだ。しかし、同時に抵抗と自由、権力は、お互いに異質なものとしてのみ存在する。したがって、「抵抗のないところに関係としての権力は存在しない」という命題は「自由な主体の実践のないところに権力関係は存在しない」と読み換えることができるだろう。

統治する主体とは、自己と他者の統治として自己を二重化する一方で、「自由さ」を前提として、権力関係のなかで自らを導き、他者を導き、他者から導かれる存在だ。統治する主体に、規模の制約は存在しない。個々人に関わるミクロな権力関係であっても、国家や社会、共同体といったマクロな権力関係であっても、統治の観点では、主体のあり方の問題として同様に扱うことができる。権力と自由の関係がこのように再定義された地点に立てば、「抵抗の可能性」の有無それ自体を問うことからも、権力と抵抗の先行性の問いという「行き詰まり」からも、免れることができるのだ。

本書は後期フーコー思想を「抵抗と権力」からではなく、統治から読み解くことを目指した。しかし筆者は、一般に「抵抗」と呼ばれる事象を無視ないしは軽視すべきであるとか、フーコーの思想とそうした実践とは無関係だとは考えていない。理由は二つある。まず統治概念の展開を踏まえれば、「抵抗」の現場で起きているのは、局所的な権力関係のあり方を問う、種別的な営みであることが、そしてまた、そこに関わる諸主体の主体化の経験であることが、よくわかるからだ。もう一つは、フーコーが「自由」を統治的な関係の核に据えたという事実を、古典的自由主義と新自由主義に共通する論理——国家や社会の内部、あるいは集団間の調整や管理、同意と、自由とを結びつける発想とは、一線を画す試みとして読み取るべきと考えるからだ。〈耐えがたさ〉の発露や〈対抗導き〉とは、こうしたマネジメントの論理が、い、か、に、う、ま、く、行、か、な、い、か、を示すものであった。権力関係を成立させている自由の「本質的に御しがたい」性格とはこのようなものであろう。

他方で、現実の抵抗実践には、それが単なる権力への「反発」ではなく、自治や共同性の構築を模索する試みという側面が見られる。またそこには、運動の内部における既存の導きのあり方を問い直すという、自己批判的な側面が（程度の差はあれ）含まれている。もちろん、そうした対抗導きによって構成される自己の倫理が、己をどの方向に導いていくのかは、時と場合による。しかし「蜂起することは無駄なのか？」と聞かれれば、否と答えるしかない。いまここの蜂起が、将来的な革命につながるかどうかなど、誰にもわからない（ある事象が「出来事」であるかは、事後的にしかわからないと言いたいのではない。そもそも、そうした「評価」が、蜂起する人々にとって第一の願いなのだろうか？）。問題は抵抗があるかないか、ではなくて、どのような導きと対抗導きがあるかだ。統治論のフーコーは、このように考えることで、権力と抵抗の問いを、存在論と認識論の領域から、倫理と実践の「政治的な」領域に移してはどうかと、提案しているのではないのだろうか。

さて、フーコーにとって「自由の実践」とは、「関係の発明」（ボードレール）であり、自己を導きの主体かつ客体として、二重に構成する営みのことだった。このとき「自由の実践としての自己への配慮」という独特の表現もまた、統治の文脈に位置づけられるだろう。同名のインタヴューで、フーコーは、自由とは倫理の存在論的条件だと述べる。他者との権力的−統治的な関係における、自己の導きの問題を可能にするのが、自由なのだ。自己の倫理とは、振る舞いの選択肢が存在する「自由な」状況での、自己の導きのあり方を指す。解放されることや自由になることが問題なのではなく、自由であることをどのように用いるかが問題なのだ。むしろそのような問いを立てることが、自由「になる」ことではないのか。

フーコー　ここで完全に欠けていると思われるのは〔……〕自由の実践の問題としての倫理の問題、すなわち、どのように自由を実践するかという問いです。セクシュアリティの話でいえば、まったくもって明らかなのは、自らの欲望を解放したときにこそ、他者との快楽的な関係のなかで、どのように自らを倫理的に導くかを知らなければならないということです。

聞き手　自由を倫理的に実践しなければならない、ということでしょうか……。

フーコー　そうです。自由の実践、つまり自由をよく考えて実践することでなかったら、倫理とは一体何のことなのでしょうか。

聞き手　つまり、自由とは、それ自体ですでに倫理的な現実だと理解されているということでしょうか。

フーコー　自由とは倫理の存在論的条件です。また倫理とは自由の再帰的なあり方なのです。[*40]

自由の倫理的実践という聞き手の表現には、奇妙な響きがないわけでもない。けれども、倫理という表現で、フーコーが言おうとしていることをよく捉えている。自己の自己への関係は、自らのあり方を自ら導くという意味で、倫理的な自己へのかかわりだからだ。倫理は「自由の再帰的なあり方」となる一方で、自由によってその「存在論的条件」として基礎づけられる。「不自由な」関係の下にあっては、主体の側には可能な行動についての選択肢が存在せず、権力関係もまた存在しないからだ。自由が実践可能な状態とは、自己が自己と他者とをさまざまなかたちで導き、また導かれるという関係性が存在する状態を指している。「自由の実践」が倫理であり、自己への配慮であるとはこの意味なのだ。後期フーコーによる統治概念の導入と、その主体論としての展開とは、抵抗と権力の両者を織り込んだ、統治する主体を見出すプロセスであった。この一元的な主体化のプロセスは、自己が自己と他者との関係のなかで自らを導き、構成する自由な実践として提示される。

このとき真理は、言説実践として主体の導きにかかわる。主体と真理との「政治的な」関係を考えるにあたり示唆的なのは、六八年五月前後の政治情勢ともかかわる書物、『知の考古学』の〈政治的な知〉なるものをめぐる記述だ。[*41] フーコーは、集団の政治的行動と言説実践の関係を、理論と実践の古典的な関係論や反映論、階級意識形成論などとは別のかたちで考えられないか、と自問する。人の頭の中にではなく、実践にはじめから存在している、政治的な知とは何かと問うているのだ。この問いを立てることは、政治的な知を「行動、争い、決定、戦術といった方向で」分析することであり、政治実践と政治理論が接合する地点を、いまとは別のかたちで考えることでもある。政治的知は、実践の領域に初めから存在しつつ、さまざまな言説実践と非言説実践との相互的な作用によって形成される。理論と実践の条件であり、その対象であるような「真理」によって、統治する主体は自己と他者を導く。

他者の統治をめぐる議論は、主権、規律訓練、安全という近代的な権力装置の展開と、それを貫く司牧権力のたくましさを明らかにした。われわれは権力から解放されることはないし、統治的な関係の外に出ることもない。しかし他者の統治論は同時に、他者の導きが展開する統治の空間が、いつでも変形と反転が可能な、権力関係の場であることを教える。対抗導きは、今とは異なる「別の」導きとして、いつでもそこに表れている。真理による統治の考察は、他者への権力行使がつねになんらかのかたちで真理を必要とすることを教える。そして同時に、真理によって主体を変革する可能性が、主体の側にあることを示すのだ。主体は真理といつでも関係を結び直すことができるし、それによって己のあり方を変えることができる。自己と他者の統治論は、倫理的な自己の主体化が、己の内にあるとされる内面的な真理や、データなどの客観的な真理による、従属的主体化とは別の、真理と主体の関係であることを示していた。自己への配慮の歴史からは、自己認識と自己への配慮という二つの傾向が産む、錯綜した関係が浮かび上がる。自己について知ることが、他者の統治術と結びつき、自己への配慮をすっかり覆ってしまった後でも、自己認識と自己への配慮を結びつけ、真理による主体の変容を擁護する、別の導きの系譜は消えることなく存在している。

古代哲学が真の生と呼んだこの実践は、己の生を今よりも「美しい」ものとするために、自己を統治することだった。われわれには、自己と他者の統治の現状を変え、自己への反逆を企てる力がある。なるほど今日にあっては、自己の刷新が言われる。われわれには、人的資本の高度化が日々「義務」として課されている。しかし、ボードレールが「反逆」と言うとき、それは何よりもまず現在の支配的なあり方への反逆であった。いまこのときに、己にはほんとうに何が必要なのかを考える作業は、現代とはどういう時代であるかを知り、その認識にもとづいて、どのように自己をよく、美しく、英雄的に導くか、という問いと結びつく。こうした自己への配慮の問いは、新自由主義のスローガンが描く生のスタイルとは異なる「よさ」があることを示唆してくれる。『監獄の誕生』の最後にフーコーはこう記していた。複合的な権力関係の結果であり、道具とされる人々のうちに「闘いのとどろきを聞かなければならない*42」と。統治する主体として、権力関係の戦略的場に表れているわれわれには、闘いをとどろかせることも、そのとどろきを聞くことも、いつでも可能であるはずだ（カントにおいて「啓蒙」の実践を可能にする「再帰性」とは、この事実への「気づき」でもあるだろう）。フーコーの綴った統治の歴史は、統治する主体の自己変革の歴史として、また自己と他者の統治への絶えざる反逆の事実であり、その可能性として、読まれなければならないのである。

# あとがき

台湾映画『GF*BF』（監督：ヤン・ヤーチェ、二〇一二年）を、今年春の大阪アジアン映画祭で観る機会があった。軍政末期から民主化を経て現在に至る台湾現代史を、男性二人と女性一人の半生に重ねて描いた、パッションあふれる作品だった。この映画は、実にフーコー的と言えるかもしれない。個人と制度との一筋縄ではいかない関係が、セクシュアリティ、ジェンダー、社会運動、生権力、消費社会といったテーマとともに、リズムよく描かれているからだけではない。むしろ、生をよきものにするとはどういうことなのか、という問いが、三人の、それぞれにどこかぎこちない生き方を通して、絶えず投げかけられていたからだ。

フーコーをめぐる議論には「死」の影がつきまとう。一九八〇－九〇年代には彼がエイズで亡くなったことと、彼の理論を結びつけるような議論がもてはやされた。また今世紀になってからは、統治性や生権力の概念が多用され、現代における、死の管理のシステムをめぐる議論が盛んだ。こうした傾向に、筆者は強い違和感を抱いてきた。いや、単純に理解できないのだ。なぜこれほどまでに、研究者や批評家は「システム」や「デザイン」を語り、その「強固さ」を言い立てるのか？　この世界はそれほど決まり切ったところなのか？　『監獄の誕生』や『知への意志』にはそんなことが書いてあるのか？　フーコーの思想は、ポスト六八年の政治的経験の理論的結晶の一つではなかったのか？　統治性論はネオリベ批判にとどまるのか？　研究の出発点となったのは、こうした素朴な疑問だった。

本書の主張は、統治概念に注目すれば、抵抗と権力という二元的な発想にとらわれない、後期フーコーの読みが可能だということだ。統治論とは、生きることの闘争をめぐる問いであり、そこには、生への執着という美しい主題がある。フーコーの読み手には、意地の悪い人が多いように思える。生の技術や生の美学における「美しさ」「よさ」が、現代社会で支配的な「美しさ」「よさ」と同じであるわけがない。そのことを直感的にわかっていながらも、後期フーコーに「個人主義」「唯美主義」との評価を向けるのだから。こうした見解に接すると、己の審美眼と批判的な感覚を、われわれはもっと大切にすべきではないのか、と思わずにはおれない。フーコーの言う「自由になる」とは、己の感覚、経験、思想を絶対的なものとはせず（自己への反逆）、磨きをかけること（自己への配慮）であったはずだ。

本書は、筆者が二〇〇八年一二月に神戸大学に提出した博士論文『抵抗と権力から統治の主体へ――統治概念の生成と発展としての後期フーコー思想』に、大幅な加筆・修正をほどこしたものである。博士論文の主査は市田良彦教授、副査は水田恭平教授（現、名誉教授）、宗像惠教授、廳茂教授、上野成利准教授（現、教授）にご担当いただいた。先生方には、筆者が神戸大学大学院総合人間科学研究科（現、国際文化学研究科）に在籍したあいだ、専門分野についてはもちろん、語学の訓練から隣接諸分野の知見に至る、さまざまな学びを得るとともに、示唆に富む多くの指摘や助言を頂戴した。心より感謝する。

市田先生からは、研究者として自立するために必要なすべてを、親しみのこもった口調で教えていただいた。氏の学問と社会への真摯な姿勢に接する機会に恵まれたことは、本当に幸運だった。水田先生からは、美学・芸術一般に渡るお話を含め、楽しい時間を何度も過ごさせていただいた。宗像先生には、研究の方向性やプレゼンテーションの仕方に関する、実践的な相談にも快く応じていただいた。廳先生からは、現代の理論状況を、社会哲学と社会学史の観点を踏まえつつ見通すことの重要性を教えていただいた。上野先生からは、研究会の組織化や議論のまとめ方など、実務的なスキルも学ぶ機会をいただいた。思想史研究では、小笠原博毅先生にも何かと気にかけていただいた。このほか、折にふれて多くの先生にお世話になったが、遺漏があるといけないので、お名前をすべて挙げることは控えさせていただきたい。院生仲間では、特に新井健一郎、石森大知、久保忠行、鈴木康丈、高岡智子、三宅博子の各氏から、大きな刺激と励ましを受けた。ありがとう。

二〇〇九年度には、神戸大学国際文化学研究科の異文化研究交流センターに学術推進研究員として在籍し、講演会開催や報告書作成作業とともに、日常的な管理運営業務を学ぶ機会を得た。当時センターと事務所を共有していた、文部科学省現代GP「アートマネジメント教育による都市文化再生」(代表:藤野一夫教授)の活動と、関係する方々との交流には、さまざまなかたちで触発された(皆さんの活動が、京阪神と西日本のアート・シーンを盛り上げることを、微力ながら応援しています)。一〇年度は同研究科メディア研究センターから協力研究員の資格をいただき、資料と施設の利用に便宜をはかっていただいた。記して感謝する。

二〇一〇年度から在籍する立命館大学では、生存学研究センターと、大学院先端学術総合研究科の皆さんなどから、今までにない刺激を受けている。一〇年度に、立命館大学グローバルCOE「生存学」

創成拠点（拠点リーダー：立岩真也教授）付のポストドクトラル・フェローとして勤務した折には、小泉義之教授に、一一年度から現在まで衣笠総合研究機構の専門研究員（旧、ポストドクトラル・フェロー）として勤務するにあたっては、大谷いづみ教授に、受入れ教員を引き受けていただいた。先端研と生存学にまったく縁のなかった筆者を、快く迎え入れてくださった両先生をはじめ、教職員、院生、ポスドクの方々、仕事や研究で共に作業をしてきた仲間たちに感謝する。同大学の若手研究者支援制度と、リサーチオフィス（衣笠）のスタッフの方々の素晴らしい働きぶりに支えられていることも、ぜひ一言申し添えたい。

島根大学法文学部で実施されたフーコー研究会に参加された皆さん、とりわけ主催者である出口顯教授、渋谷聡教授、福井栄二郎准教授の各先生には、講義録を再読する機会を与えていただいた。参加に際して、〇九年度は「後期ミシェル・フーコーの思想の可能性に関する学際的研究」（代表者：渋谷聡教授）、一〇年度は「ミシェル・フーコーの統治性概念に関する学際的研究」（代表者：加藤克夫教授）の支援を受けた。記して感謝する。

二〇一一年度から京都大学人文科学研究所の共同研究班「現代思想と政治」（班長：市田良彦教授）に参加させていただくことは、筆者にとって知識の幅と関心領域を広げる貴重な機会である。班長の市田氏、人文研准教授の王寺賢太氏をはじめ、班員の皆さんに感謝する。

このほか松井隆志、鈴木英生、秋元由紀各氏の長年の友情に、ビルマ民主化と難民支援に関わる活動でお付き合いをいただいている方々からの励ましに、そして家族の理解と協力、応援に感謝する。

本書には、文部科学省科学研究費若手研究（B）「ミシェル・フーコーの方法論の再検討」の研究成果が反映されている。なお第2章、第4章、第5章は、それぞれ以下の既刊論文が元になっている。ただし内容にはかなり手を入れたので、本書の議論を筆者の最新の見解としたい。

・「エロスの技法を再読する　フーコー統治論の形成過程」（『社会思想史研究』第三一号、二〇〇七年、九〇―一〇七頁）

・「イスラーム的統治は存在しない　フーコーのイラン革命論と対抗導き」（芹沢一也、高桑和巳編『フーコーの後で　統治・セキュリティ・闘争』慶應義塾大学出版会、二〇〇七年、一五七―一九一頁）

・「用いる者と用いられるものは別である〈自己への配慮〉による後期フーコーの統治概念の深化」（『鶴山論叢』第八号、二〇〇八年、五一―六八頁）

最後になるが、慶應義塾大学出版会の上村和馬氏には、『フーコーの後で』の出版をきっかけに、お付き合いをいただいている。原稿の仕上げに長らく手間取り、多大な迷惑をおかけしたことには、お詫びの言葉もない。氏の鋭いコメントには頭を抱えることが多かったが、それだけに学ぶところも大きかった。氏の卓越した導きと、丹念な作業に心から感謝を申し上げる。

二〇一三年七月　六甲山のふもとにて

箱田　徹

# 註

## 序章

＊1　Michel Foucault, *Sécurité, territoire, population: cours au Collège de France (1977–1978)*, édition établie sous la direction de François Ewald et Alessandro Fontana, par Michel Senellart, Paris: Gallimard/Le Seuil, 2004.〔『安全・領土・人口　コレージュ・ド・フランス講義　一九七七－一九七八年度』高桑和巳訳（筑摩書房、二〇〇七年）〕。以下、原文と邦訳を共に示した文献については、既訳を参考にし、筆者が本書の文脈に合うように、訳文を変更した場合がある。

＊2　Michel Foucault, *Naissance de la biopolitique: cours au Collège de France (1978–1979)*, édition établie sous la direction de François Ewald et Alessandro Fontana, par Michel Senellart, Paris: Gallimard/Le Seuil, 2004.〔『生政治の誕生　コレージュ・ド・フランス講義　一九七八－一九七九年度』慎改康之訳（筑摩書房、二〇〇八年）〕。

＊3　Michel Foucault, *Du Gouvernement des vivants: Cours au Collège de France (1979–1980)*, édition établie sous la direction de François Ewald et Alessandro Fontana, par Michel Senellart, Paris: Gallimard/Le Seuil, 2012, p. 12.

＊4　Michel Foucault, *Surveiller et punir: naissance de la prison*, Paris: Gallimard, 1975.〔『監獄の誕生　監視と処罰』田村俶訳（新潮社、一九七七年）〕。

＊5　Michel Foucault, *La Volonté de savoir: Histoire de la sexualité I*, Paris: Gallimard, 1976.〔『性の歴史Ⅰ　知への意志』渡辺守章訳（新潮社、一九八六年）〕。

＊6　Michel Foucault, *L'Usage des plaisirs: Histoire de la sexualité II*, Paris: Gallimard, 1984.〔『性の歴史Ⅱ　快楽の活用』田村俶訳（新潮社、一九八六年）〕。

＊7　Michel Foucault, *Le Souci de soi: Histoire de la sexualité III*, Paris: Gallimard, 1984.〔『性の歴史Ⅲ　自己への配慮』田村俶訳（新潮社、

一九八七年)〕。

*8　Michel Foucault, *Dits et écrits, 1954–1988*, édition établie sous la direction de Daniel Defert et François Ewald; avec la collaboration de Jacques Lagrange, 4 tomes, Paris: Gallimard, 1994.〔『ミシェル・フーコー思考集成』蓮實重彦ほか監修、小林康夫ほか編、全一〇巻（筑摩書房、一九九八－二〇〇二年)〕。『思考集成』は邦文テキストに原著フランス語版と同一の番号を振っている。しかし日本語版編者の断り書きにあるように、邦訳の元になったテキストがフランス語版に収録されたものと異なる場合もあり、訳語の統一や索引作成は行われていない。このため『思考集成』は原著の完訳ではない。『フーコー・コレクション』（筑摩書房、全七冊、二〇〇六年）は『思考集成』の日本独自版選集。

*9　Gilles Deleuze, *Foucault*, Paris: Les Éditions de Minuit, 1986.〔『フーコー』宇野邦一訳（河出書房新社、二〇〇七年)〕。

*10　Michel Foucault, *Histoire de la folie à l'âge classique: Suivi de La folie, l'absence d'œuvre et Mon corps, ce papier, ce feu*, Paris: Gallimard, 1971.〔『狂気の歴史　古典主義時代における』田村俶訳（新潮社、一九七五年)〕。

*11　Michel Foucault, *Les Mots et les choses: une archéologie des sciences humaines*, Paris: Gallimard, 1966.〔『言葉と物　人文科学の考古学』渡辺一民ほか訳（新潮社、一九七四年)〕。

*12　Michel Foucault, *L'Archéologie du savoir*, Paris: Gallimard, 1969.〔『知の考古学』慎改康之訳（河出書房新社、二〇一二年)〕。

*13　Hubert L. Dreyfus and Paul Rabinow, *Michel Foucault: Beyond Structuralism and Hermeneutics*, with an afterword by Michel Foucault, Chicago: University of Chicago Press, 1982.〔『ミシェル・フーコー　構造主義と解釈学を超えて』山形頼洋ほか訳（筑摩書房、一九九六年)〕。

*14　Michel Foucault, «Sujet et pouvoir», in *Dits et écrits*, 4, p. 241.〔「主体と権力」渥海和久訳、『ミシェル・フーコー思考集成』第九巻（筑摩書房、二〇〇一年）二九頁〕。翻訳は前掲『構造主義と解釈学を超えて』にも収録されているが、以下では『思考集成』版の頁を示す。

*15　Michel Foucault, «À propos de la généalogie de l'éthique: un aperçu du travail en cours», in *Dits et écrits*, 4, pp. 609–631.〔「倫理の系譜学について　進行中の仕事の概要」守中高明訳、『ミシェル・フーコー思考集成』第一〇巻（筑摩書房、一九九九年）六九－一〇一頁〕。

*16　フランス語版は第二版を元にし、一九八四年に刊行された。Hubert L. Dreyfus et Paul Rabinow,（trad. Fabienne Durand-Bogaert),

*Michel Foucault, un parcours philosophique: au-delà de l'objectivité et de la subjectivité.* avec un entretien et deux essais de Michel Foucault, Paris: Gallimard, 1984.

*17　一例として、一九九八年段階で「後期フーコー」を書名とした次の論集がある。Jeremy Moss (ed.), *The Later Foucault: Politics and Philosophy*, London: Sage, 1998.

*18　Michel Senellart, «Situation du cours», in Foucault, *Sécurité, territoire et population*, pp. 379–411., esp. pp. 402–403.〔ミシェル・スネラール「講義の位置づけ」、『安全・領土・人口』四五三－四九七頁。特に四七八頁〕。また、高桑和巳「訳者解説」、『安全・領土・人口』四九九－五一四頁（特に四九九－五〇三頁）を参照。

*19　一九七八年の来日時の講演はほぼリアルタイムで紹介されている。Michel Foucault, «La philosophie analytique du pouvoir», in *Dits et écrits*, 3, pp. 534–551.〔「政治の分析哲学　西洋世界における哲学者と権力」渡辺守章訳、『ミシェル・フーコー思考集成』第七巻（筑摩書房、二〇〇〇年）一二三－一三九頁〕。Michel Foucault, «Sexualité et pouvoir», in *Dits et écrits*, 3, pp. 522–531.〔「〈性〉と権力」渡辺守章訳、『ミシェル・フーコー思考集成』第七巻、一〇六－一一八頁〕。前者は『朝日ジャーナル』一九七八年六月二日号に、後者は『現代思想』一九七八年七月号に掲載された。

*20　Foucault, «La philosophie analytique du pouvoir», in *Dits et écrits*, 3, p. 551.〔「政治の分析哲学」、『思考集成』第七巻、邦訳に該当箇所なし〕。

*21　Foucault, «'Omnes et singulatim': vers une critique de la raison politique», in *Dits et écrits*, 4, pp. 134–161.〔「全体的なものと個的なもの　政治的理性批判に向けて」、『ミシェル・フーコー思考集成』第八巻（筑摩書房、二〇〇一年）三二九－三六八頁〕。

*22　Michel Foucault, «'Omnes et singulatim': vers une critique de la raison politique», *Le Débat*, 41, septembre-novembre, 1986, pp. 5–35.

*23　Barry Smart (ed.), *Michel Foucault: Critical Assessments*, 7 volumes, London: Routledge, 1994–1995.

*24　Thomas Keenan, "Foucault on Government," in *Critical Assessments*, 4, pp. 422–427. なお同稿はフーコーのエッセイの翻訳の解説として書かれたもの。また生権力と統治性への注目という点では、ハッキングもかなり早い。Ian Hacking, "Biopower and the avalanche of printed numbers," *Humanities in Society*, 5, pp. 279–295, 1982.〔「生権力と印刷された数字の雪崩」『思想』第一〇五七号（二〇一二年）七六－一〇一頁〕。

*25　滝本往人「《資料》ミシェル・フーコー文献一覧」、『思想』第八四六号（一九九四年）一－八〇頁を参照。これは一九九

四年時点でのフーコーに関する網羅的な邦語文献目録である。

＊26　Christian Lazzeri et Dominique Reynié (dir.), *La raison d'État: politique et rationalité*, Paris: Presse Universitaire de France, 1992. 各論文は Michel Senellart, «La raison d'État antimachiavélienne», in Lazzeri et al., *La raison d'État*, pp. 15–42.; Dominique Séglard, «Foucault et le problème du gouvernement», in Lazzeri et al., *La raison d'État*, pp. 117–140. である。

＊27　この点についての詳しい研究動向は、田中拓道「ジャコバン主義と市民社会　一九世紀フランス政治思想史研究の現状と課題」、『社会思想史研究』第三一号（二〇〇七年）一〇八頁－一一八頁を参照。

＊28　François Ewald, *L'État providence*, Paris: Grasset, 1986.

＊29　Jacques Donzelot, *La Police des familles*, Paris: Les Éditions de Minuit, 1977.〔『家族に介入する社会　近代家族と国家の管理装置』宇波彰訳（新曜社、一九九一年）〕。ドンズロの専門は都市社会学であり、郊外問題を論じた著書が日本でも紹介、注目された。Jacques Donzelot, *Quand la ville se défait: Quelle politique face à la crise des banlieues ?*, Paris: Seuil, 2008.〔『都市が壊れるとき　郊外の危機に対応できるのはどのような政治か』宇城輝人訳（人文書院、二〇一二年）〕。

＊30　Robert Castel, *L'Ordre psychiatrique: l'âge d'or de l'aliénisme*, Les Éditions de Minuit, 1975. その後カステルは福祉国家の危機と、社会的排除などの「新しい社会問題」に関心を寄せる。Robert Castel, *Les Métamorphoses de la question sociale*, Paris: Fayard, 1995.〔『社会問題の変容　賃金労働の年代記』前川真行訳（ナカニシヤ出版、二〇一二年）〕などの著作を参照。

＊31　Michel Foucault, *«Il faut défendre la société»: cours au Collège de France (1975–1976)*, édition établie, dans le cadre de l'Association pour le Centre Michel Foucault, sous la direction de François Ewald et Alessandro Fontana, par Mauro Bertani et Alessandro Fontana, Paris: Gallimard/Le Seuil, 1997, pp. 213-235.〔『社会は防衛しなければならない　コレージュ・ド・フランス講義　一九七五－一九七六年度』石田英敬ほか訳（筑摩書房、二〇〇六年）二三九－二六二頁〕; Foucault, *La Volonté de savoir*, pp. 181–191.〔『知への意志』一七一－一八三頁〕。

＊32　Foucault, *«Il faut défendre la société»*, pp. 218–219.〔『社会は防衛しなければならない』二四五頁〕。

＊33　Graham Burchell, Colin Gordon and Peter Miller (eds.), *The Foucault Effect: Studies in Governmentality: with Two Lectures by and an Interview with Michel Foucault*, Chicago: The University of Chicago Press, 1991.

＊34　ゴードンの回想によれば、一九七八年以降、つまりサッチャー政権が登場する頃には、英国でもカステルやドンズロ、エ

ヴァルトらの研究が、新左翼系研究者のあいだで知られるようになっていた。前掲の『フーコー・エフェクト』に、これらの著者の論文が掲載されていることは、その反映だろう。ゴードンの発言は次を参照。Colin Gordon, «Foucault en Angleterre», *Critique*, 471–472, août-septembre, 1986, pp. 836–837.

*35 米国での受容については、冨山多佳夫「透明なるフーコー　アメリカへの導入史」、『現代思想』第二〇巻、第一〇号（一九九二年）五〇－六〇頁を参照。

*36 Andrew Barry, Thomas Osborne and Nikolas Rose (eds.), *Foucault and Political Reason: Liberalism, Neo-liberalism and Rationalities of Government*, Chicago: University of Chicago Press, 1996. なお、コレージュ・ド・フランス講義録の英訳を複数手がけるバーチェルは、ゴードンとともに統治概念の全体的な射程に早くから注目していた。Graham Burchell, "Liberal Government and the Technology of the Self," in Barry et al., *Foucault and Political Reason*, pp. 19–36.

*37 Mitchell Dean, *Governmentality: Power and Rule in Modern Society*, London: Sage, 1999.

*38 Jonathan Xavier Inda, *Targeting Immigrants: Government, Technology, and Ethics*, Malden, Mass.: Blackwell, 2006.

*39 最近の邦訳には、ニコラス・ローズ「現れつつある生の形式？」山崎吾郎訳、『思想』第一〇六六号（二〇一三年）三〇二－三四五頁がある。

*40 本書が問題とする研究動向と重なる部分もあるので述べておくと、ジェンダー、セクシュアリティ研究に関する英米圏のフーコー受容は、一九九〇年代後半からフランスに逆輸入された感がある。ハルプリン『聖フーコー　ゲイの聖人伝に向けて』（David M. Halperin, *Saint Foucault: Towards A Gay Hagiography*, New York: Oxford University Press, 1995.〔『聖フーコー』村山敏勝訳（太田出版、一九九七年）〕）は、セクシュアリティ研究の分野で著名なフーコー研究である。これをフランスで翻訳・紹介したのは、最初にフーコーの伝記を著したエリボンだった（Didier Eribon, *Michel Foucault (1926–1984)*, Paris: Flammarion, 1989.〔『ミシェル・フーコー伝』田村俶訳（新潮社、一九九一年）〕）。彼は九〇年代後半に英語圏のセクシュアリティ研究の紹介を行った（David M. Halperin, (trad. Didier Eribon), *Saint Foucault*, Paris: EPEL, 2000.; Didier Eribon, *Les Études gay et lesbiennes: un débat*, Paris: IRCAM - Centre George Pompidou, 1998.; Didier Eribon, *Réflexions sur la question gay*, Paris: Fayard, 1999.）。なおハルプリン『聖フーコー』もエリボンの一連の作業も、ミラーのフーコー伝（James Miller, *The Passion of Michel Foucault*, New York: Simon and Schuster, 1993.〔『ミシェル・フーコー　情熱と受苦』田村俶ほか訳（筑摩書房、一九九八年）〕）が代表するセンセーショナリズ

ム、すなわちフーコーの思想をその生き方ではなく、セクシュアリティに関する「真実」なるものと関連づけて論じる流れへの批判として取り組まれた。なお、エリボン『フーコー伝』は、二〇一一年に増補改訂版が刊行された（Didier Eribon, *Michel Foucault*, édition revue et enrichie, Paris: Flammarion, 2011.）。本書での引用の頁数は、新旧版に異同がないかぎり、二〇一一年版に基づく。

＊41　山本哲士『フーコー権力論入門』（日本エディタースクール出版部、一九九一年）。

＊42　米谷園江「ミシェル・フーコーの統治性研究」、『思想』第八七〇号（一九九六年）七七－一〇五頁。米谷園江「自由主義の統治能力　ミシェル・フーコーのオルド自由主義論」、『ライブラリ相関社会科学』第三号（一九九六年）一九六－二二二頁。最近の邦語文献では、中山元『フーコー　生権力と統治性』（河出書房新社、二〇一〇年）などが、統治性講義の概要を提示する。

＊43　市野川容孝『身体／生命』（岩波書店、二〇〇〇年）および、市野川容孝『社会』（岩波書店、二〇〇六年）。

＊44　酒井隆史『自由論　現在性の系譜学』（青土社、二〇〇一年）。渋谷望『魂の労働　ネオリベラリズムの権力論』（青土社、二〇〇三年）。なお、重田園江『フーコーの穴　統計学と統治の現在』（木鐸社、二〇〇三年）もこの流れに加えることができる。

＊45　阪上孝『近代的統治の誕生　人口・世論・家族』（岩波書店、一九九九年）。

＊46　こんにちの「生権力論」一般の動向を紹介することは、本論の範囲を超える。研究動向については、『思想』一〇六六号（二〇一三年）と、檜垣立哉編『生権力論の現在　フーコーから現代を読む』（勁草書房、二〇一一年）所収の各論稿を参照されたい。

＊47　Michel Foucault, «Qu'est-ce que les Lumières ?», in *Dits et écrits*, 4, pp. 679–688.〔「カントについての講義」小林康夫訳、『ミシェル・フーコー思考集成』第一〇巻、一七二－一八四頁〕。全文は二〇〇八年に刊行された、一九八二－一九八三年度講義録に収録されている。Michel Foucault, *Gouvernement de soi et des autres: cours au Collège de France (1982–1983)*, édition établie sous la direction de François Ewald et Alessandro Fontana, par Frédéric Gros, Paris: Gallimard/Le Seuil, 2008, pp. 3–39.〔『自己と他者の統治　コレージュ・ド・フランス講義　一九八二－一九八三年度』阿部崇訳（筑摩書房、二〇一〇年）三頁－五〇頁〕。

＊48　Michel Foucault, “What is Enlightenment?,” in Paul Rabinow (ed.), *The Foucault Reader*, New York: Pantheon Books, 1984, pp. 32–50. これ

に対応するフランス語版は以下。Michel Foucault, «Qu'est-ce que les Lumières ?», in Dits et écrits, 4, pp. 562–578.（「啓蒙とは何か」石田英敬訳、『ミシェル・フーコー思考集成』第一〇巻、三－二五頁）。これは一九八三年秋にカリフォルニア大学バークレー校で行われた講義の内容である。経緯については、Hans Sluga, «Foucault à Berkeley: l'auteur et le discours», *Critique*, 471–472, pp. 840–841.; David Macey, *The Lives of Michel Foucault*, London: Hutchinson, 1993, pp. 461–462. を参照。

*49　たとえば市田良彦「ハイデガーを食べるニーチェ」、『闘争の思考』（平凡社、一九九三年）三四一－三五九頁を参照。

*50　Deleuze, *Foucault*, p. 103.（『フーコー』一七六頁）。

*51　佐藤嘉幸『新自由主義と権力　フーコーから現在性の哲学へ』（人文書院、二〇〇九年）。

*52　廣瀬浩司『後期フーコー　権力から主体へ』（青土社、二〇一一年）。

*53　市田良彦「〈実践〉概念の相克　フーコー最後の問題系と六八年」、『現代思想』、第三七巻、第七号（二〇〇九年）九〇－一〇六頁。市田良彦「〈我々とは誰か〉あるいはフーコー最晩年の〈外の思考〉」、富永茂樹編『啓蒙の運命』（名古屋大学出版会、二〇一一年）四六四－四九二頁。

*54　Jürgen Habermas, "Taking Aim at the Heart of the Present," *University Publishing*, summer, 1984, pp. 5–6.（in *Critical Assessments*, 7, pp. 287–290.）（「現代の心臓に矢を打ち込む」三島憲一訳、『現代思想』第一四巻、第一〇号（一九八六年）六八－七三頁）。

*55　Jürgen Habermas, "Some Questions Concerning the Theory of Power: Foucault Again," in *The Philosophical Discourse of Modernity*, 1987, pp. 266–293.（in *Critical Assessments*, 5, pp. 260–280.）（「権力論のアポリア」『近代の哲学的ディスクルスⅡ』三島憲一ほか訳（岩波書店、一九九〇年）四七五－五一七頁）。なお「隠れた規範主義」という表現は、元々フレイザーが Nancy Fraser, "Foucault on Modern Power: Empirical Insights and Normative Confusions," *Praxis International*, 1981, vol. 1, pp. 272–287.（in *Critical Assessments*, 5, pp. 133–148.）で用いたものである。ハーバーマスによる一連のフーコー論の第三者による評価については、少なくない数の研究があるが、特筆すべき展開は生じていない。この問題に関する基本文献は次を参照。Michael Kelly (ed.), *Critique and Power: Recasting the Foucault/Habermas Debate*, Cambridge, Mass.: MIT Press, 1994.

*56　たとえば杉田敦『権力の系譜学』（岩波書店、一九九八年）を参照。

*57　Amy Allen, "Foucault and Enlightenment: A Critical Reappraisal," *Constellations*, 10(2), 2003, pp. 180–198.

*58　「実存」や「生存」と訳されることも多いが、最晩年のコレージュ・ド・フランス講義では、フランス語の existence と vie

がギリシア語のビオスの訳として提示されていることを踏まえて「生」とする。なお「美学」という語も、学問としての美学や、その対象である美の概念に関わるものでもなければ、事物の美的な外見の意味でもない。この表現は、人の生にかたちを与え、機能を整えること、あるいは一定のスタイルを与えるという意味である。フーコーはこの表現をこう解説している。「私が把握したいのは〔……〕ソクラテスのパレーシアが出現し、根拠づけられることで、生《ビオス》がギリシア思想において美的な対象として、美的な洗練と知覚の対象として、つまりビオスが美しい作品として構成されるありようなのです〔……〕。生の技術と真の言説、美しい生と真の生との関係、真理における生、真理のための生、およそこうしたことを私は把握したいと思った。真理を述べること（他者に対して、自己に対して、己について、また他者について真理を述べること）の原理と形態のなかに、真の生が現れること、これが私の検討したかったテーマ、問題なのです」。Michel Foucault, *Le Courage de la vérité, le gouvernement de soi et des autres II: Cours au Collège de France 1983–1984*, édition établie sous la direction de François Ewald et Alessandro Fontana, par Frédéric Gros, Paris: Gallimard/Le Seuil, 2009, pp. 149–151.〔『真理の勇気　コレージュ・ド・フランス講義　一九八三－一九八四年度』慎改康之訳、筑摩書房、二〇一二年、二〇三－二〇四頁〕。

＊59　酒井『自由論』、特に最終章「現在性の系譜学へ向けて」を参照。なお酒井は近著で、こうした着想を、近代大阪の社会史を丹念にたどることで、明らかにしようとしている。酒井隆史『通天閣　新・日本資本主義発達史』（青土社、二〇一一年）を参照。

＊60　アルチュセールのイデオロギー論（一九六九年）に関する言及にも、同種の傾向が見られる。有名なのはバトラーの議論だろう。アルチュセールは、権力の呼びかけと主体化の関係性を説明する際に、街頭で警官に呼び止められた人が、警官の声が聞こえる側につい振り向いてしまう、という喩えを用いている。バトラーはこれに対して『権力の心的な生』（一九九七年）の第四章で、呼びかけられた側が必ずしも警官の声がする方を振り向くとは限らないと論じ、主体化図式の相対化を試みている（Judith Butler, "Conscience Doth Make Subject of Us All: Althusser's Subjection," in *The Psychic Life of Power: Theories of Subjection*, Stanford, Calif.: Stanford University Press, 1997, pp. 106–131.〔『権力の心的な生　主体化＝服従化に関する諸理論』佐藤嘉幸、清水知子訳（月曜社、二〇一二年）所収〕）。なおバトラーは、この後も『自分自身を説明すること』（二〇〇五年）の第三章で、フーコーの主体化論を呼びかけの問題と絡めて論じている。とはいえ、そもそも「呼びかけ」がアルチュセールやフーコーの臣従化論のポイントではない以上、振り向かない可能性なるものを考慮することに、議論の広がりがあるとは思え

ない。むしろランシエールが、二〇一二年に再刊された『アルチュセールの教え』（一九七四年）で批判したように、アルチュセールのイデオロギー論には、階級闘争という要素が欠落しているという議論の方が、本書が扱うフーコーの問題設定にはダイレクトにつながる。特に同書の「補遺」と「訳者解題」を参照（Jacques Rancière, *La leçon d'Althusser*, La fabrique, 2012.〔『アルチュセールの教え』市田良彦ほか訳（航思社、二〇一三年）〕）。

*61 現代イタリアでの生政治概念の展開については、岡田温司『イタリア現代思想への招待』（講談社、二〇〇八年）を参照。イタリアでの生政治をめぐる議論のあり方を知るうえでは、ロベルト・エスポジット『近代政治の脱構築　共同体・免疫・生政治』岡田温司訳（講談社、二〇〇九年）と、同書冒頭に付された「訳者によるイントロダクション」も参考になる。

*62 ジョルジョ・アガンベン『ホモ・サケル　主権権力と剥き出しの生』高桑和巳訳（以文社、二〇〇三年）を参照。なお金森修『〈生政治〉の哲学』（ミネルヴァ書房、二〇一〇年）は、アガンベンの一連の議論を紹介し、〈生政治〉に関する近年の思想史上の流れをアレント、ネグリらの名も挙げながら整理している。この論点に関わる概説書としては、檜垣立哉『生と権力の哲学』（筑摩書房、二〇〇六年）などがある。

*63 Gilles Deleuze, «Post-scriptum sur les sociétés de contrôle», in *Pourparlers: 1972–1990*, Paris: Les Editions de Minuit, 1990, pp. 240–247.〔「追伸　管理社会について」、『記号と事件　一九七二－一九九〇年の対話』宮林寛訳（河出書房新社、二〇〇七年）三五六－三六六頁〕。

*64 Foucault, «Les mailles du pouvoir», in *Dits et écrits*, 4, pp. 198–199.〔「権力の網の目」石井洋二郎訳、『ミシェル・フーコー思考集成』第八巻（筑摩書房、二〇〇一年）四一四頁〕。

*65 Foucault, *Sécurité, territoire et population*, p. 23.〔『安全・領土・人口』二六頁〕。

*66 Foucault, «*Il faut défendre la société*», pp. 226–234.〔『社会は防衛しなければならない』二五三－二六一頁〕。

*67 Giorgio Agamben, "What Is An Apparatus?," in *What Is An Apparatus And Other Essays*, tr. David Kishik and Stefan Pedatella, Stanford: Stanford University Press, 2009, pp. 1–24.〔「装置（ディスポジティフ）とは何か?」高桑和巳訳、『現代思想』第三四巻、第七号（二〇〇六年）八四－九六頁〕。アガンベンは『王国と栄光』でもフーコーの統治性論とキリスト教神学に関わる議論とを結びつけて長大な論を展開しているが、基本的な枠組は変わっていない。ジョルジョ・アガンベン『王国と栄光　オイコノミアと統治の神学的系譜学のために』高桑和巳訳（青土社、二〇一〇年）を参照。

＊68　Agamben, "What Is An Apparatus?," pp. 2–3.〔「装置とは何か」八五頁〕。

＊69　Agamben, "What Is An Apparatus?," p. 18.〔「装置とは何か」九二頁〕。

＊70　小泉義之は、フーコーの戦争モデル（後述）を用いて統治性論を解釈することで、権力が用いる個人化の技術を「わがこととして使ってやる」戦略の可能性を指摘する。小泉義之「精神と心理の統治」、『思想』第一〇六六号（二〇一三年）五八－七六頁を参照。

＊71　Michael Hardt and Antonio Negri, *Multitude: War and Democracy in the Age of Empire*, New York: Penguin Press, 2004.〔『マルチチュード　「帝国」時代の戦争と民主主義』幾島幸子訳、水嶋一憲ほか監修（日本放送出版協会、二〇〇五年）〕第三部第三章「マルチチュードの民主主義」を参照。

＊72　『マルチチュード』第一部「戦争」を参照。またこうした傾向への批判については、次の対談内の市田の議論を参照（特に七一－七三頁）。市田良彦・小倉利丸「マルチチュードとは誰か」、『現代思想』第三三巻、第一二号（二〇〇五年）五六－七五頁。ネグリの『マルチチュード』までのフーコー読解について、筆者は以下でもう少し詳しい考察を加えた。箱田徹「生政治と統治から啓蒙へ　ネグリとフーコーの生政治概念に関する覚書」、『現代思想』第三六巻、第五号（二〇〇八年）一七三－一七九頁。

＊73　フランス語の雑誌でこの傾向を代表するのは『マルチチュード』（*Multitudes*）と『ヴァカルム』（*Vacarme*）の両誌などだ。『ヴァカルム』はフーコーの没二〇年に特集を組んでいる。«Michel Foucault (1926–1984)», *Vacarme*, 29, 2004. また両誌の同人や関係者の研究書としては次がある。Judith Revel, *Foucault, une pensée du discontinu*, Paris: Mille et une nuits, 2010.; Mathieu Potte-Bonneville, *Michel Foucault: l'inquiétude de l'histoire*, Paris: Presse Universitaire de France, 2004.; Philippe Artières et Mathieu Potte-Bonneville, *D'après Foucault: gestes, luttes, programmes*, Paris: Prairies ordinaires, 2007.

＊74　Denis Kessler et François Ewald, «Les noces du risque et de la politique», *Le Débat*, 109, 2002, pp. 55–72.

＊75　François Cusset, *French theory: Foucault, Derrida, Deleuze & Cie et les mutations de la vie intellectuelle aux États-Unis*, Paris: La Découverte, 2003, pp. 332–334.〔『フレンチ・セオリー　アメリカにおけるフランス現代思想』桑田光平ほか訳（ＮＴＴ出版、二〇一〇年）三一四－三一五頁〕; Yoshihiko Ichida, «Le front populaire du risque face à la New Economy», in *Multitudes*, 8, 2002, pp. 218–231.

＊76　Pierre Rosanvallon, *Le Libéralisme utopique: histoire de l'idée de marché*, Paris: Seuil, 1979.〔『ユートピア的資本主義　市場思想から見た

近代』長谷俊雄訳（国文社、一九九〇年）〕。

*77　Pierre Rosanvallon, *L'État en France de 1789 à nos jours*, Paris: Gallimard, 1990.

*78　田中拓道「フランス福祉国家論の思想史的考察　『連帯』のアクチュアリティ」、『社会思想史研究』第二八巻（二〇〇四年）五三‐六八頁。田中拓道『貧困と共和国　一九世紀フランスにおける社会的「連帯」の誕生』（人文書院、二〇〇六年）。

*79　田中「ジャコバン主義と市民社会」。および、宇野重規『政治哲学へ　現代フランスとの対話』（東京大学出版会、二〇〇四年）を参照。典型的には、アレントとトクヴィルの再評価として現れる。

*80　一九八〇年代以降の知識人の「リベラル化」については、当然ながら当事者間の論争の対象だ。石崎晴己、立花英裕編『21世紀の知識人　フランス、東アジア、そして世界』（藤原書店、二〇〇九年）の第一部に収録された各論考から、代表的な見解を知ることができる。知識人の立場の問題を政治情勢とも絡めた議論は、丸山真幸「フランスの保守革命とセキュリティの政治」同書、一〇四‐一一九頁を参照。一九七〇年代後半以降の政治的・理論的コンテクストについては、ヤン・ムーリエ・ブータン「インタヴュー　ヤン・ムーリエ・ブータンに聞く　『Multitudes』／移民運動／アルチュセール」市田良彦訳、『批評空間』第二期、第二五号（二〇〇〇年）一三二‐一四六頁を参照されたい。ロザンヴァロンについては次も参照。Vincent Laurent, «Les architectes du social-libéralisme», *Le Monde diplomatique*, septembre, 1998.; François Cusset, *La Décennie: le grand cauchemar des années 1980*, Paris: La Découverte, 2006, pp. 68–78.; Pierre Rosanvallon, «Un intellectuel en politique», *Les Inrockuptibles*, 566, 3 octobre, 2006.

*81　英語圏で行われた、同時代の新哲学派批判としては、Peter Dews, "The Nouvelle Philosophie and Foucault," *Economy and Society* 8 (2), 1979, p. 127–71. を参照。なおフランスの「六八年五月」後から九〇年代までの左翼の社会運動と思想状況については、Kristin, Ross, *May '68 and Its Afterlives*, Chicago: University of Chicago Press, 2002.〔『六八年五月とその事後の生』箱田徹訳、（インスクリプト、近刊）〕を参照。ただし、フーコーはポーランドの「連帯」支援運動ではたしかにＣＦＤＴ（民主主義労働総同盟）と連携していたが、第二左翼派とは一定の距離を保っていたとも言われる。一九八一年には歴史学者のノラや、哲学者のゴーシェが中心となり、雑誌『デバ』が創刊された。この雑誌の同人はサン＝シモン財団の人脈と重なる。フーコーは『言葉と物』の刊行当時からノラと親交があったが、創刊時の同誌の内容をめぐって決裂する。この点は、Eribon, *Michel Foucault*, pp. 310–311.〔『ミシェル・フーコー伝』四〇一‐四〇二頁〕。Macey, *The Lives of Michel Foucault*, pp. 423–424. を参照。

＊82　フーコーの統治性論と現代日本社会論とのかかわりは、福祉国家の今後をめぐる問題として提示されており、見解は分かれている。ただし本書の主題からは逸れるため、詳しい検討は行わず、代表的な議論二つを挙げるにとどめる。市田良彦ほか「債務共和国の終焉」、『情況』「思想理論編」第一号、二〇一二年一二月号別冊（二〇一二年）一〇‐四四頁。市野川容孝、宇城輝人編『社会的なもののために』（ナカニシヤ出版、二〇一三年）。

＊83　Michael Hardt and Antonio Negri, *Commonwealth*, Cambridge, Mass.: Harvard University Press, 2009, pp. 56–58.〔『コモンウェルス〈帝国〉を超える革命論　上巻』幾島幸子ほか訳、水嶋一憲監訳（NHK出版、二〇一二年）一〇七‐一一一頁〕。

＊84　土本典昭・石坂健治『ドキュメンタリーの海へ　記録映画作家土本典昭との対話』（現代書館、二〇〇八年）一三二頁。

## 第1章

＊1　Foucault, *La Volonté de savoir*, pp. 123–126.〔『知への意志』一二〇‐一二三頁〕。

＊2　Foucault, *La Volonté de savoir*, p. 127.〔『知への意志』一二四頁〕。

＊3　Foucault, *La Volonté de savoir*, p. 126.〔『知への意志』一二三‐一二四頁〕。

＊4　Foucault, «L'œil du pouvoir», in *Dits et écrits*, 3, p. 206.〔「権力の眼」伊藤晃訳、『ミシェル・フーコー思考集成』第六巻（筑摩書房、二〇〇〇年）二七五頁〕。

＊5　Foucault, «L'œil du pouvoir», in *Dits et écrits*, 3, p. 206.〔「権力の眼」、『思考集成』第六巻、二七五‐二七六頁〕。

＊6　Foucault, «Précisions sur le pouvoir: Réponses à certaines critiques», in *Dits et écrits*, 3, p. 632.〔「権力に関する明言　一部の批判に答えて」菅野賢治訳、『ミシェル・フーコー思考集成』第七巻（筑摩書房、二〇〇〇年）二四〇頁〕。

＊7　Michel Foucault, *Pouvoir psychiatrique: cours au Collège de France (1973–1974)*, édition établie sous la direction de François Ewald et Alessandro Fontana, par Jacques Laglange, Paris: Gallimard/Le Seuil, 2003, p. 253.〔『精神医学の権力　コレージュ・ド・フランス講義　一九七三‐一九七四年度』慎改康之訳（筑摩書房、二〇〇六年）三一四頁〕。なお、精神医学に関するフーコーの一九七〇年代の講義内容については、佐々木滋子『狂気と権力　フーコーの精神医学批判』（水声社、二〇〇七年）が詳しい。『精神医

学の権力』での議論については、廣瀬『後期フーコー』も参照。フーコーにも影響を受けながら、一九世紀フランス精神医学の発達を扱った古典的著作として、Jan Goldstein, *Console and Classify: The French Psychiatric Profession in the Nineteenth Century*, Second Edition with A New Afterword, Chicago: University of Chicago Press, 2001. がある（初版一九八七年）。

＊8　Michel Foucault, *Les Anormaux: cours au Collège de France (1974–1975)*, édition établie sous la direction de François Ewald et Alessandro Fontana, par Valerio Marchetti et Antonella Salomoni, Paris: Gallimard/Le Seuil, 1999, pp. 198 & 217.〔『異常者たち　コレージュ・ド・フランス講義　一九七四－一九七五年度』慎改康之訳（筑摩書房、二〇〇二年）二三四、二五五－二五六頁〕。

＊9　Foucault, «Sujet et pouvoir», in *Dits et écrits*, 4, pp. 242–243.〔「主体と権力」渥海和久訳、『思考集成』第九巻（筑摩書房、二〇〇一年）三一頁〕。

＊10　マルクス主義とフーコーの関係はこみ入ったものであり、その全体像を描くことはここでは行わない。思想史的な関係を考察したものとしては、たとえばバリバールの論文がある。Étienne Balibar, «Foucault et Marx: l'enjeu du nominalisme», in *Michel Foucault philosophe: rencontre internationale, Paris, 9, 10, 11 janvier 1988*, Paris: Seuil, 1989, pp. 54–76.（現在は Étienne Balibar, *La crainte des masses*, Galilée, 1997. に所収）。なおマルクス主義の側からのフーコー論にはたとえば、*Marx et Foucault* (*Actuel Marx*), 36, Paris: Presses universitaires de France, 2004. 所収の論文がある。

＊11　当時のフランス語圏での反応をまとめた書籍が二〇一〇年に刊行された。Philippe Artières et al.（Textes choisis et présentés par）, *Les mots et les choses de Michel Foucault: regards critiques, 1966–1968*, Caen: IMEC/Presses universitaires de Caen, 2010.

＊12　Roger Garaudy, «Structuralisme et "mort de l'homme"», *La Pensée*, 135, 1967, pp. 107–124. なおガロディは、両者の連関を考慮に入れることがマルクス主義だと主張する一方で、実存主義者が考える意味での主体性は、共産党の指導を仰がない「個人主義」的な誤謬だとして退けた。アルチュセールの構造論的マルクス主義も批判の対象である。なおフーコーが、クレルモン・フェラン大学で哲学科主任を勤めていた一九六五年、ガロディはヴィユマンの後任として、ドゥルーズに決まりかけていた人事を、政治力でひっくり返して着任する（Eribon, *Michel Foucault*, pp. 238–239.〔『フーコー伝』二〇四－二〇五頁〕）。

＊13　これはイデオロギー的な論難に近いが、かれらの著作がその運動と理論に強い影響を与えたことはよく知られている。次を参照。カッチャーリの批判への反批判は「権力に関する明言　一部の批判に答えて」（一九七八年）として出版された。Foucault, «Précisions sur le pouvoir: Réponses à certaines critiques», in *Dits et écrits*, 3, pp. 625–635.〔「権力に関する明言」、『思考集成』

第七巻、二三一－二四五頁〕。

＊14　ホールによるプーランツァスの著書『国家・権力・社会主義』（一九七八年）についての書評は、Stuart Hall, "Nicos Poulanzas: State, Power, Socialism," *New Left Review*, I/119, January-February 1980, pp. 60–69. である。ホールの次世代の指導的研究者ギルロイによる当時の回想は、Jim Cohen et Jade Lindgaard, "De l'Atlantique noir à la mélancolie postcoloniale. Entretien avec Paul Gilroy," *Mouvements*, 51, 2007, pp.90–101.〔ポール・ギルロイ、ジム・コーエン、ジァド・ランガール「インタビュー　黒い大西洋からポストコロニアルなメランコリーへ」箱田徹訳、市田良彦ほか著、小笠原博毅編『黒い大西洋と知識人の現在』（松籟社、二〇〇九年）一五一－一八七頁〕を参照。

＊15　ブローデルの短評は、マンドルーの書評に付されるかたちで公開された。Robert Mandrou, «Trois clefs pour comprendre la folie à l'époque classique», *Annales. Économies, Sociétés, Civilisations*, 17 (4), 1962, pp. 761–771.; Fernand Braudel, «Note», *Annales. Économies, Sociétés, Civilisations*, 17 (4), 1962, pp. 771–772. 後者は Eribon, *Michel Foucault*, p. 204–205.〔『フーコー伝』一七九－一八〇頁〕に引用されている。

＊16　Braudel, «Note», pp. 771–772.

＊17　Michel Foucault, «la folie n'existe que dans une société», in *Dits et écrits*, 1, pp. 167–170.〔「狂気は社会のなかでしか存在しない」石田英敬訳、『思考集成』第一巻、二〇五－二〇八頁〕。

＊18　Michel Foucault, *L'Archéologie du savoir*, pp. 7–13.〔『知の考古学』一一－一六頁〕。

＊19　Michelle Perrot (réunies par), *L'Impossible prison: recherches sur le système pénitentiaire au XIXe siècle*, Paris: Seuil, 1980.

＊20　Arlette Farge et Michel Foucault (présenté par), *Le Désordre des familles: lettres de cachet des Archives de la Bastille au XVIIIe siècle*, Paris: Gallimard/Julliard, 1982.

＊21　アルレット・ファルジュ「アナール学派とフーコー」、イザベル・フランドロワ編『アナールとは何か』尾河直哉訳（藤原書店、二〇〇三年）二三五頁。ファルジュの証言については、福井憲彦編『歴史の愉しみ・歴史家への道　フランス最前線の歴史家たちとの対話』（新曜社、一九九五年）八二－八八頁も参照。

＊22　Foucault, «Précisions sur le pouvoir: réponses à certaines critiques», in *Dits et écrits*, 3, p. 629.〔「権力に関する明言」、『思考集成』第七巻、二三六頁〕。

*23　ＧＩＰは一九七一年二月八日に発足し、一九七二年一二月に自主解散した。二〇〇三年には研究者によりＧＩＰと当時の刑務所運動の資料集が刊行されている。Philippe Artières, Laurent Quéro et Michelle Zancarini-Fournel (édition établie et présentée par), *Le Groupe d'information sur les prisons: archives d'une lutte, 1970–1972*, Paris: Éditions de l'IMEC, 2003. 日本語での同グループの活動紹介は、松葉祥一『哲学的なものと政治的なもの　開かれた現象学のために』（青土社、二〇一〇年）一六三－一八八頁を参照。元のテキストは、松葉祥一「解説　『隷属知』の解放のために　監獄情報グループについて」、『現代思想』第三一巻、第一六号（二〇〇三年）二六二－二六九頁であり、同号（二四三－二六一頁）に「監獄情報グループ関連文書」として訳出された、上記の書籍所収のフーコー、ドゥルーズ、ジュネ三人によるテキスト計六本への解説として付された。なおＧＩＰの活動が、その後の社会運動に与えた影響については、Philippe Artières, «L'Ombre des prisonniers sur le toit: les héritages du GIP», in Didier Eribon (dir.), *L'Infréquentable Michel Foucault: renouveaux de la pensée critique*, Paris: EPEL, 2001, pp. 101–125. を参照。近刊書には、*Intolérable* を再録した、Le Groupe d'Information sur les prisons (réunis par), Philippe Artières (présentés par), *Intolérable*, Paris: Verticales/Gallimard, 2013. と、一九七二年一月のナンシー刑務所蜂起の史料集である Philippe Artières (éd.), *La révolte de la prison de Nancy*, Cherbourg-Octeville: Le Point du Jour, 2013. がある。

*24　Foucault, *Surveiller et punir*, pp. 35.〔『監獄の誕生』三四頁〕。読みやすさを考慮して、改行を挿入した。

*25　Foucault, «Préface à *Enquête dans vingt prisons*», in *Dits et écrits*, 2, p. 195.〔「序文」大西雅一郎訳、『ミシェル・フーコー思考集成』第四巻（筑摩書房、一九九九年）九二－九三頁〕。強調は引用者。

*26　この点についての詳しい議論は、市田良彦「現実主義的革命家と種別的知識人」、『神奈川大学評論』第五七号（二〇〇七年）九二－九八頁を参照。

*27　狭い意味での「六八年五月」の情勢が盛り上がる際に、大きな役割を果たした、パリ大学ナンテール校の学生らによる組織「三月二二日運動」と、アルチュセールの影響を受けた、高等師範学校の学生たちが結成した「青年共産主義者同盟マルクス・レーニン主義派（UJC-ml）」という二団体の活動家が中心となり、当局による自団体への解散命令後の一九六八年九月に結成した組織。フーコーのパートナーであるドゥフェールもメンバーだった。当時の動向については、序章で挙げたロス『六八年五月とその事後の生』や、ランシエール『アルチュセールの教え』を参照。

*28　Jacques Rancière, *La Mésentente*, Paris: Galilée, 1995.〔『不和あるいは了解なき了解　政治の哲学は可能か』松葉祥一ほか訳（イ

ンスクリプト、二〇〇五年）」。またランシエール自身の回想も参照。Jacques Rancière, *La méthode de l'égalité: Entretien avec Laurent Jeanpierre et Dork Zabunyan*, Montrouge: Bayard, 2012, pp. 46–48.〔市田良彦ほか訳『平等の方法（仮）』（航思社、二〇一四年刊行予定）〕。

*29　Gayatri Chakravorty Spivak, "Can the Subaltern Speak?," in Cary Nelson and Lawrence Grossberg (eds.), *Marxism and the Interpretation of Culture*, Urbana: University of Illinois Press, 1988, pp. 271–313.〔『サバルタンは語ることができるか』上村忠男訳（みすず書房、一九九八年）〕。Gayatri Chakravorty Spivak, *A Critique of Postcolonial Reason: Toward a History of the Vanishing Present*, Cambridge, Mass.: Harvard University Press, 1999.〔『ポストコロニアル理性批判　消え去りゆく現在の歴史のために』上村忠男ほか訳（月曜社、二〇〇三年）〕。市田良彦『ランシエール　新〈音楽〉の哲学』（白水社、二〇〇七年）第一章では、スピヴァックによるフーコーとドゥルーズへの批判を口火として、ランシエールの政治概念が論じられている。

*30　Daniel Defert et Jacques Donzelot, «La charnière des prisons», *Magazine Littéraire*, 112–113, mai 1976, p. 33.

*31　ニューヨーク州の同刑務所で発生。囚人が刑務所を占拠し、看守らを人質に取って処遇改善などを州当局と交渉するが不調に終わり、四日後の州兵による武力鎮圧で、囚人二九人、看守・所員一〇人が死亡した。この直前八月二一日に、カリフォルニア州サン・クェンティン刑務所に収監されていたジョージ・ジャクソンが、脱走を試みて射殺されたことが、大きなきっかけになったとされる。ジャクソンは獄中で活動家となって、ブラック・パンサーに入党し、数多くの文章を発表した。これに関連してGIPは、一九七一年一一月一〇日に三冊目のパンフレット『ジョージ・ジャクソンの暗殺』を発行し、この事件を刑務所内での抵抗運動に対する「戦争行為」だと論じた。このパンフレットには、ジュネが序文を寄せている。Jean Genet, «Préface à *L'assissinat de George Jackson*», in *L'ennemi déclaré: textes et entretiens*, édition établie et annotée par Albert Dichy, Paris: Gallimard, 1991, pp. 111–117.〔「『ジョージ・ジャクソンの暗殺』まえがき」『公然たる敵』鵜飼哲ほか訳（月曜社、二〇一一年）一七二－一八三頁〕。

*32　このテーマと、フーコーのイラン論の関わりについては、本書第4章を参照。

*33　Foucault, «La philosophie analytique du pouvoir», in *Dits et écrits*, 3, p. 540.〔「政治の分析哲学　西洋世界における哲学者と権力」渡辺守章訳、『思考集成』第七巻、一二七頁〕。

*34　Foucault, «La philosophie analytique du pouvoir», in *Dits et écrits*, 3, p. 545.〔「政治の分析哲学」、『思考集成』第七巻、一三一頁〕。

＊35 Deleuze, *Foucault*, p. 101.〔『フーコー』一七三頁〕。

＊36 Gilles Deleuze, «Désir ou plaisir», in *Deux régimes de fous: textes et entretiens 1975–1995*, David Lapoujade (éd.), Paris: Les Éditions de Minuit, 2003, p. 117.〔「欲望と快楽」小沢秋広訳、『狂人の二つの体制　一九七五－一九八二』宇野邦一ほか訳（河出書房新社、二〇〇四年）一七八頁〕。

＊37 Rancière, *La Mésentente*, p. 55.〔『不和』六四頁〕。

＊38 Foucault, «La vie des hommes infâmes», in *Dits et écrits*, 3, p. 241.〔「汚辱に塗れた人々の生」丹生谷貴志訳、『思考集成』第六巻、三二〇頁〕。強調は原文。

＊39 Deleuze, «Un portrait de Foucault», in *Pourparlers*, pp. 134–135.〔「芸術作品としての生」、『記号と事件』一九九頁〕。強調は原文。

＊40 一九七〇年代には、ランシエールらと共に雑誌『論理的叛乱』誌の同人でもあったファルジュの証言によれば、面識のなかったフーコーから突然連絡があり、共同研究を持ちかけられたという。同書の成立経緯などは、本章＊21の引用文献のほか、Eribon, *Michel Foucault*, pp. 441–443.〔『フーコー伝』三七六－三七八頁〕。David Macey, *The Lives of Michel Foucault*, pp. 453–456. を参照。刊行時のインタヴューは、Foucault, «L'âge d'or de la lettre de cachet», in *Dits et écrits*, 4, pp. 351–352.〔「封印令状の黄金時代」佐藤嘉幸訳、『思考集成』第九巻、一八三－一八五頁〕である。なお「汚辱にまみれた人々の生」は書籍としては出版されなかった。プルタルコスの同名書の「裏面」（下記二冊の裏表紙に記されたフーコーの紹介文より）の人々の生を扱うとされた『対比列伝』双書が、ガリマール社から二冊刊行されたにとどまる。Foucault, Michel (présenté par), *Herculine Barbin dite Alexina B*, Paris: Gallimard, 1978.; Duumont, Jean-Paul et Paul Ursin Dumont (transcrit et présenté par), *Le Cercle amoureux d'Henry Legrand*, Paris: Gallimard, 1979.

＊41 Claude Quétel, *Les lettres de cachet: une légende noire*, Paris: Perrin, 2011, pp. 12–13. フーコーの議論を踏まえた封印令状のシステムと歴史に関する日本語の考察は、阪上『近代的統治の誕生』二〇四－二三二頁を参照。

＊42 たとえば、封印礼状で投獄された経験を持つディドロが書いた、小説『運命論者ジャックとその主人』には、善良な菓子屋の男性が、その妻と不倫相手である有力者の執事による策略で、封印礼状による収容の危険にさらされる話がある（ドゥニ・ディドロ『運命論者ジャックとその主人』王寺賢太ほか訳（二〇〇六年、白水社）一〇九－一一二頁）。

＊43 白水も、フーコーが一九六〇年代からポリスとその機能に注目していたことを指摘する。白水浩信『ポリスとしての教育

教育的統治のアルケオロジー』（東京大学出版会、二〇〇四年）序章を参照。

＊44　Foucault, *Histoire de la folie*, p. 105.〔『狂気の歴史』一一〇－一一一頁〕。次の箇所も参照。Foucault, *Histoire de la folie*, pp. 440–442, 466–467.〔『狂気の歴史』四四四－四四六、四六七－四六八頁〕。

＊45　封印令状と収容、社会管理の関連性を、フーコーは次の箇所で要約している。Foucault, «La vérité et les formes juridiques», in *Dits et écrits*, 2, pp. 600–603.〔「真理と裁判形態」西谷修訳、『ミシェル・フーコー思考集成』第五巻（筑摩書房、二〇〇〇年）一六四－一六八頁〕。

＊46　Foucault, «La société punitive», in *Dits et écrits*, 2, p. 465.〔「懲罰社会　コレージュ・ド・フランス一九七二－一九七三年講義要旨」石田英敬ほか訳、『思考集成』第四巻、四八〇頁〕。Foucault, «L'âge d'or de la lettre de cachet», in *Dits et écrits*, 4, p. 351.〔「封印令状の黄金時代」、『思考集成』第九巻、一八四頁〕。

＊47　Foucault, *Surveiller et punir*, p. 216.〔『監獄の誕生』二一五頁〕。

＊48　Farge et al., *Le Désordre des familles*, p. 360. フーコーは『狂気の歴史』でも、何度かこの点に言及している。Foucault, *Histoire de la folie*, p. 143.〔『狂気の歴史』一一二頁〕。

＊49　Foucault, «La vie des hommes infâmes», in *Dits et écrits*, 3, p. 251.〔「汚辱に塗れた人々の生」、『思考集成』第六巻、三三三頁〕。なお「ディオニュシオスの耳」とは、シチリア島シラクサにある耳のかたちに似た洞窟。音がきわめて良く響くことで知られる。

＊50　パリについて言えば、有力な家庭は、国王や国務卿に請願書を提出したが、庶民が訴える先は、パリ警視総監だった。Farge et al., *Le Désordre des familles*, p. 15.

＊51　Deleuze, *Foucault*, p. 35.〔『フーコー』五六－五七頁〕; Foucault, «La vie des hommes infâmes», in *Dits et écrits*, 3, p. 241.〔「汚辱に塗れた人々の生」、『思考集成』第六巻、三一九頁〕。

＊52　Foucault, «La vie des hommes infâmes», in *Dits et écrits*, 3, p. 241.〔「汚辱に塗れた人々の生」、『思考集成』第六巻、三二〇頁〕。

＊53　Foucault, «La vie des hommes infâmes», in *Dits et écrits*, 3, pp. 240–241.〔「汚辱に塗れた人々の生」、『思考集成』第六巻、三一九頁〕。

＊54　Foucault, «La vie des hommes infâmes», in *Dits et écrits*, 3, pp. 240–241.〔「汚辱に塗れた人々の生」、『思考集成』第六巻、三一九－

三二〇頁〕。

＊55 Foucault, «La vie des hommes infâmes», in *Dits et écrits*, 3, pp. 240–241.〔「汚辱に塗れた人々の生」、『思考集成』第六巻、三一八－三一九頁〕。

＊56 Foucault, «La vie des hommes infâmes», in *Dits et écrits*, 3, pp. 241.〔「汚辱に塗れた人々の生」、『思考集成』第六巻、三二〇頁〕。

＊57 Deleuze, «Fendre des choses, fendre des mots», in *Pourparlers*, pp. 123–129.〔「物を切り裂き、言葉を切り裂く」、『記号と事件』一八三－一八九頁〕。

＊58 Foucault, «Enfermement, psychiatrie, prison», in *Dits et écrits*, 3, p. 340.〔「監禁、精神医学、監獄」阿部崇訳、『思考集成』第六巻、四七〇頁〕。

＊59 Farge et al., *Le Désordre des familles*, pp. 13–14.

＊60 Foucault, «Les intellectuels et le pouvoir», in *Dits et écrits*, 2, p. 308.〔「知識人と権力」蓮實重彦訳、『思考集成』第四巻、二五九頁〕。

＊61 Foucault, «Les mailles du pouvoir», in *Dits et écrits*, 4, p. 201.〔「権力の網の目」、『思考集成』第八巻、四二三頁〕。

＊62 François Boullant, *Michel Foucault et les prisons*, Paris: Presses universitaires de France, 2003, pp. 18–20.

＊63 この点に関する最近の議論は、佐藤『新自由主義と権力』第四章を参照。

＊64 Deleuze, *Foucault*, pp. 95–96.〔『フーコー』一六四－一六六頁〕。強調は原文。

＊65 Foucault, «Michel Foucault, une interview: sexe, pouvoir et la politique de l'identité», in *Dits et écrits*, 4, p. 740.〔「ミシェル・フーコー、インタヴュー　性、権力、同一性の政治」西兼志訳、『思考集成』第一〇巻、二六一－二六二頁〕。

＊66 Foucault, «Michel Foucault, une interview», in *Dits et écrits*, 4, p. 741.〔「ミシェル・フーコー、インタヴュー」、『思考集成』第一〇巻、二六二頁〕。次の引用も同一箇所。

＊67 Deleuze, *Foucault*, p. 103.〔『フーコー』一七六－一七七頁〕。

＊68 Deleuze, *Foucault*, p. 98.〔『フーコー』一七〇頁〕。

## 第2章

＊1　Michael Hardt and Antonio Negri, *Empire*, Cambridge, Mass.: Harvard University Press, 2000, pp. 419–420n1.〔『帝国』五六八頁原注1〕。

＊2　Deleuze, «Post-scriptum sur les sociétés de contrôle», pp. 240–241.〔「追伸　管理社会について」三五六－三五七頁〕。

＊3　Deleuze, «Post-scriptum sur les sociétés de contrôle», pp. 243–244.〔「追伸　管理社会について」三六〇－三六一頁〕。

＊4　Hardt et al., *Empire*, pp. 23–24.〔『帝国』四〇－四一頁〕。

＊5　この資本主義の現代的変容に関する議論は、もちろんマルチチュードと〈共《コモン》〉に関する政治的プログラムに通じるが、本格的な議論は本書の範囲を逸脱する。かれらの議論の全体的な見取り図は、Michael Hardt, "The Common in Communism," in Costas Douzinas and Slavoj Žižek (eds.), *The Idea of Communism*, London: Verso, 2010, pp. 131–144.〔「共産主義における共《コモン》」長原豊訳、コスタス・ドゥズィーナスほか編『共産主義の理念』長原豊監訳（水声社、二〇一二年）二〇七－二二六頁〕を参照。

＊6　Foucault, *Sécurité, territoire, population*, p. 8.〔『安全・領土・人口』九頁〕。

＊7　Foucault, *Sécurité, territoire, population*, pp. 11–14.〔『安全・領土・人口』一一－一四頁〕。

＊8　Foucault, *La Volonté de savoir*, pp. 181sq.〔『知への意志』一七五頁以下〕。Foucault, «*Il faut défendre de la société*», pp. 213–235.〔『社会は防衛しなければならない』二三九－二六二頁〕。

＊9　Foucault, Michel, «La naissance de la médecine sociale», in *Dits et écrits*, 3, p. 209–210.〔「社会医学の誕生」小倉孝誠訳、『思考集成』第六巻、二八〇頁〕。

＊10　Foucault, *Sécurité, territoire et population*, pp. 109.〔『安全・領土・人口』一三〇頁〕。

＊11　Foucault, *Sécurité, territoire et population*, pp. 110.〔『安全・領土・人口』一三一頁〕。

＊12　Michel Senellart, *Les arts de gouverner: Du* regimen *médiéval au concept de gouvernement*, Paris: Seuil, 1995, p. 42.

＊13　Foucault, *Sécurité, territoire et population*, p. 111.〔『安全・領土・人口』一三二頁〕。

＊14　『異常者たち』の「一九七五年三月五日の講義」と「一九七五年三月一二日の講義」を参照。

＊15　以下、本書で言う「世俗化」とはキリスト教の宗教的な考え方や実践が、教会以外の場に広まって新たな意味内容を獲得していくことを指す。

＊16 以下、文脈に即して vérité に「真理」と「真実」の訳語をあてる。なおギリシア哲学ではエロスは一般に「恋」と訳される。『知への意志』邦訳では「エロスの技法」は「性愛の術」と訳されている。このエロスの語を用いた『快楽の活用』第四章と第五章のタイトル（それぞれ「恋愛術」と「真の恋」）を踏まえて「恋の術」も考えられた。しかし『知への意志』での議論は、非キリスト教世界の話でもあるので「エロスの技法」の訳語をあてた。

＊17 Foucault, *L'Usage des plaisirs*, p. 21.〔『快楽の活用』一三頁〕。

＊18 Ian Almond, "The Madness of Islam': Foucault's Occident and the Revolution in Iran," *Radical Philosophy*, 128, 2004, pp. 12–22. フーコーのイラン論については本書第4章で論じる。

＊19 Foucault, *La Volonté de savoir*, pp. 78–79.〔『知への意志』七六頁〕。

＊20 Foucault, *La Volonté de savoir*, p. 79.〔『知への意志』七七頁〕。

＊21 Foucault, «La vérité et les formes juridiques», in *Dits et écrits*, 2, p. 553.〔「真理と裁判形態」『思考集成』第四巻、一三三頁〕。

＊22 Foucault, *Le Pouvoir psychiatrique*, pp. 235–238.〔『精神医学の権力』二九一－二九六頁〕。引用は p. 237.〔二九四頁〕。

＊23 Foucault, «*Il faut défendre de la société*», pp. 16–19.〔『社会は防衛しなければならない』一八－二二頁〕。

＊24 Foucault, *Les Anormaux*, pp. 44–48.〔『異常者たち』五二－五七頁〕。なお、規律訓練装置と安全装置のノルム化作用が『安全、領土、人口』では、それぞれ規範化 normation と正常化 normalisation として区別されているが、用語法上の区別がその後一貫して用いられることはなかった。Foucault, *Sécurité, territoire et population*, pp. 57–65.〔『安全・領土・人口』七〇－七二頁〕。

＊25 Deleuze, «Désir ou plaisir», p. 113.〔「欲望と快楽」、『狂人の二つの体制　一九七五－一九八二』一七一－一七二頁〕。

＊26 Foucault, *La Volonté de savoir*, p. 77.〔『知への意志』七四頁〕。

＊27 Foucault, *La Volonté de savoir*, p. 82.〔『知への意志』八〇頁〕。

＊28 Foucault, *La Volonté de savoir*, pp.76–77.〔『知への意志』七四－七五頁〕。

＊29 Foucault, «À propos de la généalogie de l'éthique: un aperçu du travail en cours», in *Dits et écrits*, 4, p. 615.〔「倫理の系譜学について　進行中の仕事の概要」守中高明訳、『思考集成』第一〇巻、七八頁〕。

＊30 Foucault, «Sexualité et politique», in *Dits et écrits*, 3, pp. 524–527.〔「性と政治を語る」、『思考集成』第七巻、一一〇－一一三頁〕。

＊31 Foucault, «Sexualité et politique», in *Dits et écrits*, 3, p. 527.〔「性と政治を語る」、『思考集成』第七巻、一一三頁〕。

＊32　後者は、神託を得るにあたって身の程をわきまえよという程度の意味だった。Michel Foucault, *L'Herméneutique du sujet: cours au Collège de France (1981–1982)*, édition établie sous la direction de François Ewald et Alessandro Fontana, par Frédéric Gros, Paris: Gallimard/Le Seuil, 2001, pp. 5–6.〔『主体の解釈学　コレージュ・ド・フランス講義　一九八一－一九八二年度』廣瀬浩司・原和之訳（筑摩書房、二〇〇四年）五－七頁〕。

＊33　この語は、一定の枠組みの内部で「真理」とされるものの獲得を目的とする、思想のシステムという極めて広い意味で用いられている。Foucault, *L'Herméneutique du sujet*, p. 16.〔『主体の解釈学』一九頁〕。

＊34　Foucault, *L'Herméneutique du sujet*, p. 17.〔『主体の解釈学』一七頁〕。この点については、本書第4章以降も参照。

＊35　Foucault, *L'Herméneutique du sujet*, p. 478.〔『主体の解釈学』五五七－五五八頁〕。

＊36　一連の議論で technologie, technique の二つの語が意識的に使い分けられているとは言えない。原語が違うことを示すために別の訳語を当てているが、本書全体としては「自己の技法」を用いる。

＊37　Arnold I. Davidson, "Ethics as Aesthetics," in Gary Gutting (ed.), *The Cambridge Companion to Michel Foucault*, Second Edition, New York: Cambridge University Press, 2005, pp. 129–131.; Pierre Hadot, «Réflexion sur la notion de 'culture de soi'», in *Michel Foucault philosophe*, pp. 267–268.

＊38　Foucault, «Le retour de la morale», in *Dits et écrits*, 4, p. 698.〔「道徳の回帰」増田一夫訳、『思考集成』第一〇巻、二〇二頁〕。

＊39　次の論文は古代哲学研究の側から『快楽の活用』のエロス論と『饗宴』の解釈を批判的に検討している。Jeffrey S. Carnes, "This Myth Which Is Not One: Construction of Discourse in Plato's *Symposium*," in David H. J. Larmour, Paul Allen Miller and Charles Platter (eds.), *Rethinking Sexuality: Foucault and Classical Antiquity*, Princeton, N.J.: Princeton University Press, 1998, pp. 104–121.

＊40　Foucault, *L'Usage des plaisirs*, p. 217.〔『快楽の活用』二四九頁〕。

＊41　Foucault, «À propos de la généalogie de l'éthique», in *Dits et écrits*, 4, p. 615.〔「倫理の系譜学について」、『思考集成』第九巻、二三八頁〕。

＊42　Foucault, *La Volonté de savoir*, p. 84.〔『知への意志』八二頁〕。

＊43　Dreyfus et al., *Michel Foucault*, p. 187. なおここで言われている「自己の技術」とは臣従化の権力作用を指している。

＊44　Foucault, *La Volonté de savoir*, pp. 92–94.〔『知への意志』九〇－九二頁〕。

＊45 Foucault, *La Volonté de savoir*, p. 208.〔『知への意志』一九九頁〕。

＊46 Foucault, *Surveiller et punir*, pp. 137–171.〔『監獄の誕生』一四一－一七四頁〕。

＊47 Foucault, *Pouvoir psychiatrique*, pp. 68–69.〔『精神医学の権力』八二－八五頁〕。

＊48 Foucault, *Pouvoir psychiatrique*, pp. 171–172.〔『精神医学の権力』二一二頁〕。

＊49 Foucault, *Pouvoir psychiatrique*, p. 347.〔『精神医学の権力』四二八－四二九頁〕。

＊50 Foucault, *Les Anormaux*, pp. 164–165.〔『異常者たち』一九三－一九四頁〕。

＊51 Foucault, *Les Anormaux*, pp. 169–172.〔『異常者たち』二〇〇－二〇四頁〕。

＊52 フーコーは、憑依に関する議論のなかで、たびたび Michel de Certeau (présentée par), *La Possession de Loudun*, Paris: Julliard, 1970.〔『ルーダンの憑依』矢島透訳（みすず書房、二〇〇八年）〕の記述を引用している。

＊53 Foucault, *Les Anormaux*, p. 191.〔『異常者たち』二二六頁〕。

＊54 Foucault, *Les Anormaux*, p. 197.〔『異常者たち』二三三頁〕。

＊55 Foucault, *Les Anormaux*, p. 208.〔『異常者たち』二四五頁〕。

＊56 Foucault, *Les Anormaux*, pp. 121–125.〔『異常者たち』一四一－一四八頁〕。

＊57 Foucault, *La Volonté de savoir*, pp. 30–32.〔『知への意志』三〇－三一頁〕。強調は引用者。

＊58 Foucault, *Pouvoir psychiatrique*, pp. 175–180.〔『精神医学の権力』二一七－二二三頁〕。

＊59 Foucault, *La Volonté de savoir*, p. 94.〔『知への意志』九二頁〕。

＊60 Foucault, *La Volonté de savoir*, p. 95.〔『知への意志』九三頁〕。

＊61 Foucault, «De l'amitié comme mode de vie», in *Dits et écrits*, 4, p. 163.〔「生の様式としての友愛について」増田一夫訳、『思考集成』第八巻、三七二頁〕。

＊62 Foucault, *La Volonté de savoir*, p. 96.〔『知への意志』九四頁〕。

＊63 Deleuze, «Désir ou plaisir», pp. 118–119.〔「欲望と快楽」小沢秋広訳、『狂人の二つの体制 一九七五－一九八二』宇野邦一ほか訳（河出書房新社、二〇〇四年）一七九－一八一頁〕。

## 第3章

＊1　Foucault, *Naissance de la biopolitique*, p. 3.〔『生政治の誕生』三－四頁〕。

＊2　この意味でキリスト教では、司牧が「魂への配慮」とも表現される。ただし後述するように、フーコーは古代ギリシアからヘレニズム期の哲学での「魂への配慮」と、キリスト教でのそれとの間には根本的な違いがあり、そのことがキリスト教に固有な導き＝統治としての司牧権力の確立につながると考えている。

＊3　Foucault, *Sécurité, territoire et population*, pp. 124–127.〔『安全・領土・人口』一四八－一五三頁〕。Foucault, *L'Herméneutique du sujet*, pp. 238–240, 256n5.〔『主体の解釈学』二九一－二九四頁、三一〇頁編者注5〕。なおこれは統治や操舵に関わる意味のラテン語（gubernare, gubernaculum）が、国家の統治の意味で用いられていなかった、という意味ではない。

＊4　Foucault, *Surveiller et punir*, p. 147.〔『監獄の誕生』一五一頁〕。

＊5　プラトン「ポリティコス（政治家）」水野有庸訳、『プラトン全集』（岩波書店、一九七六年）第三巻、三五〇－三八二頁（303D–311C）。フーコーの議論については次を参照。Foucault, *Sécurité, territoire et population*, pp. 140–150.〔『安全・領土・人口』一七二－一八二頁〕。

＊6　プラトン「ポリティコス（政治家）」三八〇頁（310E）。

＊7　Foucault, *Sécurité, territoire et population*, p. 149〔『安全・領土・人口』一八一頁〕。

＊8　Foucault, *Sécurité, territoire et population*, pp. 127–129.〔『安全・領土・人口』一五三－一五五頁〕。

＊9　Foucault, *Sécurité, territoire et population*, p. 129.〔『安全・領土・人口』一五五頁〕。

＊10　「出エジプト記」第一五章一三節（訳文は日本聖書協会『聖書　新共同訳』による）。次も参照。Foucault, *Sécurité, territoire et population*, p. 130.〔『安全・領土・人口』一五六頁〕。

＊11　Foucault, *Sécurité, territoire et population*, pp. 131–133.〔『安全・領土・人口』一五四－一五八頁〕。

＊12　Foucault, *Sécurité, territoire et population*, p. 195.〔『安全・領土・人口』二三八頁〕。

＊13　「ヨハネによる福音書」第一〇章を参照。

＊14　Senellart, *Les arts du gouverner*, pp. 27–31 & 84–90. ハンス・リーベシュッツ『ソールズベリのジョン　中世人文主義の世界』柴田平三郎訳（平凡社、一九九四年）第四章一および、佐藤彰一『中世世界とは何か』（岩波書店、二〇〇八年）第3章を参照。

＊15　ジャン・ルクレール、フランソワ・ヴァンダンブルーク『キリスト教神秘思想史　2　中世の霊性』上智大学中世思想研究所訳・監修（平凡社、一九九七年）一四頁。以下の記述は、フーコーの議論の論点と文脈を明らかにすることを目的としており、司牧神学または牧会学の歴史や教理についての専門的な議論に立ち入るものではない。司牧の歴史については、たとえば、J・T・マクニール『キリスト教牧会の歴史』吉田信夫訳（日本基督教団出版局、一九八七年）を参照。

＊16　シュヴァリエは『安全・領土・人口』の翌年に行われた一九七九年－一九八〇年講義『生者の統治』（Foucault, *Du Gouvernement des vivants.*）、ならびに一九八一年に行われたルーヴァン大学での講義（Michel Foucault, *Mal faire, dire vrai: Fonction de l'aveu en justice - cours de Louvain*, Louvain-la-Neuve: Presses universitaires de Louvain, 2012.）では〈指導〉に関するフーコーの議論が、キリスト教司牧一般の特徴というよりも、四世紀以降のキリスト教の大衆化への対応と、修道制の確立との関係で分析されると指摘する（Philippe Chevallier, *Michel Foucault et le christianisme*, Lyon: ENS éditions, 2011, pp. 291–343.）。この点については別稿を期したい。

＊17　Foucault, *Sécurité, territoire et population*, p. 154 & p. 163n46.〔『安全・領土・人口』一八六頁、一九七頁注46〕。グレゴリウス一世が参照したとされる、ナジアンゾスのグレゴリオスの言葉は「じっさい、人間という、最も多様で最も複雑な被造物を導くことこそ術中の術、知中の知であると思われる」（『講話』〔三六二年〕第二、一六）であることが知られる。

＊18　Senellart, *Les arts du gouverner*, pp. 24–31.

＊19　Foucault, *Sécurité, territoire et population*, p. 196, 220n1.〔『安全・領土・人口』二三八頁、二三六頁編者注1〕。ただし『講話集』自体にこの表現は見あたらない。しかし講義録編者は、魂の指導を医術になぞられる第二講話の原文には、さまざまな欲望や欲求を持った人々を「オイコノミアする」（二九）という表現があり、これが「統治する」や「統べる」という意味であることを踏まえれば、欲望や欲求を抱えた存在である、羊＝信徒に対する司牧者の統治を表現するために、フーコーは魂のオイコノミアという表現を考えたのではないか、と推測する。

＊20　Foucault, *Sécurité, territoire et population*, pp. 196–197, 220n3.〔『安全・領土・人口』二三八－二三九頁、二六六頁編者注5〕。モ

ンテーニュ『エセー』宮下志朗訳（白水社、二〇〇五年）第一巻、二六〇頁。

＊21　Foucault, *Sécurité, territoire et population*, pp. 153–159, 167sq.〔『安全・領土・人口』一八五－一九二頁、二〇三頁以下〕。

＊22　Foucault, *Sécurité, territoire et population*, p. 134.〔『安全・領土・人口』一六〇－一六一頁〕。

＊23　Bruno Carsenti, «La politique du dehors», in Yann-Moulier Boutang (coord.), *Politiques des Multitudes*, Paris: Éditions Amsterdam, 2007, pp. 72–89.

＊24　フリードリッヒ・マイネッケ『近代史における国家理性の理念』（一九二四年）菊盛英夫ほか訳（みすず書房、一九六〇年）一頁。

＊25　マイネッケ『近代史における国家理性の理念』六頁。

＊26　マイネッケ『近代史における国家理性の理念』二〇四頁。

＊27　Foucault, *Sécurité, territoire et population*, pp. 353–354.〔『安全・領土・人口』四二八－四二九頁〕。

＊28　Domenico Taranto, «Le discours de la raison d'État», in Alain Caillé, Christian Lazzeri, et Michel Senellart (dir.), *Histoire raisonnée de la philosophie morale et politique*, 1, Paris: Flammarion, 2007, p. 318. 旧体制下のフランスでの人口概念をめぐる議論は、阪上『統治技法の近代』第一章に詳しい。

＊29　本書第1章第3節を参照。

＊30　Paolo Napoli, *Naissance de la police moderne: pouvoirs, normes, société*, Paris: Éditions la Découverte, 2003, pp. 21–22.; Paolo Napoli, «Le discours de la police et de l'arithmétique politique (XVI$^{e}$–XVII$^{e}$ siècle)», in Caillé et al., *Histoire raisonnée de la philosophie morale et politique*, 1, p. 353.

＊31　福井憲彦編『フランス史』（山川出版社、二〇〇一年）一八八頁。

＊32　林田伸一「最盛期の絶対王政」、柴田三千雄ほか編『世界歴史大系　フランス史2　一六世紀－一九世紀半ば』（山川出版社、一九九六年）二〇九－二一一頁。

＊33　Foucault, *Sécurité, territoire et population*, p. 320.〔『安全・領土・人口』三八八－三八九頁〕。

＊34　Napoli, «Le discours de la police», p. 361.

＊35　前者と後者の代表例として、Antoyne de Montchrétien, *Traicté d'œconomie politique* (1615), Paris: Plon, 1889.〔モンクレチアン『政

治経済要論』（一六一五年）と、ノーデ『クーデターに関する政治的省察』（一六五七年）がある。

*36　Napoli, «Le discours de la police», pp. 363–364.

*37　高澤紀恵『近世パリに生きる　ソシアビリテと秩序』（岩波書店、二〇〇八年）二二二頁。

*38　高澤『近世パリに生きる』五頁。

*39　Nicola Delamare, *Le Traité de la police*, 4 tomes, 1707–1738.

*40　Delamare, *Le Traité de la police*, 1, p. 4.; Foucault, *Sécurité, territoire et population*, p. 367n4-7.〔『安全・領土・人口』四四三頁編者注4－7〕。ドラマールとそのポリス論についての日本での研究は、白水『ポリスとしての教育』を参照。

*41　田村信一ほか編『ドイツ経済思想史』（八千代出版、二〇〇九年）二六頁。

*42　Tribe, *Strategies of Economic Order*, pp. 13–14.〔『経済秩序のストラテジー』二五－二六頁〕。同書は近代ドイツ経済思想の隠れた参照項としての「秩序問題」を軸に、経済秩序の成立と変容の諸条件を問題にするという観点から「官房学からオルドー自由主義」（第一章の表題）に至るという見通しで捉えている。

*43　Napoli, «Le discours de la police», pp. 366–367.

*44　Foucault, *Sécurité, territoire et population*, pp. 334–335.〔『安全・領土・人口』四〇四頁〕。

*45　Foucault, *Sécurité, territoire et population*, p. 345.〔『安全・領土・人口』四一九－四二〇頁〕。

*46　Foucault, *Sécurité, territoire et population*, p. 347.〔『安全・領土・人口』四二一－四二二頁〕。

*47　こうしたフーコーの自由主義観は、最近の経済史の関心の一つとも通底する。特にドイツと日本に関する最近の議論は、雨宮昭彦ほか編『管理された市場経済の生成　介入的自由主義の比較経済史』（日本経済評論社、二〇〇九年）を参照。

*48　Foucault, *Naissance de la biopolitique*, p. 154.〔『生政治の誕生』一八三頁〕。

*49　総合的な見取り図については、Naomi Klein, *The Shock Doctrine: The Rise of Disaster Capitalism*, New York: Metropolitan Books, 2007.〔『ショック・ドクトリン　惨事便乗型資本主義の正体を暴く』幾島幸子ほか訳（岩波書店、二〇一一年）〕を参照。

*50　Foucault, *Naissance de la biopolitique*, p. 139.〔『生政治の誕生』一六六頁〕。

*51　Keith Tribe, *Strategies of Economic Order: German Economic Discourse, 1750–1950*, Cambridge: Cambridge University Press, 1995, p. 203.〔『経済秩序のストラテジー』小林純ほか訳（ミネルヴァ書房、一九九八年）二六一頁〕。トライブ自身のフーコー統治性講

義に関する好意的な書評は、Keith Tribe, "The political economy of modernity: Foucault's Collège de France lectures of 1978 and 1979," *Economy and Society*, 38(4), 2009, pp. 679–698. を参照。また次のような言い方もできるだろう。「国家アイデンティティの信頼が失墜してしまった社会において、社会的市場経済は西ドイツで政治的文化的な重要性を次第に帯びていき、一連の経済政策という表向きの目的を越えていった。第二次大戦後の数十年で西ドイツが達成した、顕著な経済的社会的成功の説明役になるだけでなく、社会的市場経済は社会正義そのものの隠喩となったのだ。」（James C. Van Hook, *Rebuilding Germany: The Creation of the Social Market Economy, 1945–1957*, Cambridge: Cambridge University Press, 2004, p. 1.）.

*52　この経緯については石井聡「EU憲法における『連合の目標』としての社会的市場経済」、『大原社会問題研究所雑誌』、第五七七号（二〇〇六年）一－一五頁に詳しい。なお第二次大戦後の欧州経済統合への歩みが、一九五〇年代の初期段階から大陸ヨーロッパ的な新自由主義の基本的要素を兼ね備えている、という指摘に沿うならば、社会的市場経済の語が、統合欧州の理念に盛り込まれることはむしろ当然だろう。「統合後の域内経済のあり方をめぐっては、当初ケインズ主義やディリジスムなど多様な市場経済理念が議論の俎上に上っていた。しかし、一九五二年に『欧州石炭鉄鋼共同体』が設立された際には『最高機関』という名称の中央権力機関が定めた制度的枠組のなかで機能する、独占が排除された自由な競争市場が平時における共同体の公式理念とされた。しかも『最高機関』は、固有の財源をもち、近代化投資や労働者に対する転職支援――すなわち、構造政策という形をとった『自由主義的介入』――にも応じられるように制度設計されていた。」（権上康男、石山幸彦「総括――論点の整理」、権上康男編『新自由主義と戦後資本主義　欧米の歴史的経験』（日本経済評論社、二〇〇六年）四一二頁）。

*53　Foucault, *Sécurité, territoire et population*, pp. 32sq., 73–77.（『安全・領土・人口』三八頁以下、八六－九二頁）。Foucault, *Naissance de la biopolitique*, pp. 31–35.（『生政治の誕生』三七－四二頁）。

*54　フーコーは『言葉と物』第六章でも一七－一八世紀の経済思想を取り上げた。その目的は、重農主義者と重農主義批判（コンディヤックら）の議論を同時に成立させていた富の分析を、古典主義時代のエピステーメーの一部をなすものとして捉えることにあった。富の分析は、価値と価格の関係の分析を主要な役割とする、生産の分析としての経済学で乗り越えられるというのが、フーコーの主張だった。ボワギルベールからケネーに至る、一八世紀フランス経済学史については、米田昇平『欲求と秩序　一八世紀フランス経済学の展開』（昭和堂、二〇〇五年）を参照。

＊55　Foucault, *Naissance de la biopolitique*, p. 32.〔『生政治の誕生』三八－三九頁〕。強調は引用者。「公正価格」という表現は、アリストテレスからトマス・アクィナス、スコラ哲学へと至る流れを踏まえている。

＊56　Foucault, *Naissance de la biopolitique*, pp. 32–33.〔『生政治の誕生』三九－四〇頁〕。強調は引用者。

＊57　Foucault, *Naissance de la biopolitique*, p. 50n6.〔『生政治の誕生』六〇頁注６〕。真実価格についての考え方は、必需物資である小麦を例にして、次のように理解できる。「小麦の内外取引の自由化によって、各地方・各国が一つの共通市場を形成し、必要量に対する過不足の調整が可能になるときにのみ、『すべての人々に等しく有利な』恒久的、安定的な真実価格が成立する」。またこのとき「個人的な評価価値は〔……〕市場価格の形成を通じて『一般的評価』へと調整される。」（米田『欲求と秩序』三二六頁、三二七頁）。

＊58　Foucault, *Sécurité, territoire et population*, p. 355.〔『安全・領土・人口』四三〇頁〕。

＊59　この点は『生政治の誕生』の終盤で、スミスに対する重農主義批判として提示されている。すなわち経済表によって一国の経済過程全体を俯瞰的に把握することができると主張し、専制というかたちで経済主権を放棄しない重農主義の理論は、経済主権を否定する自由主義と立場が異なると論じられる。Foucault, *Naissance de la biopolitique*, p. 287–290.〔『生政治の誕生』三四九－三五二頁〕を参照。

＊60　Foucault, *Naissance de la biopolitique*, p. 63.〔『生政治の誕生』七六頁〕。

＊61　Foucault, *Naissance de la biopolitique*, pp. 22–23.〔『生政治の誕生』二八頁〕。

＊62　Foucault, *Naissance de la biopolitique*, pp. 64–65.〔『生政治の誕生』七七頁〕。

＊63　Foucault, *Naissance de la biopolitique*, p. 323.〔『生政治の誕生』三九一頁〕。

＊64　Foucault, *Naissance de la biopolitique*, pp. 201ff.〔『生政治の誕生』二四一頁以下〕。

＊65　Foucault, *Naissance de la biopolitique*, p. 327.〔『生政治の誕生』三九七－三九八頁〕。

＊66　Philip Mirowski et al (eds.), *The Road from Mont Pelerin: the Making of the Neoliberal Thought Collective*, Cambridge, Mass.: Harvard University Press, 2009.

＊67　リップマン・シンポジウムに関しては、日本語では、権上編『新自由主義と戦後資本主義』に所収の二論文を参照。権上康男「新自由主義の誕生（一九三八年－四七年）。リップマン・シンポジウムからモンペルラン協会の設立まで」（三－五八

頁）、西川純子「ウォルター・リップマンと新自由主義」（五九－八九頁）。フランス語では以下。François Denord, *Néolibéralisme version française: histoire d'une idéologie politique*, Paris: Éditions Demopolis, 2007, pp. 104–125. 新自由主義諸潮流の日本語での総合的な紹介については、矢島鈞次編著『新自由主義の政治経済学』（同文舘出版、一九九一年）を参照。

*68　社会的市場経済の現代的評価と歴史上の位置づけについては、ヴェルナー・アーベルスハウザー『経済文化の闘争　資本主義の多様性を考える』雨宮昭彦ほか訳（東京大学出版会、二〇〇九年）の、特に一四五－一五九頁を参照。この時期の政治史については、大嶽秀夫『アデナウアーと吉田茂』（中央公論社、一九八六年）などが参考になる。

*69　Alfred Müller-Armack, "Soziale Marktwirtschaft," in: *Handwörterbuch der Sozialwissenschaften*, Band 9, hrsg. v. Erwin von Beckerath, Stuttgart, 1956, S. 390. とはいえ、エアハルトは「経済が自由であるほど、経済はより社会的になる」（Alfred C. Mierzejewski, *Ludwig Erhard: A Biography*, Chapel Hill: University of North Carolina Press, 2004, p. 31.）と述べるなどして、消費者中心の自由経済を目指し、カルテルを敵視したことで知られる。こうしたラディカルな市場経済主義的立場からする「社会的市場経済」が、ミュラー＝アルマックの定義と同じとは言いがたいだろう。関連して「社会的市場経済」の歴史的な概念規定をめぐっても研究者間の論争がある。雨宮昭彦『競争秩序のポリティクス　ドイツ経済政策思想の源流』（東京大学出版会、二〇〇五年）一七－二〇頁を参照。またキリスト教民主同盟（ＣＤＵ）が一九四九年にこの語を綱領文書に採用し、第一回総選挙のスローガンに掲げるまでの経緯は、野田昌吾『ドイツ戦後経済秩序の形成』（有斐閣、一九九九年）や、エアハルトの伝記（Mierzejewski, *Ludwig Erhard*）に詳しい。

*70　オルド自由主義とフライブルク学派については、日本でも関連文献の邦訳が早くから出版されるなど、長年研究が行われている。ただ逐一紹介することは本書の範囲を超える。またトライブによる統治性講義への書評（本章註＊51参照）も指摘するように、フーコーが利用した一九七〇年代までの限られた文献と現在の研究状況を比較して一覧表を作る意義は薄い。オルド自由主義の概説は、雨宮昭彦「社会的市場経済の思想　オルド自由主義」、田村ほか編『ドイツ経済思想史』二一九－二五四頁を参照。英語では、二〇〇四年に『オルド自由主義から社会的市場経済へ』を著したプタックの論考（Ralf Ptak, 'Neoliberalism in Germany: Revisiting the Ordoliberal Foundations of the Social Market Economy,' in Mirowski et al (eds.), *The Road from Mont Pèlerin*, pp. 98–138.）がある。フーコーによるオルド自由主義への言及は、Foucault, *Naissance de la biopolitique*, pp. 81–86, 105–110.〔『生政治の誕生』九六－一〇二頁、一七〇－一七五頁〕を参照。最近の邦語の研究書には、黒川洋行『ドイツ社会的市場経

済の理論と政策　オルド自由主義の系譜』（関東学院大学出版会、二〇一二年）などがある。

＊71　Foucault, *Naissance de la biopolitique*, p. 70.〔『生政治の誕生』八四頁〕。

＊72　アーベルスハウザー『経済文化の闘争』一五一頁。

＊73　Foucault, *Naissance de la biopolitique*, p. 70.〔『生政治の誕生』一〇四頁〕。

＊74　野田『ドイツ戦後経済秩序の形成』によれば、ここで見るエアハルトの思想や政策は、ミュラー＝アルマックの立場よりも市場中心主義的であり、その極端な価格政策が成功する一九四〇年代末までは、CDU内ですら激しい批判にさらされていた。同書の丁寧な歴史的考察には、ここでの議論は一面的と映るかもしれない。だが本論では、野田の言う社会的市場経済の「同床異夢性」、すなわち「社会的」という語の規定の曖昧さと、市場に対する新たな見方を組み込んだ、第二次大戦後の西側資本主義社会のあり方こそが、フーコーの関心事であることを示す点にある。

＊75　この段落の引用は、Ludwig Erhard, *Wohlstand für Alle*, Düsseldorf: Econ-Verlag, 1957, pp. 7–17.〔『社会市場経済の勝利』菅良訳（時事通信社、一九六〇年）三－一五頁〕による。

＊76　Erhard, *Wohlstand für Alle*, p. 14.〔『社会市場経済の勝利』一一－一二頁〕。強調は原文。

＊77　Erhard, *Wohlstand für Alle*, p. 191.〔『社会市場経済の勝利』二二〇頁〕。

＊78　Foucault, *Naissance de la biopolitique*, pp. 123–124.〔『生政治の誕生』一四八－一四九頁〕。

＊79　Alexander Rüstow, "Aussprache," in Franz Boese (ed.), *Verhandlungen des Vereins für Sozialpolitik in Dresden 1932: Deutschland und die Weltkrise*, München: Duncker & Humblot, 1932, pp. 64ff.（アーベルスハウザー『経済文化の闘争』一五一頁からの引用）。

＊80　Foucault, *Naissance de la biopolitique*, p. 120.〔『生政治の誕生』一四三頁〕。

＊81　Foucault, *Naissance de la biopolitique*, p. 151.〔『生政治の誕生』一七九－一八〇頁〕。

＊82　Foucault, *Naissance de la biopolitique*, pp. 201–202.〔『生政治の誕生』二四一－二四二頁〕。

＊83　Foucault, *Naissance de la biopolitique*, pp. 229–232.〔『生政治の誕生』二七五－二七九頁〕。

＊84　ベッカーの人的資本論など米国型新自由主義に対するフーコーに基づく批判については、佐藤『新自由主義と権力』第一章から第三章を参照。

＊85　「社会構造政策」は主にミュラー＝アルマックが提唱した概念。その概要の紹介は、大庭治夫「ミュラー＝アルマック研

究序説　彼の実践活動と著述活動」、『国士舘大学政経学会政経論叢』第三三号（一九八五年）一－四二頁を参照。

＊86　Foucault, *Naissance de la biopolitique*, p. 154.〔『生政治の誕生』一八三頁〕

＊87　Foucault, *Naissance de la biopolitique*, pp. 246–248.〔『生政治の誕生』二九八－二九九頁〕。この概念については、村上寿来「A・リュストウの秩序政策構想　Vitalpolitik を中心に」、『六甲台論集　経済学編』第四八巻、第三号（二〇〇一年）一九頁－三九頁。小野清美「オールドー自由主義思想の形成　自由主義の破局からその刷新・再生へ」、『土地制度史学』第一七一号（二〇〇一年）二八－三七頁。Ptak, 'Neoliberalism in Germany.' を参照。なお大衆化とプロレタリア化への危機感は、レプケとリュストウがリップマン・シンポジウム以降に著した「社会科学研究の新方向」や、レプケ『ヒューマニズムの経済学』（一九四四年）第三部でも明示的に論じられている。また、藤本建夫『ドイツ自由主義経済学の生誕　レプケと第三の道』（ミネルヴァ書房、二〇〇八年）三〇六－三二五頁も参照されたい。

＊88　ただし、ドイツ経済学史での最近の議論によれば、ナチズムとフライブルク学派との関係は実際にはこみ入ったものであったことが指摘される。ナチ政権の経済政策が、ある時期までは統制的というよりも自由主義的なものであること、同学派の経済学者もナチ政権の経済運営に深く関与していたことが指摘されている。雨宮『競争秩序のポリティクス』二〇－二六頁や、雨宮昭彦「ドイツ新自由主義の生成　資本主義の危機とナチズム」、権上編『新自由主義と戦後資本主義』九一－一三七頁を参照。

＊89　なおフーコーは、左右両翼からの国家に対する拒否感を「国家嫌悪」と呼んだのだが、こうした「反全体主義」と市場の理想化という冷戦的な自由主義の発想は、序章で指摘したように、フランスをはじめ先進諸国で議会や労働組合の非共産党系左翼の少なくない部分に浸透していった。

＊90　Foucault, *Naissance de la biopolitique*, pp. 119–120.〔『生政治の誕生』一四二－一四四頁〕。

＊91　Foucault, *Naissance de la biopolitique*, p. 37.〔『生政治の誕生』四四頁〕。

＊92　Foucault, «Sujet et pouvoir», in *Dits et écrits*, 4, p. 241.〔「主体と権力」渥海和久訳、『思考集成』第九巻、二九頁〕。

＊93　Carsenti, «La politique du dehors», pp. 42–43.

＊94　Foucault, *Sécurité, territoire et population*, pp. 93–98.〔『安全・領土・人口』一一一－一一八頁〕。

＊95　Napoli, «Le discours de la police», p. 361.; Montchrétien, *Traicté d'œconomie politique*, p. 34.

＊96 近代西洋では「市民社会」が、この闘争の舞台となる。詳しくは次の拙稿を参照。箱田徹「市民社会は抵抗しない フーコー自由主義論に浮上する政治」、『情況』「思想理論編」第一号、二〇一二年一二月号別冊（二〇一二年）二二三―二四三頁。

＊97 Foucault, *Naissance de la biopolitique*, p. 192.〔『生政治の誕生』二三〇頁〕。

## 第４章

＊1 いまだにこのような評価は存在する。二〇〇〇年代後半に、フーコーのイラン論と関連文献がまとめて英訳された際、テキストの内容は単なる政治的失敗ではなく、フーコーの理論に内在的な帰結なのだと、編者自身が批判的に記している（Janet Afary and Kevin B. Anderson, *Foucault and the Iranian Revolution: Gender and the Seductions of Islamism*, Chicago: University of Chicago Press, 2005, pp. 3–4.）。これと対照的な評価は、ハート＝ネグリやジジェクのものだ。ハートとネグリにとっては「フーコーが反逆の宗教的原理主義とその身体への関心の集中に、生政治的な力の要素を認めていること」（Hardt and Negri, *Commonwealth*, p. 36〔『コモンウェルス』七六頁〕）である。ジジェクもこれと似たかたちでフーコーのイランに関する分析の正しさを認めているが、フーコーは蜂起あるいは革命的出来事（ジジェクが好む言い方ではカントの叡智的なもの、崇高、熱狂）と、権力行使のマネジメントとしての政治という「あまりに抽象的な」二分法から抜け出せていないと批判する（Slavoj Žižek, *In Defense of Lost Causes*, London: Verso, 2008, pp. 106–116.〔『大義を忘れるな 革命・テロ・反資本主義』中山徹ほか訳（青土社、二〇一〇年）一六六―一八一頁〕。ジジェクは、フーコーがこうした隘路に陥る根拠を〈装置〉概念に求めることで、ドゥルーズの生成変化と出来事概念（〈革命的になること〉）と、フーコーの蜂起に関する議論を近づける。そして他方で、フーコーの「抵抗」とは、装置すなわち権力の「スムーズな動作を乱す砂粒」（*Ibid.*, p. 113.〔同、一七六頁〕）にすぎないと批判しているようだ。こうした批判は、本書で論じている統治論のフーコーではなく、アガンベン的なフーコーの統治性論理解に向けられるべきだろう。

＊2 Foucault, «Les ʻreportagesʼ d'idées», in *Dits et écrits*, 3, p. 707.〔「理念のルポルタージュ」高桑和巳訳、『思考集成』第七巻、三四

六頁〕。

＊3　Judith Revel, *Dictionnaire Foucault*, Paris: Ellipses, 2008, pp. 56–58.

＊4　Michel Foucault, «Qu'est-ce que la critique ?［Critique et Aufklärung］», *Bulletin de la Société française de Philosophie*, 84（2）, 1990, pp. 47–48.〔「批判と啓蒙」中山元訳、『私は花火師です』（筑摩書房、二〇〇八年）九九－一〇二頁〕。Foucault, «Table ronde du 20 mai 1978», in *Dits et écrits*, 4, pp. 23–25.〔「一九七八年五月二十日の会合」栗原仁訳、『思考集成』第八巻、一六六－一六九頁〕。

＊5　カント「啓蒙とは何か」（一七九四年）、『啓蒙とは何か　他四篇』篠田英雄訳（岩波書店、一九七四年）一五頁。

＊6　Foucault, «Qu'est-ce que les Lumières ?», in *Dits et écrits*, 4, p. 564.〔「啓蒙とは何か」、『思考集成』第一〇巻、七頁〕。なお、序章注48で示したように、「啓蒙とは何か」と題されたテキストは二つ存在する。

＊7　Foucault, *Gouvernement de soi et des autres*, p. 15.〔『自己と他者の統治』一九頁〕。Foucault, «Qu'est-ce que les Lumières ?», in *Dits et écrits*, 4, p. 680.〔「カントについての講義」、『思考集成』第一〇巻、一七三頁〕。

＊8　カント「啓蒙とは何か」一六頁。

＊9　Foucault, «'Introduction' par Michel Foucault», in *Dits et écrits*, 3, p. 431.〔「フーコーによる序文」廣瀬浩司訳、『思考集成』第八巻、五－六頁〕。

＊10　Foucault, «Les 'reportages' d'idées», in *Dits et écrits*, 3, p. 707.〔「理念のルポルタージュ」、『思考集成』第七巻、三四六頁〕。

＊11　なお当初はソンタグらの寄稿も予定されていたが、実際に掲載されたのはフーコーを含めて五人の記事に留まった。詳しくは、Foucault, «Les 'reportages' d'idées», in *Dits et écrits*, 3, p. 706.〔「理念のルポルタージュ」、『思考集成』第七巻、三四四頁〕の編者による注記と、邦訳三四七頁の訳注2を参照。

＊12　新井政美ほか「現代のトルコ、イラン」、永田雄三編『西アジア史Ⅱ』（山川出版社、二〇〇二年）四三六－四四四頁。なお、イランに関する記述については、吉村慎太郎『イラン・イスラーム体制とは何か』（書肆心水、二〇〇五年）第一・二章も参考にした。ハミッド・ダバシ『イラン、背反する民の歴史』青柳伸子ほか訳（作品社、二〇〇八年）は、当時テヘランで学生だった著者の回想も交えながら、イラン近代史におけるイラン革命の意義を、多角的に考察している。

＊13　当時の経過は、大野盛雄研究室「革命日誌　一九七八年一月九日－一九七九年二月一一日」、大野盛雄編『イラン革命考察のために』（アジア経済研究所、一九八二年）一二三－一四九頁に詳しい。この映画館放火事件は現在ではイスラーム主

義勢力の犯行であることが明らかになっている。

*14 Foucault, «À quoi rêvent les Iraniens ?», in *Dits et écrits*, 3, pp. 688–694.〔「イラン人たちは何を考えているのか?」高桑和巳訳、『思考集成』第七巻、三一八－三二六頁〕。

*15 Foucault, «Réponse de Michel Foucault à une lectrice iranienne», in *Dits et écrits*, 3, p. 708.〔「イラン人女性読者へのミシェル・フーコーの回答」高桑和巳訳、『思考集成』第七巻、三四八－三四九頁〕。

*16 Foucault, «L'Esprit d'un monde sans esprit», in *Dits et écrits*, 3, pp. 743–755.〔「精神のない世界の精神」高桑和巳訳、『思考集成』第八巻、二四－三九頁〕。

*17 Claudie Broyelle and Jacques Broyelle, "What Are the Philosophers Dreaming about?: Was Michel Foucault Mistaken about the Iranian Revolution?," in Afary and Anderson, *Foucault and the Iranian Revolution*, pp. 247–249.

*18 Foucault, «Michel Foucault et Iran», in *Dits et écrits*, 3, pp. 762.〔「ミシェル・フーコーとイラン」高桑和巳訳、『思考集成』第八巻、五〇－五一頁〕。

*19 Foucault, «Lettre ouverte à Mehdi Bazargan», in *Dits et écrits*, 3, pp. 780–782.〔「メフディー・バーザルガーンへの公開書簡」高桑和巳訳、『思考集成』第八巻、七五－七九頁〕。バーザルガーンは著名な穏健派の政治家・知識人。暫定政権初代首相となったが、民主主義の擁護を唱えてホメイニーら保守強硬派と対立し、政争に敗れて失脚した。

*20 Foucault, «Inutile de se soulever ?», in *Dits et écrits*, 3, pp. 790–794.〔「蜂起は無駄なのか?」高桑和巳訳、『思考集成』第八巻、九四－九九頁〕。

*21 Foucault, «La révolte iranienne se propage sur les rubans des cassettes», in *Dits et écrits*, 3, pp. 709–713.〔「イランの反抗はカセット・テープ上を走っている」高桑和巳訳、『思考集成』第七巻、三五〇－三五五頁〕。ダバシ『イラン、背反する民の歴史』二一二－二一七頁。

*22 たとえば次を参照。Georg Stauth, "Revolution in Spiritless Times: An Essay on Michel Foucault's Enquiries into the Iranian Revolution," *International Sociology*, 6(3), 1991, pp. 259–280.; Jeremy Carrette, *Foucault and Religion: Spiritual corporality and political spirituality*, London: Routledge, 2000, pp. 136–141.; Michiel Leezenberg, "Power and Political Spirituality: Michel Foucault on the Islamic Revolution in Iran," in James Bernauer and Jeremy Carrette (eds.), *Michel Foucault and Theology: The Politics of Religious Experience*, Burlington: Ashgate, 2004, pp. 99–

116.

*23 Foucault, «À quoi rêvent les Iraniens?», in *Dits et écrits*, 3, p. 694.〔「イラン人たちは何を考えているのか?」、『思考集成』第七巻、三二五－三二六頁〕。

*24 Defert, «Chronologie», in *Dits et écrits*, 1, p. 55.〔「年譜」、『思考集成』第一巻、六二頁〕。

*25 Atoussa H., "An Iranian Woman Writes," in Afary et al., *Foucault and the Iranian Revolution*, pp. 209–210.

*26 Foucault, «Réponse de Michel Foucault à une lectrice iranienne», in *Dits et écrits*, 3, p. 708.〔「イラン人女性読者へのミシェル・フーコーの回答」、『思考集成』第七巻、三四八頁〕。

*27 加賀谷寛「十二イマーム派」、日本イスラム協会監修『イスラム事典』（平凡社、一九八二年）二一〇－二一一頁。モハンマド＝ホセイン・タバータバーイー『シーア派の自画像　歴史・思想・教義』森本一夫訳（慶應義塾大学出版会、二〇〇七年）第三部などを参照。教義によれば、殉教した第一一代イマームの子息であるムハンマド・アルムンタザルは九世紀後半に「お隠れ」の状態に入って民衆の前から姿を消し、世の終末に再臨して圧政を覆し、神の正義を実現する。イスラーム法学者の重要な役割は、この第一二代イマームが隠れているあいだ、その意図を知り、信徒に指示を与えることだ。

*28 Foucault, «À quoi rêvent les Iraniens ?», in *Dits et écrits*, 3, p. 691.〔「イラン人たちは何を考えているのか?」、『思考集成』第七巻、三二二頁〕。

*29 Maxime Rodinson, "Critique of Foucault on Iran," in Afary et al., *Foucault and the Iranian Revolution*, p. 270. ホメイニーは一九六〇年代後半に、亡命先のイラクのナジャフで、〈法学者の統治〉を、国家の統治まで含めた絶対的な性格を持つものと読み替える。これがイスラーム法を基盤に据えて展開された「イスラーム統治論」という政権構想だ。七一年には講義録を元にした同名の著作が出版され、イランでも地下流通していた。邦訳は、R・M・ホメイニー『イスラーム統治論・大ジハード論』富田健次編訳（平凡社、二〇〇三年）。

*30 Leezenberg, "Power and Political Spirituality," p. 106.

*31 Baqer Moin, *Khomeini: Life of the Ayatollah*, New York: St. Martin's Press, 2000, pp. 195–196.

*32 新井ほか「現代のトルコ、イラン」四四七－四五一頁。

*33 Foucault, «Réponse de Michel Foucault à une lectrice iranienne», in *Dits et écrits*, 3, p. 708.〔「イラン人女性読者へのミシェル・フーコー

ーの回答」、『思考集成』第七巻、三四八頁〕。

＊34　Foucault, «Téhéran: la foi contre le chah», in *Dits et écrits*, 3, p. 686.〔「テヘラン　シャーに抗する信仰」高桑和巳訳、『思考集成』第七巻、三一五頁〕。

＊35　Foucault, «L'armée, quand la terre tremble», in *Dits et écrits*, 3, p. 664.〔「軍は大地の揺れる時に」、『思考集成』第七巻、二八三―二八四頁〕。

＊36　Foucault, «À quoi rêvent les Iraniens ?», in *Dits et écrits*, 3, p. 692.〔「イラン人たちは何を考えているのか？」、『思考集成』第七巻、三二三頁〕。

＊37　Leezenberg, "Power and Political Spirituality," pp. 106–108. また次を参照。アンリ・コルバン『イスラーム哲学史』〔一九六四年〕黒田壽郎ほか訳（岩波書店、一九七四年）第一章。アリー・シャリーアティー『イスラーム再構築の思想　新たな社会へのまなざし』櫻井秀子訳・解説（大村書店、一九九七年）六七―九一頁。なおレーゼンベルクも言うように、フーコーが繰り返すイラン・シーア派の革命性とは六〇年代以降の社会的動きのなかで生まれたと考えられている。吉村『イラン・イスラーム体制とは何か』六九―八二頁を参照。

＊38　Foucault, «Téhéran: la foi contre le chah», in *Dits et écrits*, 3, pp. 686–687.〔「テヘラン　シャーに抗する信仰」、『思考集成』第七巻、三一六―三一七頁〕。強調は引用者。

＊39　Foucault, «Téhéran: la foi contre le chah», in *Dits et écrits*, 3, p. 688.〔「テヘラン　シャーに抗する信仰」、『思考集成』第七巻、三一七頁〕。

＊40　Foucault, «À quoi rêvent les Iraniens ?», in *Dits et écrits*, 3, p. 694.〔「イラン人たちは何を考えているのか？」、『思考集成』第七巻、三二六頁〕。

＊41　この段落二つの引用元は、Foucault, «L'Esprit d'un monde sans esprit», in *Dits et écrits*, 3, pp. 748–749, 745.〔「精神のない世界の精神」、『思考集成』第八巻、三七頁、三七頁〕である。

＊42　Foucault, «Une révolte à mains nues», in *Dits et écrits*, 3, p. 702.〔「素手での反抗」高桑和巳訳、『思考集成』第七巻、三三八頁〕。

＊43　Foucault, «À quoi rêvent les Iraniens ?», in *Dits et écrits*, 3, p. 686.〔「イラン人たちは何を考えているのか？」、『思考集成』第七巻、三一四―三一五頁〕。

＊44　Foucault, «Le chef mythique de la révolte de l'Iran», in *Dits et écrits*, 3, p. 716.〔「反抗の神話的指導者」高桑和巳訳、『思考集成』第七巻、三五九頁〕。もっともホメイニーが採用したイデオロギーは、シーア派の伝統的教義とは断絶しており、ラテンアメリカ型のポピュリズムや、本人が批判していたマルクス主義などの混交物であったとされる。Ervand Abrahamian, *Khomeinism: Essays on the Islamic Republic*, Berkley, Calif.: University of California Press, 1993, ch. 1. を参照。

＊45　Defert, «Chronologie», in *Dits et écrits*, 1, p. 55.〔「年譜」『思考集成』第一巻、六三頁〕。

＊46　Foucault, «Réponse de Michel Foucault à une lectrice iranienne», in *Dits et écrits*, 3, p. 708.〔「イラン人女性読者へのミシェル・フーコーの回答」、『思考集成』第七巻、三四八頁〕。

＊47　Foucault, «La révolte iranienne se propage sur les rubans des cassettes», in *Dits et écrits*, 3, pp. 710–711.〔「イランの反抗はカセット・テープ上を走っている」、『思考集成』第七巻、三五二頁〕。

＊48　Foucault, «À quoi rêvent les Iraniens ?», in *Dits et écrits*, 3, p. 693.〔「イラン人たちは何を考えているのか？」、『思考集成』第七巻、三三四頁〕。Foucault, «L'Esprit d'un monde sans esprit», in *Dits et écrits*, 3, p. 747–748.〔「精神のない世界の精神」、『思考集成』第八巻、三〇頁〕。

＊49　Olivier Roy, «L'Énigme du soulèvement: Michel Foucault et l'Iran», *Vacarme*, 29, 2004, p. 34.

＊50　Foucault, «L'Esprit d'un monde sans esprit», in *Dits et écrits*, 3, p. 753–754.〔「精神のない世界の精神」、『思考集成』第八巻、三六－三七頁〕。

＊51　Foucault, *Sécurité, territoire et population*, p. 221n5.〔『安全・領土・人口』二六七頁編者注5〕。

＊52　Foucault, *Sécurité, territoire et population*, pp. 203–205.〔『安全・領土・人口』二四四－二四九頁〕。

＊53　Foucault, *Sécurité, territoire et population*, pp. 126, 197–199, 221n5.〔『安全・領土・人口』一五一－一五二頁、二四〇－二四二頁、二六七頁編者注5〕。

＊54　Foucault, *Sécurité, territoire et population*, pp. 205sq.〔『安全・領土・人口』二四九頁以下〕。この時期のキリスト教にかかわる運動については、池上俊一『ヨーロッパ中世の宗教運動』（名古屋大学出版会、二〇〇七年）を参照。

＊55　Foucault, *Sécurité, territoire et population*, pp. 218–219.〔『安全・領土・人口』二六四頁〕。

＊56　Foucault, *Sécurité, territoire et population*, pp. 204–205.〔『安全・領土・人口』二四七－二四九頁〕。

＊57 Foucault, «Téhéran: la foi contre le chah», in *Dits et écrits*, 3, p. 686.〔「テヘラン　シャーに抗する信仰」、『思考集成』第七巻、三一四頁〕。

＊58 Foucault, «Téhéran: la foi contre le chah», in *Dits et écrits*, 3, p. 687.〔「テヘラン　シャーに抗する信仰」、『思考集成』第七巻、三一六頁〕。

＊59 Foucault, *L'Herméneutique du sujet*, pp. 16–17.〔『主体の解釈学』一九頁〕。

＊60 Foucault, «Inutile de se soulever ?», in *Dits et écrits*, 3, pp. 793–794.〔「蜂起は無駄なのか？」高桑和巳訳、『思考集成』第八巻、九七－九九頁〕。

＊61 Foucault, *Sécurité, territoire et population*, pp. 363–366.〔『安全・領土・人口』四三八－四四一頁〕。

＊62 Foucault, «L'Esprit d'un monde sans esprit», in *Dits et écrits*, 3, p. 753.〔「精神のない世界の精神」、『思考集成』第八巻、三七頁〕。

＊63 Foucault, *Sécurité, territoire et population*, p. 205.〔『安全・領土・人口』二四九頁〕。

## 第５章

＊1 Foucault, *Sécurité, territoire et population*, p. 124.〔『安全・領土・人口』一四八頁〕。

＊2 Michel Foucault, "About the Beginning of the Hermeneutics of the Self: Two Lectures at Dartmouth," *Political Theory*, 21 (2), 1993, p. 203.

＊3 Michel Foucault, "About the Beginning of the Hermeneutics of the Self," p. 204.

＊4 Foucault, *L'Herméneutique du sujet*, p. 184.〔『主体の解釈学』二二四－二二五頁〕。

＊5 Foucault, *L'Herméneutique du sujet*, pp. 16, 182–184.〔『主体の解釈学』一八頁、二二〇－二二四頁〕。

＊6 Foucault, *L'Herméneutique du sujet*, pp. 16–20.〔『主体の解釈学』一八－二三頁〕。

＊7 Foucault, *L'Herméneutique du sujet*, pp. 29–32, 241.〔『主体の解釈学』三五－三八頁、二九三頁〕。

＊8 A. A. Long, *From Epicurus to Epictetus: Studies in Hellenistic and Roman Philosophy*, Oxford: Clarendon Press, 2006, p. 362.

＊9 フーコーが、自己への配慮と、キリスト教あるいは合理主義的な自己認識との対比を際だたせるために『主体の解釈学』

で提示した西洋古代哲学像は、哲学史研究の観点から見れば各学派の主張に忠実でない部分もあるとの指摘がある。次に所収の関連論文を参照。Frédéric Gros et Carlos Lévy (éds.), *Foucault et la philosophie antique*, Paris: Éditions Kimé, 2003.

＊10 Foucault, *Du Gouvernement des vivants*, p. 12.

＊11 Foucault, «Subjectivité et vérité», in *Dits et écrits*, 4, p. 213.〔「主体性と真理」石田英敬訳、『思考集成』第八巻、四四四頁〕。

＊12 Foucault, *L'Herméneutique du sujet*, pp. 5–6.〔『主体の解釈学』五－七頁〕。

＊13 プラトン「ソクラテスの弁明」田中美知太郎訳、『プラトン全集』（岩波書店、一九七五年）第一巻、八四－八五頁（30A–30B）。強調は原文。

＊14 プラトン「アルキビアデス　I」田中美知太郎訳、『プラトン全集』（岩波書店、一九七五年）第六巻、八二－八三頁（128E–129A）。

＊15 Foucault, *L'Herméneutique du sujet*, p. 12.〔『主体の解釈学』一三－一四頁〕。

＊16 次の論考は、フーコーの『アルキビアデス』読解全体と解釈史、研究史を概観しながら、新プラトン主義による解釈がフーコーに強い影響を与えていると論じている。Francis Careau, «Michel Foucault et l'interprétation de la pédagogie platonicienne», in Alan Beaulieu (sous la direction de), *Michel Foucault et le contrôle social*, Québec: Presses de l'Université Laval, 2005, pp. 201–215.

＊17 Foucault, *L'Herméneutique du sujet*, pp. 51–57.〔『主体の解釈学』六三－六九頁〕。

＊18 プラトン「アルキビアデス　I」八三、八八頁（129B, 130D）。

＊19 プラトン「アルキビアデス　I」七八頁（128A）。

＊20 プラトン「アルキビアデス　I」八四－八五頁（129C–129D）。

＊21 プラトン「アルキビアデス　I」八九頁（130E）。

＊22 Foucault, *L'Herméneutique du sujet*, p. 54.〔『主体の解釈学』六六頁〕。

＊23 Foucault, *L'Herméneutique du sujet*, p. 55.〔『主体の解釈学』六七頁〕。

＊24 Foucault, *L'Herméneutique du sujet*, p. 56–57.〔『主体の解釈学』六八－六九頁〕。

＊25 Foucault, *L'Usage des plaisirs*, pp. 63–64.〔『快楽の活用』六七頁〕。この箇所は「活用（クレーシス）」と題された節の導入部分である。

＊26 Foucault, *L'Herméneutique du sujet*, p. 37.〔『主体の解釈学』四二–四三頁〕。Foucault, *Le Souci du soi*, p. 58.〔『自己への配慮』六一頁〕。

＊27 Foucault, *L'Herméneutique du sujet*, pp. 37, 73.〔『主体の解釈学』四二–四三頁、八八–八九頁〕。

＊28 Foucault, *L'Herméneutique du sujet*, pp. 168–170, 174–178, 185.〔『主体の解釈学』二〇三–二〇六頁、二一一–二一六頁、二二九–二三〇頁〕。

＊29 プラトン「アルキビアデス I」九七–一〇四頁（133B–135B）。

＊30 Foucault, *L'Herméneutique du sujet*, pp. 170–171.〔『主体の解釈学』二〇七頁〕。

＊31 たとえばヘーゲル『哲学史講義』の第一部第二編「独断哲学と懐疑主義」を参照。

＊32 Foucault, *Le Souci de soi*, pp. 101–117.〔『自己への配慮』一一一–一三一頁〕。この点については、Foucault, *L'Herméneutique du sujet*, p. 25n47.〔『主体の解釈学』三〇頁編者注47〕; Pierre Hadot, *Qu'est-ce que la philosophie antique?*, Paris: Gallimard, 1995, pp. 146–147. も参照。

＊33 Foucault, *Le Souci de soi*, p. 117.〔『自己への配慮』一二八頁〕。

＊34 この概念の古代から中世への展開と、フーコーの議論の関係については、スネラールの整理を参照。Michel Senellart, «La pratique de la direction de conscience», in Gros et al. (eds.), *Foucault et la philosophie antique*, pp. 152–171.

＊35 Hadot, *Qu'est-ce que la philosophie antique?*, p. 18.

＊36 A. A. Long, *Hellenistic Philosophy: Stoics, Epicureans, Sceptics*, Second Edition, Barkley, Calif.: University of California Press, 1986, pp. 6–7.〔『ヘレニズム哲学　ストア派、エピクロス派、懐疑派』金山弥平訳（京都大学学術出版会、二〇〇三年）一〇頁〕。

＊37 Foucault, *L'Herméneutique du sujet*, pp. 267–273.〔『主体の解釈学』三二一–三三〇頁〕。

＊38 Foucault, *Le Souci de soi*, p. 105.〔『自己への配慮』一一五頁〕。

＊39 Foucault, *Le Souci de soi*, p. 106.〔『自己への配慮』一一六頁〕。

＊40 Foucault, *L'Herméneutique du sujet*, pp. 12–13.〔『主体の解釈学』一四–一五頁〕。

＊41 Foucault, *L'Herméneutique du sujet*, pp. 199–206.〔『主体の解釈学』二四三–二五三頁〕。

＊42 Foucault, *L'Herméneutique du sujet*, pp. 341–351.〔『主体の解釈学』四〇六–四一七頁〕。

＊43 Foucault, *L'Herméneutique du sujet*, pp. 303–304.〔『主体の解釈学』三六三頁〕。

＊44 Foucault, *L'Herméneutique du sujet*, p. 304.〔『主体の解釈学』三六四頁〕。

＊45 Foucault, *L'Herméneutique du sujet*, pp. 199–201, 207–209, 243–248.〔『主体の解釈学』二四三－二四五頁、二五三－二五五頁、二九六－三〇一頁〕。

＊46 Foucault, *L'Herméneutique du sujet*, pp. 404–407.〔『主体の解釈学』四七四－四七六頁〕。

＊47 A. A. Long, *From Epicurus to Epictetus*, p. 362.

＊48 Foucault, *Le Souci de soi*, p. 115.〔『自己への配慮』八六頁〕。

＊49 Foucault, *L'Herméneutique du sujet*, p. 406.〔『主体の解釈学』四七六頁〕。

＊50 Foucault, «À propos de la généalogie de l'éthique», in *Dits et écrits*, 4, p. 610.〔「倫理の系譜学について」、『思考集成』第九巻、二三二頁〕。

＊51 自己への配慮に関わる文脈では全体的に言えることだが、フーコーは「道徳」と「倫理」をそれほど意識して使い分けていない。ただし前者が具体的な行動や規範と結びつけられ、また後者が考え方の性質あるいは抽象的な「あり方」という意味をもたされている傾向があるようにも思われる。

＊52 Foucault, «À propos de la généalogie de l'éthique», in *Dits et écrits*, 4, p. 617–618.〔「倫理の系譜学について」、『思考集成』第九巻、二四〇頁〕。

＊53 Foucault, *L'Herméneutique du sujet*, pp. 109–110.〔『主体の解釈学』一三二－一三三頁〕。

＊54 Foucault, «L'éthique du souci de soi comme pratique de la liberté», in *Dits et écrits*, 4, p. 728.〔「自由の実践としての自己への配慮」廣瀬浩司訳、『思考集成』第一〇巻、二四四頁〕。

＊55 Foucault, *L'Herméneutique du sujet*, pp. 241–242.〔『主体の解釈学』二九四－二九五頁〕。

＊56 Foucault, *L'Herméneutique du sujet*, p. 240–241.〔『主体の解釈学』二九三頁〕。

＊1　Foucault, «Technologie politique de l'individu», in *Dits et écrits*, 4, pp. 813–838.〔「個人の政治テクノロジー」、『思考集成』第一〇巻、三五四－三七二頁〕。

＊2　Foucault, *Le gouvernement de soi et des autres*, pp. 4–7.〔『自己と他者の統治』六－八頁〕。

＊3　Foucault, *L'Herméneutique du sujet*, pp. 241–242.〔『主体の解釈学』二九四－二九五頁〕。

＊4　Foucault, «Sujet et pouvoir», in *Dits et écrits*, 4, p. 237.〔「主体と権力」、『思考集成』第九巻、二五－二六頁〕。次の引用は連続した箇所。

＊5　Foucault, *Le courage de la vérité*, p. 309.〔『真理の勇気』四二七頁〕。

＊6　Foucault, *Naissance de la biopolitique*, pp. 64–65.〔『生政治の誕生』七七頁〕。

＊7　Foucault, *Sécurité, territoire et population*, pp. 49–50.〔『安全・領土・人口』五八－五九頁〕。

＊8　たとえば Foucault, «Va-t-on extrader Klaus Croissant ?», in *Dits et écrits*, 3, p. 365.〔「クラウス・クロワッサンは送還されるのだろうか」石田英敬訳、『思考集成』第六巻、五〇七頁〕を参照。

＊9　Foucault, *Sécurité, territoire et population*, p. 153.〔『安全・領土・人口』一八五頁〕。強調は引用者。

＊10　Foucault, «Qu'est-ce que les Lumières ?», in *Dits et écrits*, 4, p. 564.〔「啓蒙とは何か」、『思考集成』第一〇巻、四頁〕。強調は引用者。

＊11　Foucault, «Qu'est-ce que les Lumières ?», in *Dits et écrits*, 4, pp. 569.〔「啓蒙とは何か」、『思考集成』第一〇巻、一二頁〕。

＊12　Charles Baudelaire, «Le Peintre de la vie moderne», in *Œuvres complètes*, 2, Paris : Gallimard, coll. «Bibliothèque de la Pléiade», 1976, p. 711.〔『ボードレール全集Ⅳ　散文詩　美術批評　下　音楽批評　哀れなベルギー』阿部良雄訳（筑摩書房、一九八七年）一六七頁〕。

＊13　Foucault, «Qu'est-ce que les Lumières ?», in *Dits et écrits*, 4, p. 570.〔「啓蒙とは何か」、『思考集成』第一〇巻、一五頁〕。この表現はボードレールの「現代生活の画家」には直接出てこないが、ダンディズムを「頽廃の諸時代における英雄性の最後の輝き」と記した先ほどの引用箇所の前には「この男たちは〔……〕どんな名で呼ばれるにしても、みなひとつの同じ起源から出ている。みな同じ、反対と反逆の性質を帯びている」と記されている。

*14 Foucault, «Qu'est-ce que les Lumières ?», in *Dits et écrits*, 4, pp. 568.〔「啓蒙とは何か」、『思考集成』第一〇巻、一二頁〕。

*15 Foucault, «Subjectivité et vérité», in *Dits et écrits*, 4, p. 213.〔「主体性と真理」、『思考集成』第八巻、四四四頁〕。

*16 Foucault, *Le Souci de soi*, p. 67.〔『自己への配慮』七〇頁〕。

*17 Foucault, *L'Herméneutique du sujet*, pp. 14–15, 25n46 & 241.〔『主体の解釈学』一九頁、三〇頁編者注46、二九三頁〕。

*18 Foucault, «Sujet et pouvoir», in *Dits et écrits*, 4, p. 223.〔「主体と権力」、『思考集成』第九巻、一〇頁〕。

*19 フーコーのパレーシア講義の全体像を提示した研究はいくつもあるが、日本語で読める簡便なものとして Frédéric Gros, «La Parrhêsia chez Foucault (1982–1984)», in Frédéric Gros (coordonné par), *Foucault : le courage de la vérité*, Paris : Presses universitaires de France, 2002, pp. 155–166.〔「フーコーにおけるパレーシア（一九八二―一九八四）」柵瀬宏平訳、『現代思想』第三七巻、第七号（二〇〇九年）八二―八九頁〕がある。

*20 Foucault, *Le gouvernement de soi et des autres*, p. 43.〔『自己と他者の統治』五三頁〕。「良心の導き」とはキリスト教でのパレーシアの話を指している。本章注31参照。

*21 Foucault, *Le courage de la vérité*, p.13.〔『真理の勇気』一二頁〕。傍点は引用者。

*22 Foucault, *Le gouvernement de soi et des autres*, p. 330.〔『自己と他者の統治』四四四頁〕。

*23 Foucault, *Le gouvernement de soi et des autres*, pp. 146.〔『自己と他者の統治』二〇〇頁〕。

*24 Foucault, *Le courage de la vérité*, p. 33.〔『真理の勇気』四三―四四頁〕。

*25 Foucault, *Le gouvernement de soi et des autres*, p. 313.〔『自己と他者の統治』四一九頁〕。

*26 Foucault, *Le courage de la vérité*, p. 116.〔『真理の勇気』一五七頁〕。

*27 プラトン「ラケス」生島幹三訳、『プラトン全集』（岩波書店、一九七五年）第七巻、一六六頁（201B）。

*28 Foucault, *Le courage de la vérité*, p. 148.〔『真理の勇気』二〇一頁〕。次の引用も同一箇所。

*29 Foucault, *Le courage de la vérité*, p. 61.〔『真理の勇気』八〇頁〕。

*30 キュニコス派の歴史と西洋哲学史上の位置については、たとえば、R. Bracht Branham and Marie-Odile Goulet-Cazé (eds.), *The Cynics: The Cynic Movement in Antiquity and Its Legacy*, Barkley, Calif.: University of California Press, 1996. を参照。

*31 Foucault, *Le courage de la vérité*, pp. 157–159.〔『真理の勇気』二一二―二一六頁〕。なお、この箇所が続けてナジアンゾスのグ

レゴリオスのテキストを参照していることも示唆するように、フーコーの古代哲学への言及は、その哲学的・倫理的な教説がキリスト教的な倫理へと漸進的に移行していく事態を描くという、『性の歴史』の大きなプログラムに沿っている。

＊32 もう一つの意義とは、フーコーが『真理の勇気』で何度か触れているように、キュニコス派のラディカルな倫理的普遍主義がキリスト教へと接続する地点を形成することだろう。ただし、これはもちろんストア派などヘレニズム哲学に共通する論点であり、詳しくはフーコーの修道制に関する議論を検討する必要がある。たとえば哲学からキリスト教へのパレーシアの「移行」についてフーコーは「エピクテトスからまもなくして、ソクラテスから六‐七世紀後には、キリスト教の教えが、さまざまなかたちを取りつつ、こうしたパレーシアとしての機能を引き継いで、次第にこの機能を哲学から奪うのです〔……〕。そして何世紀ものあいだ、パレーシアの役割を果たすのは、もはや哲学ではなくなった。つまり、哲学が果たした、このような重要なパレーシアとしての機能は、実際のところ、まず政治から哲学という中心に移された後に、今度は哲学という中心からキリスト教司牧と呼びうるものへと移された」と述べる（Foucault, *Le gouvernement de soi et des autres*, pp. 320–321.〔『自己と他者の統治』四二九頁〕）。

＊33 Foucault, *Le courage de la vérité*, p. 209.〔『真理の勇気』二八七‐二八八頁〕。

＊34 Foucault, *Le courage de la vérité*, pp. 166–174.〔『真理の勇気』二二九‐二三八頁〕。

＊35 Foucault, *Le courage de la vérité*, pp.195–196.〔『真理の勇気』二六八頁〕。

＊36 古代ギリシアでは、パレーシアの他にも、真理と主体との関係性のタイプが三通り存在するとフーコーは言う。すなわち預言、智恵、技術であり、預言者、賢者、技術者がそれぞれの担い手となる。パレーシアと哲学者の組み合わせが他の三つと異なるのは、パレーシアによる真理の体現は、少なくともパレーシアを実践する者に、一定のリスクを負わせるところだ。預言者、賢者、教育者や裁判官は、しかるべき場所で真理を述べてもリスクはない。

＊37 Foucault, *Le gouvernement de soi et des autres*, pp. 146–147.〔『自己と他者の統治』二〇〇頁〕。政治的なものの概念をめぐる一九八〇年代初頭の議論については、松葉『哲学的なものと政治的なもの』一〇一‐一二八頁などを参照。

＊38 Foucault, «Sujet et pouvoir», in *Dits et écrits*, 4, p. 237.〔「主体と権力」、『思考集成』第九巻、二二六頁〕。

＊39 Foucault, «Sujet et pouvoir», in *Dits et écrits*, 4, p. 241.〔「主体と権力」、『思考集成』第九巻、三〇頁〕。関連して次の箇所も参照。「じっさい、権力関係と闘争戦略の間には、相互に引き合い、際限なくつながり、つねに反転するような関係が存在し

ている。権力関係は、敵対者間の対立へとつねに変化しうるし、ある点では実際に変化している。また敵対者間の関係は、社会のなかで、権力メカニズムが作動する原因につねになっている。したがって、こうした不安定さによって、同じプロセス、同じ出来事、同じ変容を、闘争の歴史の内部と同様に、権力関係と権力装置の歴史の中にも読み取ることが可能となる」(Foucault, «Sujet et pouvoir», in *Dits et écrits*, 4, pp. 242–243.〔「主体と権力」、『思考集成』第九巻、三一頁〕)。

＊40 Foucault, «L'éthique du souci de soi comme pratique de la liberté», in *Dits et écrits*, 4, pp. 711–712.〔「自由の実践としての自己への配慮」、『思考集成』第一〇巻、二二二―二二三頁〕。

＊41 Foucault, *L'archéologie du savoir*, pp. 253–255.〔『知の考古学』三六五―三六七頁〕

＊42 Foucault, *Surveiller et punir*, p. 315.〔『監獄の誕生』三〇八頁〕。

# 参考文献

## 1　フーコーの著作

**著書**（本文に関連するものを刊行順に掲載）


Foucault, Michel. *Les Mots et les choses: une archéologie des sciences humaines*, Paris: Gallimard, 1966.〔『言葉と物　人文科学の考古学』渡辺一民、佐々木明訳、新潮社、一九七四年〕。

Foucault, Michel. *L'Archéologie du savoir*, Paris: Gallimard, 1969.〔『知の考古学』慎改康之訳、河出文庫、二〇一二年〕。

Foucault, Michel. *Histoire de la folie à l'âge classique: Suivi de La folie, l'absence d'œuvre et Mon corps, ce papier, ce feu*, Paris: Gallimard, 1971.〔『狂気の歴史　古典主義時代における』田村俶訳、新潮社、一九七五年〕。

Foucault, Michel. *Surveiller et punir: naissance de la prison*, Paris: Gallimard, 1975.〔『監獄の誕生　監視と処罰』田村俶訳、新潮社、一九七七年〕。

Foucault, Michel. *La Volonté de savoir: Histoire de la sexualité I*, Paris: Gallimard, 1976.〔『性の歴史Ⅰ　知への意志』渡辺守章訳、新潮社、一九八六年〕。

Foucault, Michel (présenté par). *Herculine Barbin dite Alexina B*, Paris: Gallimard, 1978.

Farge, Arlette et Michel Foucault (présenté par). *Le Désordre des familles: lettres de cachet des Archives de la Bastille au XVIIIe siècle*, Paris: Gallimard/Julliard, 1982.

Foucault, Michel. *L'Usage des plaisirs: Histoire de la sexualité II*, Paris: Gallimard, 1984.〔『性の歴史Ⅱ　快楽の活用』田村俶訳、新潮社、一九八六年〕。

Foucault, Michel. *Le Souci de soi: Histoire de la sexualité III*, Paris: Gallimard, 1984.〔『性の歴史Ⅲ　自己への配慮』田村俶訳、新潮社、一九

八七年〕。
Foucault, Michel. *Dits et écrits, 1954–1988*, édition établie sous la direction de Daniel Defert et François Ewald, avec la collaboration de Jacques Lagrange, 4 tomes, Paris: Gallimard, 1994.〔『ミシェル・フーコー思考集成』蓮實重彦・渡辺守章監修、小林康夫・石田英敬・松浦寿輝編、全一〇巻、筑摩書房、一九九八－二〇〇二年〕。
Foucault, Michel. *«Il faut défendre de la société»: cours au Collège de France* (*1975–1976*), édition établie, dans le cadre de l'Association pour le Centre Michel Foucault, sous la direction de François Ewald et Alessandro Fontana, par Mauro Bertani et Alessandro Fontana, Paris: Gallimard/Le Seuil, 1997.〔『社会は防衛しなければならない　コレージュ・ド・フランス講義　一九七五－一九七六年度』石田英敬・小野正嗣訳、筑摩書房、二〇〇七年〕。
Foucault, Michel. *Les Anormaux: cours au Collège de France* (*1974–1975*), édition établie sous la direction de François Ewald et Alessandro Fontana, par Valerio Marchetti et Antonella Salomoni, Paris: Gallimard/Le Seuil, 1999.〔『異常者たち　コレージュ・ド・フランス講義　一九七四－一九七五年度』慎改康之訳、筑摩書房、二〇〇二年〕。
Foucault, Michel. *L'Herméneutique du sujet: cours au Collège de France* (*1981–1982*), édition établie sous la direction de François Ewald et Alessandro Fontana, par Frédéric Gros, Paris: Gallimard/Le Seuil, 2001.〔『主体の解釈学　コレージュ・ド・フランス講義　一九八一－一九八二年度』廣瀬浩司・原和之訳、筑摩書房、二〇〇四年〕。
Foucault, Michel. *Fearless Speech*, edited by Joseph Peterson, New York: Semiotext(e), 2001.〔『真理とディスクール　パレーシア講義』中山元訳、筑摩書房、二〇〇二年〕。
Foucault, Michel. *Pouvoir psychiatrique: cours au Collège de France* (*1973–1974*), édition établie sous la direction de François Ewald et Alessandro Fontana, par Jacques Laglange, Paris: Gallimard/Le Seuil, 2003.〔『精神医学の権力　コレージュ・ド・フランス講義　一九七三－一九七四年度』慎改康之訳、筑摩書房、二〇〇六年〕。
Foucault, Michel. *Sécurité, territoire, population: cours au Collège de France* (*1977–1978*), édition établie sous la direction de François Ewald et Alessandro Fontana, par Michel Senellart, Paris: Gallimard/Le Seuil, 2004.〔『安全・領土・人口　コレージュ・ド・フランス講義　一九七七－一九七八年度』高桑和巳訳、筑摩書房、二〇〇七年〕。
Foucault, Michel. *Naissance de la biopolitique: cours au Collège de France* (*1978–1979*), édition établie sous la direction de François Ewald et Alessandro

Fontana, par Michel Senellart, Paris: Gallimard/Le Seuil, 2004.〔『生政治の誕生　コレージュ・ド・フランス講義　一九七八－一九七九年度』慎改康之訳、筑摩書房、二〇〇八年〕。

ミシェル・フーコー、渡辺守章『哲学の舞台』朝日出版社、増補改訂版、二〇〇七年。

Foucault, Michel. *Gouvernement de soi et des autres: cours au Collège de France (1982–1983)*, édition établie sous la direction de François Ewald et Alessandro Fontana, par Frédéric Gros, Paris: Gallimard/Le Seuil, 2008.〔『自己と他者の統治　コレージュ・ド・フランス講義　一九八二－一九八三年度』阿部崇訳、筑摩書房、二〇一〇年〕。

Foucault, Michel. *Le Courage de la vérité, le gouvernement de soi et des autres II: Cours au Collège de France 1983–1984*, édition établie sous la direction de François Ewald et Alessandro Fontana, par Frédéric Gros, Paris: Gallimard/Le Seuil, 2009.〔『真理の勇気　コレージュ・ド・フランス講義　一九八三－一九八四年度』慎改康之訳、筑摩書房、二〇一二年〕。

Foucault, Michel. *Du Gouvernement des vivants: Cours au Collège de France (1979–1980)*, édition établie sous la direction de François Ewald et Alessandro Fontana, par Michel Senellart, Paris: Gallimard/Le Seuil, 2012.

Foucault, Michel. *Mal faire, dire vrai: Fonction de l'aveu en justice - cours de Louvain, 1981*, édité par Fabienne Brion, Bernard E. Harcourt, Louvain-la-Neuve: Presses universitaires de Louvain, 2012.

## 論文

※　本文中で引用したもののみを刊行順に掲載した。なお、Michel Foucault, Dits et écrits, 4 tomes, Paris: Gallimard, 1994.〔『ミシェル・フーコー思考集成』全一〇巻（筑摩書房、一九九八－二〇〇二年）〕に収録されたものは、収録順に従った。

Foucault, Michel. «Qu'est-ce que la critique ?［Critique et Aufklärung］», (27 mai 1978), *Bulletin de la Société française de Philosophie*, 84 (2), 1990, pp. 35–63.〔「批判と啓蒙」中山元訳、『私は花火師です』（筑摩書房、二〇〇八年）六九－一四〇頁〕。

Foucault, Michel. "About the Beginning of the Hermeneutics of the Self: Two Lectures at Dartmouth," (November 17 and 24, 1981), *Political Theory*, 21 (2), 1993, pp. 198–227.

Foucault, Michel. «La folie n'existe que dans une société», in *Dits et écrits*, 1, pp. 167–170.〔「狂気は社会のなかでしか存在しない」石田英敬

訳、『思考集成』第一巻、二〇五－二〇八頁〕。
Foucault, Michel. «Préface à Enquête dans vingt prisons», in *Dits et écrits*, 2, pp. 195–197.〔「序文」大西雅一郎訳、『思考集成』第四巻、九二－九五頁〕。
Foucault, Michel. «Les intellectuels et le pouvoir», in *Dits et écrits*, 2, pp. 306–315.〔「知識人と権力」蓮實重彦訳、『思考集成』第四巻、二五七－二六九頁〕。
Foucault, Michel. «La société punitive», in *Dits et écrits*, 2, pp. 456–470.〔「懲罰社会　コレージュ・ド・フランス一九七二－一九七三年講義要旨」石田英敬ほか訳、『思考集成』第四巻、四七一－四八七頁〕。
Foucault, Michel. «La vérité et les formes juridiques», in *Dits et écrits*, 2, pp. 538–646.〔「真理と裁判形態」西谷修訳、『思考集成』第五巻、九四－二一六頁〕。
Foucault, Michel. «L'œil du pouvoir», in *Dits et écrits*, 3, pp. 190–207.〔「権力の眼」伊藤晃訳、『思考集成』第六巻、二五六－二七六頁〕。
Foucault, Michel. «La naissance de la médecine sociale», in *Dits et écrits*, 3, pp. 207–228.〔「社会医学の誕生」小倉孝誠訳、『思考集成』第六巻、二七七－三〇〇頁〕。
Foucault, Michel. «La vie des hommes infâmes», in *Dits et écrits*, 3, pp. 237–253.〔「汚辱に塗れた人々の生」丹生谷貴志訳、『思考集成』第六巻、三一四－三三七頁〕。
Foucault, Michel. «Enfermement, psychiatrie, prison», in *Dits et écrits*, 3, pp. 332–360.〔「監禁、精神医学、監獄」阿部崇訳、『思考集成』第六巻、四五九－四九九頁〕)。
Foucault, Michel. «Va-t-on extrader Klaus Croissant ?», in *Dits et écrits*, 3, pp. 361–365.〔「クラウス・クロワッサンは送還されるのだろうか」石田英敬訳、『思考集成』第六巻、五〇〇－五〇七頁〕。
Foucault, Michel. «'Introduction' par Michel Foucault», in *Dits et écrits*, 3, pp. 429–442.〔「フーコーによる序文」廣瀬浩司訳、『思考集成』第七巻、三－一九頁〕。
Foucault, Michel. «Sexualité et pouvoir», in *Dits et écrits*, 3, pp. 522–531.〔「性と政治を語る」、『思考集成』第七巻、一〇六－一一八頁〕。
Foucault, Michel. «La philosophie analytique du pouvoir», in *Dits et écrits*, 3, pp. 534–551.〔「政治の分析哲学　西洋世界における哲学者と権力」渡辺守章訳、『思考集成』第七巻、一二三－一三九頁〕。

Foucault, Michel. «Précisions sur le pouvoir: Réponses à certaines critiques», in *Dits et écrits*, 3, pp. 625–635.（「権力に関する明言　一部の批判に答えて」菅野賢治訳、『思考集成』第七巻、二三一－二四五頁）。

Foucault, Michel. «L'armée, quand la terre tremble», in *Dits et écrits*, 3, pp. 662–669.（「軍は大地の揺れる時に」高桑和巳訳、『思考集成』第七巻、二八一－二八九頁）。

Foucault, Michel. «Téhéran: la foi contre le chah», in *Dits et écrits*, 3, pp. 683–688.（「テヘラン　シャーに抗する信仰」高桑和巳訳、『思考集成』第七巻、三一一－三一七頁）。

Foucault, Michel. «À quoi rêvent les Iraniens ?», in *Dits et écrits*, 3, pp. 688–694.（「イラン人たちは何を考えているのか?」高桑和巳訳、『思考集成』第七巻、三一八－三二六頁）。

Foucault, Michel. «Une révolte à mains nues», in *Dits et écrits*, 3, pp. 702–704.（「素手での反抗」高桑和巳訳、『思考集成』第七巻、三三六－三四〇頁）。

Foucault, Michel. «Les 'reportages' d'idées», in *Dits et écrits*, 3, pp. 706–707.（「理念のルポルタージュ」高桑和巳訳、『思考集成』第七巻、三四五－三四七頁）。

Foucault, Michel. «Réponse de Michel Foucault à une lectrice iranienne», in *Dits et écrits*, 3, p. 708.（「イラン人女性読者へのミシェル・フーコーの回答」高桑和巳訳、『思考集成』第七巻、三四八－三四九頁）。

Foucault, Michel. «La révolte iranienne se propage sur les rubans des cassettes», in *Dits et écrits*, 3, pp. 709–713.（「イランの反抗はカセット・テープ上を走っている」高桑和巳訳、『思考集成』第七巻、三五〇－三五五頁）。

Foucault, Michel. «Le chef mythique de la révolte de l'Iran», in *Dits et écrits*, 3, pp. 713–716.（「反抗の神話的指導者」高桑和巳訳、『思考集成』第七巻、三五六－三六〇頁）。

Foucault, Michel. «L'Esprit d'un monde sans esprit», in *Dits et écrits*, 3, pp. 743–755.（「精神のない世界の精神」高桑和巳訳、『思考集成』第八巻、二四－三九頁）。

Foucault, Michel. «Michel Foucault et Iran», in *Dits et écrits*, 3, p. 762.（「ミシェル・フーコーとイラン」高桑和巳訳、『思考集成』第八巻、五〇－五一頁）。

Foucault, Michel. «Lettre ouverte à Mehdi Bazargan», in *Dits et écrits*, 3, pp. 780–782.（「メフディー・バーザルガーンへの公開書簡」高桑和

巳訳、『思考集成』第八巻、七五－七九頁〕。
Foucault, Michel. «Inutile de se soulever ?», in *Dits et écrits*, 3, pp. 790–794.〔「蜂起は無駄なのか?」高桑和巳訳、『思考集成』第八巻、九四－九九頁〕。
Foucault, Michel. «Table ronde du 20 mai 1978», in *Dits et écrits*, 4, pp. 20–34.〔「一九七八年五月二十日の会合」栗原仁訳、『思考集成』第八巻、一六二－一八二頁〕。
Foucault, Michel. «'Omnes et singulatim': vers une critique de la raison politique», *Le Débat*, 41, septembre-novembre 1986, pp. 5–35.（in *Dits et écrits*, 4, pp. 134–161.）〔「全体的なものと個的なもの　政治的理性批判に向けて」、『思考集成』第八巻、三二九－三六八頁〕。
Foucault, Michel. «De l'amitié comme mode de vie», in *Dits et écrits*, 4, pp. 163–167.〔「生の様式としての友愛について」増田一夫訳、『思考集成』第八巻、三七一－三七八頁〕。
Foucault, Michel. «Les mailles du pouvoir», in *Dits et écrits*, 4, pp. 182–201.〔「権力の網の目」石井洋二郎訳、『思考集成』第八巻、四〇一－四二三頁〕。
Foucault, Michel. «Subjectivité et vérité», in *Dits et écrits*, 4, pp. 213–218.〔「主体性と真理」石田英敬訳、『思考集成』第八巻、四四三－四四九頁〕。
Foucault, Michel. «L'âge d'or de la lettre de cachet», in *Dits et écrits*, 4, pp. 351–352.〔「封印令状の黄金時代」佐藤嘉幸訳、『思考集成』第九巻、一八三－一八五頁〕。
Foucault, Michel. «Qu'est-ce que les Lumières?», in *Dits et écrits*, 4, pp. 562–578.; "What is Enlightenment?," in Rabinow, Paul (ed.), in *The Foucault Reader*, New York: Pantheon Books, 1984, pp. 32–50.〔「啓蒙とは何か」石田英敬訳、『思考集成』第一〇巻、三－二五頁〕。
Foucault, Michel. «À propos de la généalogie de l'éthique: un aperçu du travail en cours», in *Dits et écrits*, 4, pp. 609–631.〔「倫理の系譜学について進行中の仕事の概要」守中高明訳、『思考集成』第一〇巻、六九－一〇一頁〕。
Foucault, Michel. «Qu'est-ce que les Lumières?», in *Dits et écrits*, 4, pp. 679–688.〔「カントについての講義」小林康夫訳、『思考集成』第一〇巻、一七二－一八四頁〕。
Foucault, Michel. «Le retour de la morale», in *Dits et écrits*, 4, pp. 696–707.〔「道徳の回帰」増田一夫訳、『思考集成』第一〇巻、一九九－二一四頁〕。

Foucault, Michel. «L'éthique du souci de soi comme pratique de la liberté», in *Dits et écrits*, 4, pp. 708–729.〔「自由の実践としての自己への配慮」廣瀬浩司訳、『思考集成』第一〇巻、二一八－二四六頁〕。

Foucault, Michel. «Michel Foucault, une interview: sexe, pouvoir et la politique de l'identité», in *Dits et écrits*, 4, pp. 735–746.〔「ミシェル・フーコー、インタヴュー　性、権力、同一性の政治」西兼志訳、『思考集成』第一〇巻、二五五－二六八頁〕。

Foucault, Michel. «Technologie politique de l'individu», in *Dits et écrits*, 4, pp. 813–838.〔「個人の政治テクノロジー」石田英敬訳、『思考集成』第一〇巻、三五四－三七二頁〕。

## 2　その他の参考文献

※　以下は本文で引用したものに限って掲載した。

ヴェルナー・アーベルスハウザー『経済文化の闘争　資本主義の多様性を考える』雨宮昭彦・浅田進史訳、東京大学出版会、二〇〇九年。

Abrahamian, Ervand. *Khomeinism: Essays on the Islamic Republic*, Berkeley, Calif.: University of California Press, 1993.

Afary, Janet and Kevin B. Anderson. *Foucault and the Iranian Revolution: Gender and the Seductions of Islamism*, Chicago: University of Chicago Press, 2005.

ジョルジョ・アガンベン『ホモ・サケル　主権権力と剝き出しの生』高桑和巳訳、以文社、二〇〇三年。

Agamben, Giorgio. *What Is An Apparatus And Other Essays*, tr. David Kishik and Stefan Pedatella, Stanford, Calif.: Stanford University Press, 2009.

Agamben, Giorgio. "What Is An Apparatus?," in *What Is An Apparatus And Other Essays*, pp. 1–23.〔「装置（ディスポジティフ）とは何か?」高桑和巳訳、『現代思想』、第三四巻第七号、二〇〇六年、八四－九六頁〕。

ジョルジョ・アガンベン『王国と栄光　オイコノミアと統治の神学的系譜学のために』高桑和巳訳、青土社、二〇一〇年。

Allen, Amy. "Foucault and Enlightenment: A Critical Reappraisal," *Constellations*, 10(2), 2003, pp. 180–198.

Almond, Ian. "'The Madness of Islam': Foucault's Occident and the Revolution in Iran," *Radical Philosophy*, 128, 2004, pp. 12–22.

雨宮昭彦『競争秩序のポリティクス　ドイツ経済政策思想の源流』、東京大学出版会、二〇〇五年。

雨宮昭彦「ドイツ新自由主義の生成　資本主義の危機とナチズム」、権上編『新自由主義と戦後資本主義』、九一－一三七頁。

雨宮昭彦「社会的市場経済の思想　オルド自由主義」、田村他編『ドイツ経済思想史』、二一九－二五四頁。

雨宮昭彦、ヨッヘン・シュトレープ編著『管理された市場経済の生成　介入的自由主義の比較経済史』、日本経済評論社、二〇〇九年。

Artières, Philippe. «L'Ombre des prisonniers sur le toit: les héritages du GIP», in Eribon, (dir.), *L'Infréquentable Michel Foucault*, pp. 101–125.

Artières, Philippe. «Dire l'actualité: Le travail de diagnostic chez Michel Foucault», in Gros (coord.), *Foucault: le courage de la vérité*, pp. 11–34.

Artières, Philippe, Laurent Quéro et Michelle Zancarini-Fournel (édition établie et présentée par). *Le Groupe d'information sur les prisons: archives d'une lutte, 1970–1972*, Paris: Éditions de l'IMEC, 2003.

Artières, Philippe, et Mathieu Potte-Bonneville. *D'après Foucault: gestes, luttes, programmes*, Paris: Prairies ordinaires, 2007.

Artières, Philippe, Jean-François Bert, Philippe Chevallier, Pascal Michon, Mathieu Potte-Bonneville, Judith Revel, Jean-Claude Zancarini (Textes choisis et présentés par). *Les mots et les choses de Michel Foucault: regards critiques, 1966–1968*, Caen: IMEC/Presses universitaires de Caen, 2010.

Artières, Philippe (éd.). *La révolte de la prison de Nancy*, Cherbourg-Octeville: Le Point du Jour, 2013.

Atoussa H. "An Iranian Woman Writes," in Afary et al., *Foucault and the Iranian Revolution*, pp. 209–210.

Balibar, Étienne. «Foucault et Marx: l'enjeu du nominalisme», in *Michel Foucault philosophe*, pp. 54–76.

Barry, Andrew, Thomas Osborne and Nikolas Rose (eds.). *Foucault and Political Reason: Liberalism, Neo-liberalism and Rationalities of Government*, Chicago: University of Chicago Press, 1996.

Baudelaire, Charles. *Œuvres complètes*, 2, Paris: Gallimard, coll. «Bibliothèque de la Pléiade», 1976.〔『ボードレール全集Ⅳ　散文詩　美術批評下　音楽批評　哀れなベルギー』阿部良雄訳、筑摩書房、一九八七年〕。

Beaulieu, Alan (dir.). *Michel Foucault et le contrôle social*, Québec: Presses de l'Université Laval, 2005.

Bernauer, James and Jeremy Carrette (eds.). *Michel Foucault and Theology: The Politics of Religious Experience*, Burlington: Ashgate, 2004.

Boullant, François. *Michel Foucault et les prisons*, Paris: Presses universitaires de France, 2003.

Branham, R. Bracht and Marie-Odile Goulet-Cazé (eds.). *The Cynics: The Cynic Movement in Antiquity and Its Legacy*, Barkley, Calif.: University of

California Press, 1996.

ヤン・ムーリエ・ブータン「インタヴュー　ヤン・ムーリエ・ブータンに聞く　『Multitudes』／移民運動／アルチュセール」市田良彦訳、『批評空間』、第二期第二五号、二〇〇〇年、一三二－一四六頁。

Boutang, Yann-Moulier (coord.). *Politiques des Multitudes*, Paris: Éditions Amsterdam, 2007.

Braudel, Fernand. «Note», *Annales. Économies, Sociétés, Civilisations*, 17 (4), 1962, pp. 771–772.

Broyelle, Claudie and Jacques Broyelle. "What Are the Philosophers Dreaming about?: Was Michel Foucault Mistaken about the Iranian Revolution?," in Afary et al., *Foucault and the Iranian Revolution*, pp. 247–249.

Burchell, Graham. "Liberal Government and the Technology of the Self," in Barry et al. (eds.), *Foucault and Political Reason*, pp. 19–36.

Burchell, Graham, Colin Gordon and Peter Miller (eds.). *The Foucault Effect: Studies in Governmentality: with Two Lectures by and an Interview with Michel Foucault*, Chicago: The University of Chicago Press, 1991.

Butler, Judith. *The Psychic Life of Power: Theories of Subjection*, Stanford, Calif.: Stanford University Press, 1997.〔『権力の心的な生　主体化＝服従化に関する諸理論』佐藤嘉幸、清水知子訳、月曜社、二〇一二年〕。

Caillé, Alain, Christian Lazzeri, et Michel Senellart (dir.). *Histoire raisonnée de la philosophie morale et politique*, 2 vol., Paris: Flammarion, 2007.

Careau, Francis. «Michel Foucault et l'interprétation de la pédagogie platonicienne», in Beaulieu (dir.), *Michel Foucault et le contrôle social*, pp. 201–215.

Carnes, Jeffrey S. "This Myth Which Is Not One: Construction of Discourse in Plato's Symposium," in Larmour et al. (eds.), *Rethinking Sexuality*, pp. 104–121.

Castel, Robert. *L'Ordre psychiatrique: l'âge d'or de l'aliénisme*, Paris: Les Éditions de Minuit, 1975.

Castel, Robert. *Les Métamorphoses de la question sociale*, Paris: Fayard, 1995.〔『社会問題の変容　賃金労働の年代記』前川真行訳、ナカニシヤ出版、二〇一二年〕。

Chevallier, Philippe. *Michel Foucault et le christianisme*, Lyon: ENS éditions, 2011.

アンリ・コルバン『イスラーム哲学史』黒田壽郎、柏木英彦訳、岩波書店、一九七四年。

Cohen, Jim et Jade Lindgaard. "De l'Atlantique noir à la mélancolie postcoloniale. Entretien avec Paul Gilroy," *Mouvements*, 51, 2007, pp.90–101.〔ポ

ール・ギルロイ、ジム・コーエン、ジャド・ランガール「インタビュー黒い大西洋からポストコロニアルなメランコリーへ」箱田徹訳、市田ほか『黒い大西洋と知識人の現在』、一五一－一八七頁〕。

Cusset, François. *French theory: Foucault, Derrida, Deleuze & Cie et les mutations de la vie intellectuelle aux États-Unis*, Paris: La Découverte, 2005.〔『フレンチ・セオリー　アメリカにおけるフランス現代思想』桑田光平、鈴木哲平、畠山達、本田貴久訳、NTT出版、二〇一〇年〕。

Cusset, François. *La Décennie: le grand cauchemar des années 1980*, Paris: La Découverte, 2006.

Davidson, Arnold I. "Ethics as Aesthetics," in Gutting (ed.), *The Cambridge Companion to Michel Foucault*, Second Edition, pp. 129–131.

ハミッド・ダバシ『イラン、背反する民の歴史』青柳伸子、田村美佐子訳、作品社、二〇〇八年。

Dean, Mitchell. *Governmentality: Power and Rule in Modern Society*, London: Sage, 1999.

Defert, Daniel et Jacques Donzelot. «La charnière des prisons», *Magazine Littéraire*, 112–113, mai 1976, p. 33.

Defert, Daniel. «Chronologie», in *Dits et écrits*, 1, pp. 13–64.〔「年譜」石田英敬訳、蓮實重彦、渡邊守章監修、小林康夫、石田英敬、松浦寿輝編『ミシェル・フーコー思考集成』、第1巻、筑摩書房、一九九八年、三－七六頁〕。

Deleuze, Gilles. *Foucault*, Paris: Les Éditions de Minuit, 1986.〔『フーコー』宇野邦一訳、河出文庫、二〇〇七年〕。

Deleuze, Gilles. *Pourparlers: 1972–1990*, Paris: Les Editions de Minuit, 1990.〔『記号と事件　一九七二－一九九〇年の対話』宮林寛訳、河出文庫、二〇〇七年〕。

Deleuze, Gilles. «Fendre des choses, fendre des mots», in *Pourparlers*, pp. 115–129.〔「物を切り裂き、言葉を切り裂く」、『記号と事件』、一六九－一八九頁〕。

Deleuze, Gilles. «La vie comme œuvre d'art», in *Pourparlers*, pp. 129–138.〔「芸術作品としての生」、『記号と事件』、一九〇－二〇五頁〕。

Deleuze, Gilles. «Un portrait de Foucault», in *Pourparlers*, pp. 139–161.〔「フーコーの肖像」、『記号と事件』、二〇六－二四〇頁〕。

Deleuze, Gilles. «Post-scriptum sur les sociétés de contrôle», in *Pourparlers*, pp. 240–247.〔「追伸　管理社会について」、『記号と事件』、三五六－三六六頁〕。

Deleuze, Gilles. *Deux régimes de fous: textes et entretiens 1975–1995*, Lapoujade, David (éd.), Paris: Les Éditions de Minuit, 2003.〔『狂人の二つの体制　一九七五－一九八二』、『狂人の二つの体制　一九八三－一九九五』宇野邦一ほか訳、宇野邦一監修、河出書房新社、二

〇〇四年〕。
Deleuze, Gilles. «Désir et plaisir», in *Deux régimes de fous*, pp. 112–122.〔「欲望と快楽」小沢秋広訳、『狂人の二つの体制　一九七五－一九八二』、一七一－一八六頁〕。
Deleuze, Gilles. «Foucault et les prisons», in *Deux régimes de fous*, pp. 254–262.〔「フーコーと監獄」笹田恭史訳、『狂人の二つの体制　一九八三－一九九五』、一一五－一二八頁〕。
Denord, François. *Néolibéralisme version française: histoire d'une idéologie politique*, Paris: Éditions Demopolis, 2007.
Dews, Peter. "The Nouvelle Philosophie and Foucault," *Economy and Society* 8 (2), 1979, p. 127–71.
ドゥニ・ディドロ『運命論者ジャックとその主人』王寺賢太、田口卓臣訳、二〇〇六年、白水社。
Donzelot, Jacques. *La Police des familles*, Paris: Les Éditions de Minuit, 1977.〔『家族に介入する社会　近代家族と国家の管理装置』宇波彰訳、新曜社、一九九一年〕。
Donzelot, Jacques. *Quand la ville se défait: Quelle politique face à la crise des banlieues ?*, Paris: Seuil, 2008.〔『都市が壊れるとき　郊外の危機に対応できるのはどのような政治か』宇城輝人訳、人文書院、二〇一二年〕。
Douzinas, Costas and Slavoj Žižek (eds.). *The Idea of Communism*, London: Verso, 2010.〔『共産主義の理念』沖公祐、比嘉徹徳、松本潤一郎訳、長原豊監訳、水声社、二〇一二年〕。
Dreyfus, Hubert L. and Paul Rabinow. *Michel Foucault: Beyond Structuralism and Hermeneutics, with an afterword by Michel Foucault*, Chicago: University of Chicago Press, 1982.〔『ミシェル・フーコー　構造主義と解釈学を超えて』山形頼洋、井上克人、北尻祥晃、高田珠樹、山田徹郎、山本幾生、鷲田清一訳、筑摩書房、一九九六年〕。Dreyfus, Hubert L. and Paul Rabinow. *Michel Foucault, un parcours philosophique: au-delà de l'objectivité et de la subjectivité, avec un entretien et deux essais de Michel Foucault*, trad. Fabienne Durand-Bogaert, Paris: Gallimard, 1984.
Duumont, Jean-Paul et Paul Ursin Dumont (transcrit et présenté par). *Le Cercle amoureux d'Henry Legrand*, Paris: Gallimard, 1979.
Erhard, Ludwig. *Wohlstand für Alle*, Düsseldorf: Econ-Verlag, 1957〔『社会市場経済の勝利』菅良訳、時事通信社、一九六〇年〕。
Eribon, Didier. *Les Études gay et lesbiennes: un débat*, Paris: IRCAM - Centre George Pompidou, 1998.
Eribon, Didier. *Réflexions sur la question gay*, Paris: Fayard, 1999.

Eribon, Didier (dir.). *L'Infréquentable Michel Foucault: renouveaux de la pensée critique*, Paris: EPEL, 2001.
Eribon, Didier. *Michel Foucault (1926–1984)*, nouvelle édition révisée et augmentée, Paris: Flammarion, 2010. (『ミシェル・フーコー伝』田村俶訳、新潮社、一九九一年)。
Eribon, Didier. *Michel Foucault*, édition revue et enrichie, Paris: Flammarion, 2011.
ロベルト・エスポジット『近代政治の脱構築　共同体・免疫・生政治』岡田温司訳、講談社、二〇〇九年。
Ewald, François. *L'État providence*, Paris: Grasset, 1986.
アルレット・ファルジュ「アナール学派とフーコー」、フランドロワ編『アナールとは何か』、二二七－二三六頁。
イザベル・フランドロワ編『アナールとは何か』尾河直哉訳、藤原書店、二〇〇三年。
Fraser, Nancy. "Foucault on Modern Power: Empirical Insights and Normative Confusions," *Praxis International*, 1981, vol. 1, pp. 272–287. (in Barry (ed.), *Critical Assessments*, 5, pp. 133–148.)
福井憲彦編『歴史の愉しみ・歴史家への道　フランス最前線の歴史家たちとの対話』、新曜社、一九九五年。
福井憲彦編『フランス史』、山川出版社、二〇〇一年。
藤本建夫『ドイツ自由主義経済学の生誕　レプケと第三の道』、ミネルヴァ書房、二〇〇八年。
Garaudy, Roger. «Structuralisme et "mort de l'homme"», *La Pensée*, 135, 1967, pp. 107–124.
Genet, Jean. *L'ennemi déclaré: textes et entretiens*, édition établie et annotée par Albert Dichy, Paris: Gallimard, 1991. (『公然たる敵』鵜飼哲、梅木達郎、根岸徹郎、岑村傑訳、月曜社、二〇一一年)。
Genet, Jean. «Préface à L'assassinat de George Jackson», in *L'ennemi déclaré*, pp. 111–117. (「『ジョージ・ジャクソンの暗殺』まえがき」『公然たる敵』、一七二－一八三頁)
Goldstein, Jan. *Console and Classify: The French Psychiatric Profession in the Nineteenth Century*, Second Edition with A New Afterword, Chicago: University of Chicago Press, 2001.
Le Groupe d'Information sur les prisons (réunis par), Philippe Artières (présentés par). *Intolérable*, Paris: Verticales/Gallimard, 2013.
権上康男編『新自由主義と戦後資本主義　欧米の歴史的経験』、日本経済評論社、二〇〇六年。
権上康男「新自由主義の誕生（一九三八年－四七年）　リップマン・シンポジウムからモンペルラン協会の設立まで」、権上編

『新自由主義と戦後資本主義』、三－五八頁。

権上康男、石山幸彦「総括――論点の整理」、権上編『新自由主義と戦後資本主義』、四〇七－四一八頁。

Gordon, Colin. «Foucault en Angleterre», *Critique*, 471–472, août-septembre 1986, pp. 826–839.

Gros, Frédéric. *Michel Foucault*, Paris: Presses universitaires de France, 1998.〔『ミシェル・フーコー』露崎俊和訳、白水社、一九九八年〕。

Gros, Frédéric (coordonné par). *Foucault: le courage de la vérité*, Paris: Presses universitaires de France, 2002.

Gros, Frédéric, et Carlos Lévy (éds.). *Foucault et la philosophie antique*, Paris: Éditions Kimé, 2003.

Gros, Frédéric. «La Parrhêsia chez Foucault (1982–1984)», in Gros (coord.), *Foucault: le courage de la vérité*, pp. 155–166.〔「フーコーにおけるパレーシア（一九八二－一九八四）」柵瀬宏平訳、『現代思想』、第三七巻、第七号、二〇〇九年、八二－八九頁〕。

Gary Gutting (ed.), *The Cambridge Companion to Michel Foucault*, Second Edition, New York: Cambridge University Press, 2005.

Habermas, Jürgen. "Some Questions Concerning the Theory of Power: Foucault Again," in *The Philosophical Discourse of Modernity*, 1987, pp. 266–293. (in Barry (ed.), *Critical Assessments*, 5, pp. 260–280.)〔「権力論のアポリア」『近代の哲学的ディスクルスⅡ』三島憲一、轡田収、木前利秋、大貫敦子訳、岩波書店、一九九〇年、四七五－五一七頁〕。

Habermas, Jürgen. "Taking Aim at the Heart of the Present," *University Publishing*, summer, 1984, pp. 5–6. (in Barry (ed.), *Critical Assessments*, 7, pp. 287–290.)〔「現代の心臓に矢を打ち込む」三島憲一訳、『現代思想』、第一四巻、第一〇号、一九八六年、六八－七三頁〕。

Hacking, Ian. "Biopower and the avalanche of printed numbers," *Humanities in Society*, Vol. 5, pp. 279–295, 1982.〔「生権力と印刷された数字の雪崩」『思想』一〇五七号、二〇一二年、七六－一〇一頁〕。

Hadot, Pierre. «Réflexion sur la notion de 'culture de soi'», in *Michel Foucault philosophe*, pp. 261–270.

Hadot, Pierre. *Qu'est-ce que la philosophie antique?*, Paris: Gallimard, 1995.

箱田徹「生政治から統治と啓蒙へ　ネグリとフーコーの生政治概念に関する覚書」、『現代思想』、第三六巻、第五号、二〇〇八年、一七三－一七九頁。

箱田徹「市民社会は抵抗しない　フーコー自由主義論に浮上する政治」、『情況』、「思想理論編」第一号、二〇一二年一二月号別冊、二〇一二年、二二三－二四三頁。

Hall, Stuart. "Nicos Poulantzas: State, Power, Socialism," *New Left Review*, I/119, January-February 1980.

Halperin, David. *Saint Foucault: Towards A Gay Hagiography*, New York: Oxford University Press, 1995.〔『聖フーコー　ゲイの聖人伝に向けて』村山敏勝訳、太田出版、一九九七年〕。*Saint Foucault*, trad. Didier Eribon, Paris: EPEL, 2000.

Hardt, Michael. "The Common in Communism," in Douzinas et al (eds.), *The Idea of Communism*, pp. 131–144.〔「共産主義における共《コモン》」長原豊訳、『共産主義の理念』、二〇七—二二六頁〕。

Hardt, Michael, and Antonio Negri. *Empire*, Cambridge, Mass.: Harvard University Press, 2000.〔『〈帝国〉　グローバル化の世界秩序とマルチチュードの可能性』水島一憲、酒井隆史、浜邦彦、吉田俊実訳、以文社、二〇〇三年〕

Hardt, Michael, and Antonio Negri. *Multitude: War and Democracy in the Age of Empire*, New York: Penguin Press, 2004.〔『マルチチュード　「帝国」時代の戦争と民主主義』幾島幸子訳、水嶋一憲、市田良彦監修、ＮＨＫ出版、日本放送出版協会、二〇〇五年〕。

Hardt, Michael, and Antonio Negri. *Commonwealth*, Cambridge, Mass.: Harvard University Press, 2009.〔『コモンウェルス　〈帝国〉を超える革命論』幾島幸子、古賀祥子訳、水嶋一憲監訳、ＮＨＫ出版、二〇一二年〕。

檜垣立哉『生と権力の哲学』、筑摩書房、二〇〇六年。

檜垣立哉編『生権力論の現在　フーコーから現代を読む』、勁草書房、二〇一一年。

廣瀬浩司『後期フーコー　権力から主体へ』、青土社、二〇一一年。

市田良彦『闘争の思考』、平凡社、一九九三年。

市田良彦「ハイデガーを食べるニーチェ」、『闘争の思考』、三四一—三五九頁。

Ichida, Yoshihiko. «Le front populaire du risque face à la New Economy», *Multitudes*, 8, 2002, pp. 218–231.

市田良彦、小倉利丸「マルチチュードとは誰か」、『現代思想』、第三三巻、第一一号、二〇〇五年、五六—七五頁。

市田良彦「現実主義的革命家と種別的知識人」、『神奈川大学評論』、第五七号、二〇〇七年、九二—九八頁。

市田良彦『ランシエール　新〈音楽〉の哲学』、白水社、二〇〇七年。

市田良彦「〈実践〉概念の相克　フーコー最後の問題系と六八年」、『現代思想』、第三七巻、第七号、二〇〇九年、九〇—一〇六頁。

市田良彦、ポール・ギルロイ、本橋哲也著、小笠原博毅編『黒い大西洋と知識人の現在』、松籟社、二〇〇九年。

市田良彦「〈我々とは誰か〉あるいはフーコー最晩年の〈外の思考〉」、富永編『啓蒙の運命』、四六四—四九二頁。

市田良彦、王寺賢太、小泉義之、長原豊「債務共和国の終焉」『情況』、「思想理論編」第一号、二〇一二年一二月号別冊、二〇一二年、一〇–四四頁。

市野川容孝『身体／生命』、岩波書店、二〇〇〇年。

市野川容孝『社会』、岩波書店、二〇〇六年。

市野川容孝、宇城輝人編『社会的なもののために』、ナカニシヤ出版、二〇一三年。

池上俊一『ヨーロッパ中世の宗教運動』、名古屋大学出版会、二〇〇七年。

石井聡「EU憲法における『連合の目標』としての社会的市場経済」、『大原社会問題研究所雑誌』、第五七七号、二〇〇六年、一–一五頁。

石崎晴己、立花英裕編『21世紀の知識人　フランス、東アジア、そして世界』、藤原書店、二〇〇九年。

金森修『〈生政治〉の哲学』、ミネルヴァ書房、二〇一〇年。

カント「啓蒙とは何か」、『啓蒙とは何か　他四篇』篠田英雄訳、岩波書店、一九七四年。

Karsenti, Bruno. «La politique du dehors», in Boutang (coord.), *Politiques des Multitudes*, pp. 72–89.

Keenan, Thomas. "Foucault on Government," *Philosophy & Social Criticism*, 9, 1982, pp. 35–40. (in Barry (ed.), *Critical Assessments*, 4, pp. 422–427.)

慶應義塾大学教養研究センター編『ミシェル・フーコー使用法』、慶應義塾大学教養研究センター、二〇〇六年。

Kelly, Michael (ed.). *Critique and Power: Recasting the Foucault/Habermas Debate*, Cambridge, Mass.: MIT Press, 1994.

Kessler, Denis et François Ewald. «Les noces du risque et de la politique», *Le Débat*, 109, 2002, pp. 55–72.

R・M・ホメイニー『イスラーム統治論・大ジハード論』富田健次編訳、平凡社、二〇〇三年。

Klein, Naomi. *The Shock Doctrine: The Rise of Disaster Capitalism*, New York: Metropolitan Books, 2007.（『ショック・ドクトリン　惨事便乗型資本主義の正体を暴く』幾島幸子、村上由見子訳、岩波書店、二〇一一年）

小泉義之「精神と心理の統治」、『思想』、第一〇六六号、二〇一三年、五八–七六頁。

黒川洋行『ドイツ社会的市場経済の理論と政策　オルド自由主義の系譜』、関東学院大学出版会、二〇一二年。

Larmour, David H.J., Paul Allen Miller and Charles Platter (eds.). *Rethinking Sexuality: Foucault and Classical Antiquity*, Princeton, N.J.: Princeton University Press, 1998.

Laurent, Vincent. «Les architectes du social-libéralisme», *Le Monde diplomatique*, septembre 1998.

Lazzeri, Christian et Dominique Reynié (dir.). *La raison d'État: politique et rationalité*, Paris: Presse Universitaire de France, 1992.

ジャン・ルクレール、フランソワ・ヴァンダンブルーク『キリスト教神秘思想史　2　中世の霊性』上智大学中世思想研究所訳・監修、一九九七年。

Leezenberg, Michiel. "Power and Political Spirituality: Michel Foucault on the Islamic Revolution in Iran," in Bernauer et al. (eds.) *Michel Foucault and Theology*, pp. 99–116.

ハンス・リーベシュッツ『ソールズベリのジョン　中世人文主義の世界』柴田平三郎訳、平凡社、一九九四年。

Long, A. A. *From Epicurus to Epictetus: Studies in Hellenistic and Roman Philosophy*, Oxford: Clarendon Press, 2006.

Long, A. A. *Hellenistic Philosophy: Stoics, Epicureans, Sceptics*, Second Edition, Barkley, Calif.: University of California Press, 1986.〔『ヘレニズム哲学　ストア派、エピクロス派、懐疑派』金山弥平訳、京都大学学術出版会、二〇〇三年〕。

Macey, David. *The Lives of Michel Foucault*, London: Hutchinson, 1993.

Mandrou, Robert. «Trois clefs pour comprendre la folie à l'époque classique», *Annales. Économies, Sociétés, Civilisations*, 17(4), 1962, pp. 761–771.

Martin, Luther H., Huck Gutman, Patrick H. Hutton (eds.). *Technologies of the Self: A Seminar With Michel Foucault*, Amherst: University of Massachusetts Press, 1988.〔『自己のテクノロジー　フーコー・セミナーの記録』田村俶訳、岩波書店、二〇〇四年〕。

丸山真幸「フランスの保守革命とセキュリティの政治」、石崎ほか編『21世紀の知識人』、二四－三六頁、一〇四－一一九頁。

松葉祥一「解説　『隷属知』の解放のために　監獄情報グループについて」、『現代思想』、第三一巻、第一六号、二〇〇三年、二六二－二六九頁。

松葉祥一『哲学的なものと政治的なもの　開かれた現象学のために』、青土社、二〇一〇年。

J・T・マクニール『キリスト教牧会の歴史』吉田信夫訳、日本基督教団出版局、一九八七年。

フリードリッヒ・マイネッケ『近代史における国家理性の理念』（一九二四年）菊盛英夫、生松敬三訳、みすず書房、一九六〇年。

クリスチャン・メラー『魂の配慮への歴史3　古代教会の牧会者たちⅡ　西方教会』加藤常昭訳、日本基督教団出版局、二〇〇〇年。

Mierzejewski, Alfred C. *Ludwig Erhard: A Biography*, Chapel Hill: University of North Carolina Press, 2004.
*Michel Foucault philosophe: rencontre internationale, Paris, 9, 10, 11 janvier 1988*, Paris: Seuil, 1989.
Miller, James. *The Passion of Michel Foucault*, New York: Simon and Schuster, 1993.〔『ミシェル・フーコー　情熱と受苦』田村俶、西山けい子、雲和子、浅井千晶訳、筑摩書房、一九九八年〕。
Mirowski, Philip and Dieter Plehw (eds.). *The Road from Mont Pèlerin: the Making of the Neoliberal Thought Collective*, Cambridge, Mass.: Harvard University Press, 2009.
Moin, Baqer. *Khomeini: Life of the Ayatollah*, New York: St. Martin's Press, 2000.
モンテーニュ『エセー』宮下志朗訳、白水社、二〇〇五年。
Montchrétien, Antoyne de., *Traicté d'œconomie politique* (1615), Paris: Plon, 1889.
Moss, Jeremy (ed.). *The Later Foucault: Politics and Philosophy*, London: Sage, 1998.
Müller-Armack, Alfred. "Soziale Marktwirtschaft," in Erwin von Beckerath (ed.) *Handwörterbuch der Sozialwissenschaften*, 9, Stuttgart: Fischer, 1956, pp. 390–393.
村上寿来「A．リュストウの秩序政策構想　Vitalpolitik を中心に」『六甲台論集　経済学編』、第四八巻、第三号、二〇〇一年、一九頁－三九頁。
永田雄三編『西アジア史Ⅱ』、山川出版社、二〇〇二年。
Napoli, Paolo. *Naissance de la police moderne: pouvoirs, normes, société*, Paris: Éditions la Découverte, 2003.
Napoli, Paolo. «Le discours de la police et de l'arithmétique politique (XVIe–XVIIe siècle)», in Caillé et al. (éds.), *Histoire raisonnée de la philosophie morale et politique*, 1, pp. 353–368.
成瀬治、山田欣吾、木村靖二編『世界歴史大系　ドイツ史3　一八九〇年－現在』、山川出版社、一九九七年。
Nelson, Cary and Lawrence Grossberg (eds.). *Marxism and the Interpretation of Culture*, Urbana: University of Illinois Press, 1988.
日本イスラム協会監修『イスラム事典』、平凡社、一九八二年。
西川純子「ウォルター・リップマンと新自由主義」、権上編『新自由主義と戦後資本主義』、五九－八九頁。
野田昌吾『ドイツ戦後経済秩序の形成』、有斐閣、一九九九年。

岡田温司『イタリア現代思想への招待』、講談社、二〇〇八年。

岡田温司「訳者によるイントロダクション　ナポリ発全人類へ　ロベルト・エスポジットの思想圏」、エスポジット『近代政治の脱構築』、四－三二頁。

重田園江『フーコーの穴　統計学と統治の現在』、木鐸社、二〇〇三年。

小野清美「オールドー自由主義思想の形成　自由主義の破局からその刷新・再生へ」、『土地制度史学』、第一七一号、二〇〇一年、二八－三七頁。

大庭治夫「ミュラー＝アルマック研究序説　彼の実践活動と著述活動」、『国士舘大学政経学会政経論叢』、第三三号、一九八五年、一－四二頁。

大野盛雄編『イラン革命考察のために』、アジア経済研究所、一九八二年。

大野盛雄研究室「革命日誌　一九七八年一月九日－一九七九年二月一一日」、大野編『イラン革命考察のために』、一一三－一四九頁。

大嶽秀夫『アデナウアーと吉田茂』、中央公論社、一九八六年。

Perrot, Michelle (réunies par). *L'Impossible prison: recherches sur le système pénitentiaire au XIXe siècle*, Paris: Seuil, 1980.

プラトン「ソクラテスの弁明」田中美知太郎訳、『プラトン全集』、第一巻、岩波書店、一九七五年。

プラトン「アルキビアデス　I」田中美知太郎訳、『プラトン全集』、第六巻、岩波書店、一九七五年。

プラトン「ラケス」生島幹三訳、『プラトン全集』、第七巻、岩波書店、一九七五年
プラトン「ポリティコス（政治家）」水野有庸訳、『プラトン全集』、第三巻、岩波書店、一九七六年。

Potte-Bonneville, Mathieu. *Michel Foucault: l'inquiétude de l'histoire*, Paris: Presse Universitaire de France, 2004.

Poulantzas, Nicos. *L'État, le pouvoir, le socialisme*, Paris: Presses universitaires de France, 1978.（『国家・権力・社会主義』田中正人、柳内隆訳、ユニテ、一九八四年）。

Ptak, Ralf. 'Neoliberalism in Germany: Revisiting the Ordoliberal Foundations of the Social Market Economy,' in Mirowski et al (eds.), *The Road from Mont Pèlerin*, pp. 98–138.

Quétel, Claude. *Les lettres de cachet: une légende noire*, Paris: Perrin, 2011.

Rabinow, Paul (ed.). *The Foucault Reader*, New York: Pantheon Books, 1984.

Rancière, Jacques. *La Mésentente*, Paris: Galilée, 1995.〔『不和あるいは了解なき了解　政治の哲学は可能か』松葉祥一、大森秀臣、藤江成夫訳、インスクリプト、二〇〇五年〕。

Rancière, Jacques. *La leçon d'Althusser*, La fabrique, 2012.〔『アルチュセールの教え』市田良彦、伊吹浩一、箱田徹、松本潤一郎、山家歩訳、航思社、二〇一三年〕。

Rancière, Jacques. *La méthode de l'égalité: Entretien avec Laurent Jeanpierre et Dork Zabunyan*, Montrouge: Bayard, 2012.〔『平等の方法（仮）』市田良彦、上尾真道、信友建志、箱田徹訳、航思社、二〇一四年刊行予定〕。

Reid, Roddy. «Foucault en Amérique: biographème et Kulturkampf», *Futur antérieur*, 23–24, 1994, pp. 133–165.

Revel, Judith. *Dictionnaire Foucault*, Paris: Ellipses, 2008.

Revel, Judith. *Foucault, une pensée du discontinue*, Paris: Mille et une nuits, 2010.

Rodinson, Maxime. "Critique of Foucault on Iran," in Afary et al., *Foucault and the Iranian Revolution*, pp. 267–277.

ヴィルヘルム・レプケ『ヒューマニズムの経済学』喜多村浩訳、勁草書房、一九五四年。

Rosanvallon, Pierre. *Le Libéralisme utopique: histoire de l'idée de marché*, Paris: Seuil, 1979.〔『ユートピア的資本主義　市場思想から見た近代』長谷俊雄訳、国文社、一九九〇年〕。

Rosanvallon, Pierre. *L'État en France de 1789 à nos jours*, Paris: Gallimard, 1990.

Rosanvallon, Pierre. *La nouvelle question sociale: repenser l'État-providence*, Paris: Seuil, 1995.〔『連帯の新たなる哲学　福祉国家再考』北垣徹訳、勁草書房、二〇〇六年〕。

ニコラス・ローズ「現れつつある生の形式?」山崎吾郎訳、『思想』、第一〇六六号、二〇一三年、三〇二－三四五頁。

Ross, Kristin. *May '68 and Its Afterlives*, Chicago: University of Chicago Press, 2002.〔『六八年五月とその事後の生』箱田徹訳、インスクリプト、近刊〕。

Roy, Olivier. «L'Énigme du soulèvement: Michel Foucault et l'Iran», *Vacarme*, 29, 2004, pp. 34–38.

阪上孝『近代的統治の誕生　人口・世論・家族』、岩波書店、一九九九年。

酒井隆史『自由論　現在性の系譜学』、青土社、二〇〇一年。

酒井隆史『通天閣　新・日本主義発達史』、青土社、二〇一一年。
佐々木滋子『狂気と権力　フーコーの精神医学批判』、水声社、二〇〇七年。
佐藤彰一『中世世界とは何か』岩波書店、二〇〇八年。
佐藤嘉幸『権力と抵抗　フーコー・ドゥルーズ・デリダ・アルチュセール』、人文書院、二〇〇八年。
佐藤嘉幸『新自由主義と権力　フーコーから現在性の哲学へ』、人文書院、二〇〇九年。
Séglard, Dominique. «Foucault et le problème du gouvernement», in Lazzeri et al. (dir.), *La raison d'État*, pp. 117–140.
関良徳『フーコーの権力論と自由論　その政治哲学的構成』、勁草書房、二〇〇一年。
芹沢一也、高桑和巳編『フーコーの後で』、慶應義塾大学出版会、二〇〇七年。
Senellart, Michel. «La raison d'État antimachiavélienne», in Lazzeri et al. (dir.), *La raison d'État*, pp. 15–42.
Senellart, Michel, *Les arts de gouverner: Du regimen médiéval au concept de gouvernement*, Paris: Seuil, 1995.
Senellart, Michel. «La pratique de la direction de conscience», in Gros (éd.), *Foucault et la philosophie antique*, pp. 152–171.
Senellart, Michel. «Situation du cours», in Foucault, *Sécurité, territoire et population*, pp. 379–411.〔「講義の位置づけ」、フーコー『安全・領土・人口』四五三－四九七頁〕。
アリー・シャリーアティー『イスラーム再構築の思想　新たな社会へのまなざし』櫻井秀子訳・解説、大村書店、一九九七年。
柴田三千雄、樺山紘一、福井憲彦編『世界歴史大系　フランス史2　十六世紀－十九世紀半ば』山川出版社、一九九六年。
渋谷望『魂の労働　ネオリベラリズムの権力論』、青土社、二〇〇三年。
白水浩信『ポリスとしての教育　教育的統治のアルケオロジー』、東京大学出版会、二〇〇四年。
Sluga, Hans. «Foucault à Berkeley: l'auteur et le discours», *Critique*, 471–472, août-septembre 1986, pp. 840–856.
Smart, Barry (ed.). *Michel Foucault: Critical Assessments*, 7 vols, London: Routledge, 1994–1995.
Spivak, Gayatri Chakravorty. "Can the Subaltern Speak?," in Nelson et al. (eds.), *Marxism and the Interpretation of Culture*, pp. 271–313.〔『サバルタンは語ることができるか』上村忠男訳、みすず書房、一九九八年〕。
Spivak, Gayatri Chakravorty. *A Critique of Postcolonial Reason: Toward a History of the Vanishing Present*, Cambridge, Mass.: Harvard University Press, 1999.〔『ポストコロニアル理性批判　消え去りゆく現在の歴史のために』上村忠男、本橋哲也訳、月曜社、二〇〇三年〕。

Stauth, Georg. "Revolution in Spiritless Times: An Essay on Michel Foucault's Enquiries into the Iranian Revolution," *International Sociology*, 6 (3), 1991, pp. 259–280.

杉田敦『権力の系譜学』、岩波書店、一九九八年。

高桑和巳「訳者解説」、フーコー『安全・領土・人口』、四九九－五一四頁。

滝本往人「《資料》ミシェル・フーコー文献一覧」、『思想』、第八四六号、一九九四年、一－八〇頁。

田中拓道「フランス福祉国家論の思想史的考察　『連帯』のアクチュアリティ」、『社会思想史研究』、第二八巻、二〇〇四年、五三－六八頁。

田中拓道『貧困と共和国　十九世紀フランスにおける社会的「連帯」の誕生』、人文書院、二〇〇六年。

田中拓道「ジャコバン主義と市民社会　一九世紀フランス政治思想史研究の現状と課題」、『社会思想史研究』、第三一号、二〇〇七年、一〇八－一一八頁。

モハンマド＝ホセイン・タバータバーイー『シーア派の自画像　歴史・思想・教義』、森本一夫訳、慶應義塾大学出版会、二〇〇七年。

高澤紀恵『近世パリに生きる　ソシアビリテと秩序』、岩波書店、二〇〇八年。

田村信一、原田哲史編著『ドイツ経済思想史』、八千代出版、二〇〇九年。

Taranto, Domenico. «Le discours de la raison d'État», in Caillé et al. (éds.), *Histoire raisonnée de la philosophie morale et politique*, 1, pp. 318–329.

富永茂樹編『啓蒙の運命』、名古屋大学出版会、二〇一一年。

冨山多佳夫「透明なるフーコー　アメリカへの導入史」、『現代思想』、第二〇巻、第一〇号、一九九二年、五〇－六〇頁。

Tribe, Keith. *Strategies of Economic Order: German Economic Discourse*, 1750–1950, Cambridge: Cambridge University Press, 1995.〔『経済秩序のストラテジー』小林純、手塚真、枡田大知彦訳、ミネルヴァ書房、一九九八年〕。

Tribe, Keith. "The political economy of modernity: Foucault's Collège de France lectures of 1978 and 1979," *Economy and Society*, 38 (4), 2009, pp. 679–698.

土本典昭・石坂健治『ドキュメンタリーの海へ　記録映画作家土本典昭との対話』、現代書館、二〇〇八年。

宇野重規『政治哲学へ　現代フランスとの対話』、東京大学出版会、二〇〇四年。

Van Hook, James C. *Rebuilding Germany: The Creation of the Social Market Economy, 1945–1957*, Cambridge: Cambrige University Press, 2004.

Xavier Inda, Jonathan. *Targeting Immigrants: Government, Technology, and Ethics*, Malden, Mass.: Blackwell, 2006.

山本哲士『フーコー権力論入門』、日本エディタースクール出版部、一九九一年。

矢島鈞次編著『新自由主義の政治経済学』、同文舘出版、一九九一年。

米田昇平『欲求と秩序　一八世紀フランス経済学の展開』、昭和堂、二〇〇五年。

米谷園江「自由主義の統治能力　ミシェル・フーコーのオルド自由主義論」、『ライブラリ相関社会科学』、第三号、新世社、一九九六年、一九六－二二二頁。

米谷園江「ミシェル・フーコーの統治性研究」、『思想』、第八七〇号、一九九六年、七七－一〇五頁。

吉村慎太郎『イラン・イスラーム体制とは何か』、書肆心水、二〇〇五年。

Žižek, Slavoj, *In Defense of Lost Causes*, London: Verso, 2008.〔『大義を忘れるな　革命・テロ・反資本主義』中山徹、鈴木英明訳、青土社、二〇一〇年〕。

箱田 徹（はこだ てつ）
立命館大学衣笠総合研究機構専門研究員。
1976年生まれ。京都大学経済学部経済学科卒業。神戸大学大学院総合人間科学研究科地域文化学専攻修士課程修了、同大学院人間文化科学専攻博士課程修了。博士（学術）。
著書に、『フーコーの後で——統治・セキュリティ・闘争』（芹沢一也・高桑和巳編、共著、慶應義塾大学出版会、2007年）、訳書に、ジャック・ランシエール『アルチュセールの教え』（共訳、航思社、2013年）、クリスティン・ロス『六八年五月とその事後の生』（インスクリプト、近刊）などがある。

フーコーの闘争
——〈統治する主体〉の誕生

2013年9月20日　初版第1刷発行

著　者————箱田 徹
発行者————坂上 弘
発行所————慶應義塾大学出版会株式会社
〒108-8346　東京都港区三田2-19-30
TEL〔編集部〕03-3451-0931
〔営業部〕03-3451-3584〈ご注文〉
〔　〃　〕03-3451-6926
FAX〔営業部〕03-3451-3122
振替　00190-8-155497
http://www.keio-up.co.jp/
装　丁————鈴木 衛
印刷・製本——株式会社理想社
カバー印刷——株式会社太平印刷社


Printed in Japan　ISBN 978-4-7664-2066-1